KB234844

새로운 중국 시진핑 거버넌스

새로운 중국
시진핑 거버넌스

정승욱 지음

함께
BOOKS

13억 인구 중국의 새로운 지도자 시진핑 총서기는 나와는 오랜 친구 같은 인물이다. 그와는 네 번을 만났고 많은 얘기를 나누었다.

그와의 첫 만남은 2005년 7월로 거슬러 간다. 그가 저장 성 당서기로 서 자매결연 관계에 있는 우리나라 전라남도를 방문했었다. 그 후 답례로 나는 저장 성을 방문했고, 시 총서기인 그가 상하이 시 당서기로 옮긴 후 여수 엑스포 유치를 위해 도움을 요청하고자 만났다. 2012년 4월에는 국가부주석에 오른 그를 장시 성 방문을 마치고 만나게 되었다.

우리의 대화는 주로 수천 년을 거스르는 한-중 관계와 두 나라 관계발전에 지방정부 간 교류의 중요성, 동북아 평화, 미래 인류를 위협할 식량과 에너지 문제, 그리고 남북관계 등이었다.

많은 문제에 의견을 같이 했고, 한국과 중국이 가까운 이웃으로서 평화를 유지하며 공동번영의 길을 가야 한다는 데 이견이 없었다.

시 총서기는 묵직하면서도 서민적인 체취를 흠뻑 풍겼다. 논리적이고 분석적이면서도 상대의 의견을 차분히 경청하며, 솔직하게 대화하는 성품이어서 매우 실용적 사고를 한다는 이미지를 주었다. 그가 상하이 시 당서기였을 때 상하이 시에 있는 대한민국 임시정부 청사가 재개발사업으로 철거될 것이라는 얘기를 영사관으로부터 들었기에 그와 오찬이 끝날 무렵 이 얘기를 꺼냈다.

상하이 임시정부는 한국의 헌법전문에 나올 정도로 한국인들에게는 정신적 자산임을 설명했다. 오찬 전 임시정부 청사를 방문했을 때 40년 동안 보지 못한 고향마을 사람들을 만났다는 얘기도 해주었다. 시진핑 당서기는 이 문제를 전혀 모르고 있었다. 나에게 잠깐 기다리라고 한 후 옆에 배석한 상하이 시 소속 대사 두 사람과 10여 분간 얘기했다. 그런 후 그는 "지사님 얘기를 전적으로 이해하고 공감합니다. 재개발 예정지이지만 임시정부청사를 보존하도록 지시했습니다. 이제 걱정하지 마십시오." 하고 답해주었다. 임시정부 청사의 존재가 한-중 관계에 중요하고, 보전 가치가 높다는 시 당서기의 판단에 따라 철거운명을 벗어난 것이다.

시 총서기의 지도력 아래 중국이 어떤 길을 갈 것인지 세계가 주목하고 있다. 한국과 한국인들도 시진핑 지도자의 등장과 중국의 미래에 지대한 관심을 갖고 있다. 그 이유는 크게 두 가지이다. 하나는 현재 한-중이 갖고 있는 경제적 협력관계가 더 발전하기를 기대하기 때문이고, 또 하나는 한민족의 통일에 중국의 역할이 중요하기 때문이다. 모두 한국의 오늘과 내일에 관련된 중요한 일들이다.

시진핑 지도자의 등장은 한-중이 더 나은 관계를 발전시킬 좋은 기회라고 생각한다. 시 총서기는 한-중 간 긴 역사와 두 나라 관계의 중요성을 누구보다 잘 이해하고 있다. 북한에 대한 이해와 인식도 높다고 생각한다.

그런 시진핑 시대를 맞아 우리의 자세도 중요하다. 한국과 한국인에게 중국과 중국인은 무엇인가. 혹은 중국과 중국인에게 한국과 한국인은 무엇인가. 앞으로 한-중관계가 더 생산적으로 발전하기 위해서는 이 두 물음에 함께 답하려고 노력해야 할 것이다.

한국과 중국은 수천 년을 거스르는 역사 속에서 좋은 일도 많았고, 아픈 기록도 많았다. 가장 가까운 역사로는 한국과 미국이 한 편으로, 북한과 중국이 한 편으로 한국전쟁을 치렀다. 그러나 이후 중국이 개혁개방을 하면서 두 나라는 중요한 무역관계를 유지하며 전략적 미래 동반자 관계를 발전시키고 있다.

두 나라의 무역규모를 보면 2011년, 2천 2백억 달러가 넘었다.

한국의 무역규모가 미국과 1천 10억 달러, 일본과 1천억 달러이다. 한국의 대 중국 무역액은 한국이 미국과 일본과의 무역을 합친 것보다 많고, 중국은 한국의 제1의 무역 대상국이다.

한편 중국에게도 한국은 3번째로 큰 무역국가이다. 두 나라는 2015년까지 무역규모 3천억 달러를 달성하기로 합의했고, 현 추세는 이 가능성을 현실적으로 보이게 한다. 또 두 나라의 국민들이 서로 방문하는 관광객도 급격히 늘어 6백만 명을 넘어서고 있고, 두 나라에 사는 국민도 1백만 명을 오르내리고 있다.

조금 더 먼 과거로 가면 한국전쟁에서 중국은 북한 편에 서서 참전했다. 많은 중국인들이 이 전쟁에서 목숨을 잃었고 모택동 주석의 아들도 전사했다. 중국은 여전히 북한과 안보상 동맹관계에 있고 북한이 어려우면 도움을 주고 있다. 식량과 에너지를 제공하고 광물자원을 개발하고 있는 것이다.

따라서 우리는 오늘의 경제관계도 중요하고, 미래세대와 동북아 평화를 위해 필요한 통일문제에 지혜롭게 접근해야 한다. 중국을 제대로 이해하고 공존의 지혜를 찾아야 한다. 먼저 중국과 중국 지도부의 철학과 정책을 이해하는 것이 필요하다.

이런 시기에 냉철한 분석력을 가진 후배 언론인이 시진핑 총서기의 중국에 대한 책을 내는 것은 시의 적절하고 큰 도움을 줄 것이라고 생각한다.

이 책은 경제와 군사적으로 떠오르는 중국, 13억이라는 거대 인구를 가진 중국, G2로 불리며 국제사회에서 새로운 파장을 두려워하지 않은 중국, 한국과는 수천 년 동안 교류를 해온 나라, 한국의 중요한 경제 파트너이자 북한의 혈맹인 중국의 새 지도자 시진핑 주석과 그가 그리는 중국의 미래를 예리한 필치로 다루고 있다.

특히 전문적인 지식을 언론인의 감각으로 이해하기 쉽게 다루고 있다. 중국전문가들뿐 아니라 기업인·일반인에게 아주 가까운 이웃 중국을 이해하는 데 큰 도움을 줄 것으로 믿는다.

전남도지사 박준영

추천사

중국 신정부가 한국의 새로운 정부에 대해 한껏 기대감을 표시하고 있다.

지난달 박근혜 대통령 취임식에 류옌둥(劉延東·68) 공산당 정치국 위원 겸 국무위원을 보내 축하했다. 관영 통신 신화사는 후진타오(胡錦濤·71) 국가주석 및 시진핑(習近平·60) 총서기의 대신 자격으로 박 대통령 취임식에 참석했다고 전했다. 인민일보 자매지인 환구시보도 "박 대통령 당선을 계기로 한·중 관계에 새로운 터닝포인트가 왔다."며 한중 관계를 중시할 것이라는 시진핑 총서기의 의도를 내비치고 있다.

그간 중국은 북한의 핵실험을 강력히 비난하지 않은 탓에 한-중 관계가 껄끄러웠던 것이 사실이지만, 이런 기류는 다소 완화되는 양상이다. 류옌둥은 중국 내 여성 정치인 가운데 최고위급으로 영향력이 막강한 여류 정치인이다. 25명인 정치국 위원 중 유일한 여성 위원이며, 곧 국무원 부총리에 오를 것이다. 류옌둥은 지난해 11월 중순 열린 제 18차 공산당대회에서 정치국 상무위원에 오를 것으로 유력시됐으나 막판 탈락했다. 전국에서 뽑힌 중국공산당 선거인단 2,306명이 베이징 인민대회당에 모인 18차 당대회에서 류는 2,301표를 얻어 5위를 차지했지만, 7명인 상무위원에 진입하지 못해 석패했다. 하지만 정치적인 영향력은 상무위원에 버금간다. 정치국 상무위원 정도라면 해외에선 거의 총리급 대우를 받는 최고위직이다. 그만큼 류는 중국에서 여성으로선 가장 출세한 인물이다. 중국은 2008년 이명박 대통령 취임식 때는 탕자쉬안(唐家璇) 당시 외교담당 국무위원을 특별대표로 보낸 바 있다. 탕은 정치국 위원보다 급이 낮은 당 중앙위원이었다.

류의 박 대통령 취임식 참석은 중국이 한국을 외교적으로 중시하겠다는 것은 물론 새 한국 정부에 기대감을 표시하는 의미로 받아들일 수 있다. 중국이 한국에 거는 기대는 무엇인가. 두말할 것 없이 미국에 너무 쏠리지 말고 중국과도 잘 지내보자는 것이다.

중국이 생각하는 한국은 예나 지금이나 미국의 동맹국 그 이상도 그 이하도 아니다. 미군이 주둔하는 한 한국은 군사적으로 중국의 적대국이다. 언필칭 중국학자들이나 정치인들은 이런 점을 늘 지적하고 있다. 중국인들의 미국에 대한 반감은 상상 이상이다. 최근 미국의 아시아 중시 정책은 중국으로선 큰 위협으로 다가온다. 역사적으로 중국은 서유럽 문명에 앞서왔으나 근대에 들어 서세동점으로 침탈당해 왔다. 2차대전 당시엔 일본에 굴욕당했고 현대에선 미국 경제가 중국 경제를 짓누르고 있는 것이 현실이다. 군사적으로나 국제정치적으로 미국은 늘 중국을 경계하고 있다.

지금도 미국은 그런 정책을 취하고 있다. 오바마 대통령은 이런 의도를 숨기지 않으면서 아시아에 민주주의 확산 정책에 박차를 가한다는 정책 목표를 지난 1월 취임식에서 천명한 바 있다. 중국 지도부가 "미국이 인도와 파키스탄을 지나 미얀마와 베트남 등을 새로운 우방으로 선택했다. 미국이 태평양에서 중국의 진출을 억제하고 아시아에서 군사력을 증강해 중국을 봉쇄하려 한다.”고 목소리를 높일 만하다. 미국 쪽 인사들이나 학자들은 틈만 나면 티베트 문제를 건드리고 있다. 티베트 문제는 중국으로선 아킬레스건이나 다름없다. 중국이 통일된 한 국가로 존재하기 위해선 티베트 등 소수민족 문제를 제대로 다독여야 하는 것이다.

중국이 한반도 정책에서 우선적으로 우려하는 것은 한-미 동맹과 북한이다. 대미 정책을 정한 이후 대한 정책을 수립하는 것이 중국의 한반도 정책 프로세스다. 최근 중국의 고위급 국가공무원이 “중국은 북한을 포기해야 할 때”라고 지적해 주목을 끌었다. 덩위안이라는 사람으로, 그가 세계적인 유력지인 파이낸셜타임스에 기고한 내용인데, 종래 중국 정부의 시각과 다른 견해를 보이고 있다. 중앙당교는 류원산 당 정치국 상무위원(당 서열 5위)이 교장을 맡고 있는 일종의 고위급 국가공무원 교육원이다. 그런 인물이 당의 공식 입장과 다른 의견을, 전 세계인을 독자로 하는 신문에 밝힌 것은 주목할 만하다. 향후 중국의 대북정책이 변화할 여지도 있다는 얘기다. 그는 중국이 북한을 포기해야 하는 이유로 “과거 혈맹 내지 사회주의 이념에 근거한 대북 정책은 이제 시대착오적이며, 북한이 ‘전략적 완충지대’라는 지정학적 동맹론은 생명력을 다했으며, 북한은 현 정권 아래선 개혁·개방을 할 수 없다.”는 등의 이유를 들었다. 그러면서 “중국과 북한이 같은 사회주의 국가이지만, 양국의 격차는 중국과 서구의 차이보다 크다.”고 적시했다.
그런다고 중국의 대북한 입장이 바뀐다는 신호로 풀이할 수는 없다.

중국의 말을 듣지 않는 북한에 대해 중국 내 지식인층 내지 씽크탱크에서 여러 가지 목소리가 나올 수 있다. 말썽을 일으키는 우방에 대해 여러 가지 불만의 소리가 터져 나올 수 있다는 얘기다. 중국은 거대한 항공모함과도 같다. 당장 하루 아침에 뭔가가 바뀌지는 않는다는 점이다. 최고 의사결정기구인 정치국 상무위원 7명이 서로 의견이 맞아야 정책이 수립되는 게 중국의 시스템이다.

최근 국내에 중국 관련 서적들이 출판되고 있으나 외국 학자들이 쓴 책들이 다수를 차지하고 있다. 중국을 제대로 이해하기 위해서는 한국적 시각에서 정보를 분석하고 일반 독자들 특히, 중국에 진출하려는 기업인들이 부담없이 접근할 수 있는 책이 절실하다. 중국은 미국 경제와 일본 유럽에 실망한 나머지 국내 경제 건설에 박차를 가할 것이다. 최소한 향후 10년간 시진핑 등 새 중국 지도부는 국내 시장 확장에 총력을 기울일 것이다. 현직 언론인이 쓴 이 책은 보다 쉽게 우리를 중국 이해의 길로 인도할 것이다. 중국과 북한을 비롯한 동아시아 정세를 일목요연하게 정리할 수 있는 책으로 독자 제위께 추천을 드린다.

2013년 2월
선문대학교 총장 황선조

서문

'후덕재물(厚德載物)'

덕을 두텁게 하여 만물을 포용한다는, 중국의 고전 《주역》에 나오는 문구다. 중국의 향후 10년을 이끌어갈 혁명 5세대 지도자 시진핑 총서기가 인생의 신조로 삼은 말이다. 시 총서기가 졸업한 칭화 대학의 교훈이기도 하지만, 그가 지향하고 있는 품성에 잘 어울린다는 표현이다. 공산 혁명 원로인 부친 시중쉰(習仲勳)은 "자기가 하고 싶지 않은 일은 다른 사람에게 시키지 말라(己所不欲勿施於人)."는 표어를 아들에게 남겼다. 모두 덕을 강조하는 말이다. 어디서든 자신을 잘 드러내지 않고 과묵하게 처신해 결국 13억 중국 인민의 정상에 오른 온 시진핑의 처세는 이런 데서 연유한 듯하다.

지난해 11월 중순 열린 '중국공산당 제18차 전국대표대회'에서 당 총서기와 중앙군사위원회 주석을 거머쥔 시 총서기는 올해 3월 전국인민대표대회에서 국가주석에 올라 권력 승계를 마무리한다.

세계가 주시하는 중국 경제의 앞날이 그리 밝지 않고 정치·사회적 분위기가 뒤숭숭한 가운데, 새로운 중국을 이끌 시진핑에게 동아시아를 비롯한 각국의 기대와 우려가 교차하고 있다.

시 총서기는 중국 정계 각 계파 간 힘의 균형점이다. 마오쩌둥, 덩샤오핑 같은 1인 최고 권력자의 시대가 흘러간 이후, 중국공산당은 정파들의 원로 간 합의에 의해 후계자가 낙점되는 정치 문화가 자리 잡았다. 시 총서기는 이런 합의 정치의 실질적인 첫 사례로 볼 수 있다. 후야오방은 마오쩌둥이, 장쩌민과 후진타오 주석은 덩샤오핑이 낙점한 인물들이다. 후야오방은 마오가 발탁했지만 훗날 덩샤오핑이 중히 쓴 개혁 성향의 인물이다.

앞으로도 중국은 정파 간 긴장 관계가 지속될 것이다. 내외 안팎으로 풀어야 할 난제들이 수두룩하다. 13억여 거대 인구를 이끌어갈 시 총서기의 앞날이 불투명하다는 세간의 평도 그래서 나올 만하다.

그러나 자신의 색깔을 드러내지 않고 조화와 균형을 유지하는 인물로 시진핑만한 사람이 없다는 평이 대세이다. 그런 배경에서인지 시진핑에게는 거의 정적이 없다.

전임 후진타오 주석이 정권을 이어받았던 지난 10년보다 지금 상황이 훨씬 어렵다는 인식이 지배적이다. 후 주석 당시 중국 경제는 욱일승천의 기세였고, 분출하는 각종 사회적 요구도 그다지 크지 않았다. 그러나 지금은 상황이 완전히 다르다. 중국 인민들은 어느 정도 먹고살 만큼 자본주의에 물들어 있다. 정치적인 욕구도 언제든 폭발할 것 같은 기세이다. 안팎의 도전이 간단하지 않다는 의미다.

향후 후진타오 정권에 실망한 중국인들은 시 주석에게 큰 기대를 가질 것이다. 중국인들은 과학적 발전관에 의거해 '조화(和協) 사회' 즉 빈부의 차, 부패 관료 청산 등 사회 개혁을 주창했던 전임 후 주석에 대해 이렇다 할 성과를 기억하지 못하고 있다.

이제는 시진핑이다. 단원 8천만 명을 헤아리는 공산주의청년단(공청단)이 낳은 영웅 후진타오는 이른바 '공청단파'에 속하는 반면, 시진핑은 혁명 원로와 지도급 인사들의 2세로 구성된 '태자당 그룹'에 속한다.

중국 정치판은 앞으로 태자당과 퇀파이(團派·공산주의청년단파)의 양대 구도로 재편될 것이다. 퇀파이는 출신 성분이나 기득권이 없는 평민 출신이나 특별한 계보가 없는 그룹을 가리킨다.

퇀파이는 후진타오처럼 자수성가한 인물들이 많다. 상하이방의 수장이면서 정치판의 큰 손으로 군림하는 장쩌민 전 주석도 태자당과 같은 훙얼다이(紅二代·혁명 2세대) 출신이다. 상하이방은 출신 성분상 태자당과 대부분 겹친다. 상하이방과 태자당은 연합할 수밖에 없다.

시진핑은 태자당 위주의 권력 시스템을 구축하려 들 것이다. 후진타오가 키운 신임 총리 리커창은 공청단 세력을 키울 것이다. 이런 와중에 앞으로 권력의 판도는 파벌보다는 개인적 관계에 좌우될 가능성도 엿보인다. 새로 상무위원에 진입한 류윈산(劉雲山) 중앙조직부장은 공청단 출신이지만 장쩌민 쪽으로 기울었다는 평도 있다. 당 서열 3위에 오른 장더장(張德江) 전 충칭(重慶) 시 서기도 장쩌민계로 불리지만, 시진핑의 부친 시중쉰이 광둥 성 서기 시절 측근을 지낸 이력으로 시진핑과도 인연이 깊다.

부친 시중쉰을 보면 시진핑을 어느 정도 이해할 수 있다. 개혁 성향의 후야오방 전 총서기가 1987년 실각했을 당시, 시중쉰(당시 당 중앙위원)이 가졌던 태도는 기억할 만하다. 청년층과 학생들의 민주화 요구에 대해 유연한 대응을 주장했던 후야오방은 '너무 무르다.', '연약하다.'

는 이유로 덩샤오핑 등 보수파들의 사퇴 압박을 받았다. 그리하여 후야
오방은 자기 비판을 하며 사의를 표명했다.

하지만 시중쉰은 테이블을 치며 "이것은 정상적이지 않다. 후 총서
기의 사임 문제를 논의할 수 없다. 당의 원칙에 반한다."며 "이러한 방
식은 당과 국가의 장래 안정 단결에 화근을 남길 뿐이다. 나는 단호히
반대한다."고 강하게 주장했다. 모든 사람들이 '물에 떨어진 개'를 몽
둥이로 치고 있을 때 시중쉰만은 예외였다. 게다가 주변 사람들을 엄하
게 비판했다. 시중쉰의 당시 언행은 흉내 낼 수 있는 것이 아니다. 시진
핑도 "아버지는 역시 기개가 있다."고 감탄했을 것임에 틀림없을 것이
다. 부친 시중쉰은 혁명 원로들 가운데 저우언라이와 함께 강직한 혁명
주의자로 기억되기에 충분한 성품을 지녔다는 평이다.

앞으로 시 총서기는 고도성장으로 초래된 사회적 문제와 빈부 격차
의 해소, 부패 척결 등에 대한 저항을 적절히 관리해야 할 것이다. 이런
발등의 불을 제대로 관리하지 못하면 중국공산당이 구상하는 2020년
이후 전면적인 민주화 실현은 한낱 꿈에 불과할 것이다.

개방을 표방한 1978년 이후 30년간 중국의 외화 유입에 의한 투자와
수출 주도의 성장 모델은 한국과 일본의 그것과 크게 다르지 않다. 이
제 그 모델은 한계에 달했다는 게 대체적 평가다. 수요와 공급 측면에
서 구조적인 변화가 필요한 시점이다. 소득불균형이 완화돼야 한다. 그
렇지 못하다면 정치·사회적 불안이 만연할 수밖에 없을 것이다.

향후 시진핑 총서기의 전도는 좋은 일보다 힘든 과업들이 잔뜩 기다
리고 있을 것이다. 신중국호는 몰려오는 풍랑을 정면으로 맞이해야 하
는 배와 같다. 침몰하지 않기 위해 무거운 짐을 내던져야 할 것이다. 다

시 말해 태자당, 국영기업, 부패 공무원 집단 등 기득권 세력의 이익을 읍참마속의 심정으로 도려내야 할 순간들이 많을 것이다.

시진핑은 내외신 기자회견에서 사회보장, 강화 등 분배와 민생을 강조했지만, 기득권층의 반발은 벌써부터 만만찮을 기세다.

중국 경제는 앞으로 7% 내외의 성장을 유지해야 한다. 이 정도의 성장 속도를 유지하기 위해서는 사회간접 자본 투자 내지 직접투자, 국영기업과 민영기업 등에 대한 적절한 투자를 유지해야 한다. 성장 속도를 유지하고 고용을 창출해 부의 분배를 진척시켜야 인민의 불만을 어느 정도 무마할 수 있다는 얘기다.

경제 성장의 속도는 시진핑 정권의 생명과 연계되어 있다고 해도 과언이 아니다. 인민 대중은 우선 먹고사는 데 관심이 높다. 구체적으로 보자면 지금까지 경제 성장을 이끌어온 국영기업의 수출 경쟁력과 내수 기반을 어떻게 조화·유지하느냐가 관건이다. 이제 미국과 유럽의 경제 전망은 믿을 것이 못 된다. 경제위기는 또다시 재발할 것이라는 관측이 대세다.

올해 중국 시장이 부활할 것이라는 시장의 기대는 높다. 우선 새 지도부 출범으로 정치적으로 안정되고 대규모 인프라 투자와 소비 촉진, 부분적인 부동산 규제 완화 등 부양책을 기대하고 있기 때문이다. 곧 본격적인 소비 진작책이 나올 것으로 보인다.

시진핑은 18차 당대회 취임 기조연설에서 "더욱 빨리 경제성장 방식을 '내수 확대로' 전환하고 민생을 보장·개선하여(2020년까지) 샤오캉 사회를 전면적으로 건설해야 한다."고 했다. 내수 확대를 위해 국내 투자를 더욱 늘린다는 의미다.

정치적 컬러도 취임 후 전반기 5년과 후반기 5년이 차이를 보일 것이다.

선출된 상무위원 7명 중 5명은 1940년대 후반에 출생한 인물들이다. 시진핑과 리커창을 빼면 모두 5년 후에는 68세를 넘기기 때문에 물러나야 한다. 5년 후 상무위원이 될 후보들은 대부분 지금의 정치국원들이다. 후진타오가 카운 리위안차오, 후춘화를 비롯 왕양 등이 이에 속한다. 새로운 정치판도가 형성될 것이다. 50대 중후반의 젊고 진취적인 성향을 가진 사람이 많다. 후진타오를 배출한 공청단 계열 인물이 다수를 차지한다. 시진핑 시대의 전·후기 정책이 상당히 다를 것임을 시사한다.

시진핑 총서기에게 미국은 도전이자 기회이다.

전 세계는 급속하게 팽창한 거대 중국의 무게를 느낀다. 한층 높아진 중국의 자신감은 세계 곳곳에서 공세적으로 나타난다. G2 시대가 그것이다. G2는 주로 미국에서 쓰는 말이지만, 중국의 부상을 필연으로 보는 미국이 함께 세계를 운영해 나가자는 뜻이다. 그러나 미국 패권을 여전한 것으로 믿는 사람들은 G2를 난센스라고 본다. 전 세계의 룰을 만들고 결정하는 것은 여전히 미국이라는 뜻이다.

중국 사람들은 G2라는 개념에 대부분 방어적인 반응을 보인다. 미국이 G2를 제기한 것이 중국에 더 많은 책임을 지우게 하고 위안화 절상 등 압력을 가하기 위한 수단이라고 의심한다. 하지만 G2 개념을 완전히 부정할 수는 없는 것이 현실이다.

대한민국에게 중국이 중요한 이유는 경제 문제 때문만이 아니다.

북한 핵으로 인한 군사적 긴장을 풀고, 통일의 성격과 방향을 정하는 데 중국은 미국만큼 중요한 나라다. 한반도는 지정학적으로 중국과 연결돼 있다. 독일을 통일시킨 비스마르크는 1870년부터 20년 동안 절묘한 균형 외교로 독일 연방의 기초를 닦았다. 모든 국가와 선린 관계를 맺어 베를린을 유럽 외교의 중심으로 만들었다. 편 가르기 외교를 하지 말고 같이 가는 외교를 해야 한다는 점이다.

독일 통일의 기초를 닦은 바이츠제커 독일 대통령은 당시 호네커 동독 서기장과 수시로 만나, 구소련의 변화 가능성을 공유하면서 통일을 준비했다. 문을 닫고 걸어잠그면 아무것도 할 수 없다는 것은 그간의 국제정치 과정에서 교훈으로 배웠다.

끝으로 이 책을 편집하고 만드는 데 고생하신 함께북스 조완옥 사장님, 편집을 총책임진 안승철 실장님, PLS 양영철 대표, 일본어 원어 자료를 편집해 준 집사람과 아들 딸들에게 깊이 감사함을 드린다.

2013년 2월 여의도에서

정승욱

목차

3장 공산당 거버넌스의 실상

4장 보시라이 사건은 권력 쟁탈전의 시작

5장 떠오르는 권력 태자당과 수성 권력 공청단의 대결

1장

2022년을 겨냥한
시진핑의 새 정치 패러다임

대내외 전략의 기본은 법치와 패권

유표법리(儒表法里)는 중국인의 오랜 관행에서 유래된다. 중국의 대표적인 경제사학자인 칭화 대 역사 교수 친후이(秦暉)의 해석이다. 그는 중국 문화의 가장 큰 특징을 유표법리로 풀이한다. 겉으로는 유가의 중심 사상인 인의 도덕을 내세우면서, 실제 행동은 권력에 기반을 둔 법가의 가치를 따르는 형태이다. 친후이는 "유표법리 문화는 한 무제 이후 정착되면서 오늘날까지 이어진 전통적인 정치 문화 형태"라고 했다. 좋게 표현해 인(仁)의 도덕과 법치이고, 다르게 말하면 힘으로 패권을 추구하는 정치 행동으로 나타날 수 있다.

이런 문화를 국제관계에 적용하면 왕표패리(王表霸里)와 닮아 있다. 표면적으로 평화적 부상을 강조하지만, 속으로는 대국적 패권을 추구한다는 점이다. 개혁 성향의 우파 지식인 친후이의 비판적 시각이 드러난다.

미국의 저명한 중국 전문가 이매뉴얼 C. Y. 쉬 교수는 중국의 전략 문화를 두 가지로 설명한다.

하나는 무력에 의존하는 것이고, 다른 하나는 유교 전통 사상의 영향으로 무력 사용을 명예스럽지 못한 것으로 여기며, 이 두 패턴은 모순되지만 중국의 문화는 이 두 가지가 교묘히 섞여왔다는 것이다.

중국은 과거 무력을 통해 안보 위협을 해소하려는 현실주의적인 경향이 더 강했다. 역사적으로는 물리력을 행사하지 않는다는 원칙을 내세우면서, 한편으로 무력을 통해 소기의 목적을 달성하는 지극히 현실주의적 경향을 보였다고 풀이한다.

시진핑 기자 회견(2012. 11. 15)

유표법리와 왕표패리는 중국 국내 정치는 물론, 국제 관계에서 적용된 사례가 흔하다.

공산당 체제하에서 경제발전을 위해 국민의 정치적 권리 행사를 유보하고, 대외적으로는 패권을 추구하지 않는다지만 물리력을 기꺼이 동원한 것이 지금까지 보여준 현실이라는 점이다.

그러나 이에 동의하지 않는 주장도 있으며 국제질서를 자국에 유리하게 추구해 온 미국을 주로 비판 대상에 올리기도 한다. 칭화 대의 왕후이(王暉) 교수는 중국에서 사용하는 제국의 의미는 서구의 것과는 다르다는 것으로, 전자는 덕의 정치가 제국의 기본 이념이었지만, 후자는 절대 왕권의 권력 형태였다는 것이다.

왕 교수는 로마와 오스만 튀르크 등은 무력에 의한 정복이었지만, 중화제국은 문화와 예의에 기초하여 주변 국가들 스스로 중화의 일원이 되었다는 것이다. 그러나 왕 교수의 주장은 지나치게 자국 중심적이라는 비판을 불러올 수 있다.

중국의 당면 국가 목표는 안정 바탕 위에 경제 발전 지속이다. 하지만 여기서 그치지 않는다. 경제 발전은 국민의 소득 향상이라는 대내 목표를 달성하고, 이는 안전 보장과 헤게모니의 확산이라는 대외적 목표로 이어진다. 세계 대부분 국가들이 추구하는 전략적 목표와 다를 것이 없다.

과거 식민주의와 팽창주의가 보편적 규범으로 여겨졌을 때, 서구 열강을 비롯한 패권국들은 무력으로 주변 국가들을 복종시켜 나갔다. 이는 서구의 로마, 몽골제국이 중국 지배 후 유럽 침략으로 세력을 확장했던 시기에서 찾아볼 수 있다.

현재 G2로 부상한 중국의 주요 전략은 동의적 수단이라고 할 수 있다. 주변 국가들이 중국의 경제 발전을 위협으로 인식하기보다 오히려 기회로 인식하게 만드는 화평 발전의 전략이다. 그러나 동아시아에서 역사적으로 볼 때 중국은 강력한 제국이었을 때 동의적 수단을 사용하지 않았다. 전통적으로 동아시아의 질서가 중화사상에 기초한 조공체계에 의해 유지되었다. 일부 진보성향의 중국학자들은 이는 어디까지나 옛 유산이며 현대 민주 시대에는 맞지 않다고 주장한다. 그러나 보수 학자들은 전근대기 절대 왕정 시대가 보편적인 사회 규범으로 자리 잡았던 시대의 유산이라며 옹호한다.

지금 중국의 팽창주의는 미국의 동아시아 팽창과 맞물려 있다는 주장도 설득력을 얻는다.

미국은 무슨 수를 쓰든지 한국과 일본, 필리핀, 베트남, 미얀마, 인도로 이어지는 '동아시아 아메리칸 벨트'에 영향력을 확대·유지하려 한다. 다른 것은 모두 차치하고라도 미국이 중국의 안마당인 남중국해와, 한반도 서해 바다에 항공모함을 띄운다면 가만히 있을 중국이 아니다.

미국 역시 이 같은 제국주의적 형태를 벗어날 수 없다는 지적이 설득력을 얻는다. 미국의 이런 동아시아 영향력 유지 전략에 중국이 민감한 반응을 보이는 것은 당연하다.

중국 정치의 기본은 공산당 정권 유지

시진핑이 중국공산당의 최고지도자 자리를 이어받을 수 있었던 중요한 이유 중 하나는 그가 '정치적으로 믿을 만하기' 때문이다. 시진핑은 당의 권력을 약화시킬 수 있는 정치체제의 개혁을 주창한 적도 없다. 그간 자신이 보여준 강력한 사회질서 유지 능력도 당 중앙의 신뢰를 얻었다.

중국공산당은 국가 발전과 사회 안정이라는 두 가지 중임을 당 중앙의 시진핑과 리커창에게 맡겼다. 1950년대생 정치 후계자에게 나누어 준 것이다. 리커창이 경제를 비롯한 국가 발전을, 제17차 당대회에서 '황태자'로 책봉된 시진핑이 사회 안정을 주관하게 된 것이다.

국가 발전과 사회 안정은 모두 만만치 않은 일이다. 하지만 어떤 것이 더 어려운지 굳이 말한다면 사회 안정이 더 어렵다고 할 수 있다. 정치적 지혜와 복잡한 일을 처리할 수 있는 인내심과 세밀함을 더 많이 요구하기 때문이다. 과거 '사회안정영도소조'와 '정법위원회', '사회치안 종합관리판공청'의 세 기구에는 모두 저우융캉 전 중앙정치국 상무위원(17기 상무위원, 서열 9위)이 책임자였다. 그러나 시진핑이 당 서열이 높은(6위) 정치국 상무위원, 중앙서기처 상무 서기로, 보다 높은 차원에서 사회 안정의 중책을 총괄해왔다. 당 중심에 오를 시진핑의 정치사회적 위기 관리에 어느 정도 역량을 갖췄는지 시험하는 기간도 되었다.

과거 후진타오는 군대와 기업의 유착을 끊는 문제를 제대로 해결하여 군대와 관계를 강화했다. 이로써 훗날 군사위원회 주석으로 임명되는 데 기반을 닦았다. 앞으로 시진핑 총서기가 국민의 신뢰를 얻을 수 있는가는 사회질서를 위협하는 여러 도전에 어떻게 대응하는가에 달려 있다.

베이징 정가의 당 원로들은 시진핑의 생각과 아량, 합리적인 언행 등은 '부친의 풍격'을 닮았다고 말한다. 그러므로 사회의 안정 수호라는 중책을 맡기에 누구보다 적합하다는 것이 당 원로들의 판단이다.

구체적으로 중국 공산당의 국민 통제 시스템은 대단한 규모이다. 중앙당 산하 '사회안정판공실'은 960만㎢에 이르는 '네티즌 감시망'을 조직했다. 인류의 유사 이래 최대 규모의 감시망이다. 이를 이용해 전천후 감독과 통제를 통해 갖가지 갈등과 사회 불안정 요인을 초기에 발견하고 해결했다.

공식 명칭은 '사회안정판공실'은 '중국공산당 중앙사회안정수호 업무 영도소조' 산하에 있다. 영도소조의 조장은 정법위 서기인 저우융캉이, 부조장은 멍젠주(국무위원, 공안부 부장, 당 위원회 서기)가 맡고 있었다. 판공실 주임은 류징이었다. 류징 역시 중국공산당 중앙위원으로 장관급이다.

실제 중국이 중대한 사회혼란에 직면할 것인가는 그렇지 않다는 견해가 우세하다. 미국 오하이오 대학교 사회학과의 리제리 교수는 언론 인터뷰에서 다음과 같이 말한다.

"중국에서 발생한 집단 항의 사건은 모두 하나의 사건에서 우발적으로 비롯된 경우가 대부분이다. 내부 투쟁으로 분열된 엘리트층이 조직적이고 계획적으로 개입하거나 대규모 조직적인 반정부 정치 단체가 단계적으로 일으킨 사건은 한 건도 없다. 그러므로 정부에 커다란 위협이 되는 일은 일어나지 않을 것이다."

중산 대학교 철학과의 위안웨이스 교수도 같은 뉘앙스의 견해를 피력했다.

"지난 20년 동안 많은 중국인 특히 도시 주민의 생활수준이 눈에 띄게 개선되었으므로 현재 항의 시위를 성원하거나 지지할 세력이 이미 약화되었고 또 갈수록 온순해질 것이다.

하지만 중국의 신임 지도부는 사회 안정을 최우선으로 한다.

시진핑이 사회 안정을 총책임지는 부주석으로서, 지난 2월 23일에 발표한 담화에서는 '군중을 잘 통제해야 한다.'고 강조했다. 군중을 통제하는 데 심혈을 기울인다는 인식을 보여준다."

하지만 반체제 지식인 량징은 이렇게 지적한다.

"현재 재스민 혁명의 거대한 물결이 개혁에 박차를 가하도록 중국을 압박하고 있다. 시진핑은 이런 새로운 혁명 방식의 가능성과 희망을 깨달아야 한다."

톈안먼 사태 후유증은 여전히 진행 중

1989년 발생한 톈안먼 사태는 덩샤오핑이 이끄는 당시 중국 지도부에 큰 경각심을 주었다. 사태 당시 대학생들은 서구식 정치 체제 즉 민주 정치 체제의 이식을 요구했다. 국민이 직접 투표로 지도부를 뽑는 민주 제도는 곧 공산당 집권의 종말을 의미한다. 덩샤오핑 등이 위기감을 느꼈을 것임은 당연하다. 중국 지도부는 서구식 자유민주주의를 절대 수용할 수 없다는 인식을 굳혔다.

특히 어떤 일이 있어도 지도부가 분열된 모습을 보여서는 안 된다는 것이다. 물가폭등으로 민생이 불안해서는 안 된다는 교훈을 1989년의 톈안먼 사태를 통해 얻었다. 정치·경제·사회를 비롯한 모든 분야에서 무조건 안정되어야 한다는 '안정 우선'을 최고의 가치로 여기게 된 것이다.

그러면서도 중국공산당 지도부는 정치 체제가 시대 변화에 부응해야 한다는 것을 뼈저리게 느낀다. 그러나 서구식 민주주의 방식은 안 되는 것이다. 이와 관련하여 최근 중국공산당 간부 학교인 '중앙당교' 교수들이 작성한 보고서가 눈길을 끈다. 이 보고서는 미국에 있는 반체제 포털사이트 보쉰닷컴이 중앙당교 자료를 입수해 분석한 것이다.

사이트에 따르면 향후 중국이 수준 있는 정치적 민주주의로 나아가는 데 최소한 60년 이상 걸릴 것으로 예측했다. 보고서는 3단계 과정을 거쳐 중국식 민주주의 모델을 창출한다는 것이 골자이다. 공산당 간부를 재교육하는 중앙당교는 중국 사회과학원과 함께 최고의 씽크탱크로 인정받는 권위 있는 연구 기관이다.

첫 단계는 '배아의 시기'로 2세대 지도부 덩샤오핑과 3세대 장쩌민의 집권 시기다. 연대로는 1979년~2001년이다. 경제가 계획경제 체제에서 초보적 시장경제 체제로의 전환되는 시기이기도 하며 경제 성장의 토대를 닦은 시간을 가리킨다. 상하이의 푸둥 지구가, 김정일 위원장의 말처럼 상전벽해로 변한 것 등은 모두 성장을 위한 토대였다.

둘째 단계는 4세대인 후진타오와 5세대 지도부 시진핑의 집권 시기인 2002년~2020년이다. 사회주의식 시장경제체제 토대 위에 초기 단계의 정치체제 개혁에 착수한다는 것으로 어디까지나 중국공산당 주도하에 초기 민주주의적 질서의 토대를 만든다는 방식이다.

셋째 단계는 6세대와 7세대 집권 시기인 2020년~2040년으로 20년 동안 민주정치의 제도적 틀을 본격적으로 완성해 중간 수준의 정치 체제를 개혁하는 단계다.

보고서는 시진핑 집권 기간인 2020년까지를 중요한 시기로 분석했다. 정치 개혁의 틀을 구축하는 시기라는 것이다. 이어 2022년 20차 당 대회 이후 6세대 지도부가 비로소 중국 특색의 민주주의를 본격적으로 추진한다는 시나리오다.

개혁 성향의 지식인 그룹에서는 쑨정차이, 후춘화, 저우창, 루하오 등이 정치 개혁에 나설 수 있는 인물들로 꼽기도 한다. 이들은 신임 시진핑 지도부에 진입한 젊은 엘리트들이다. 이들은 1960년대에 출생한 40대 '리우링허우(60後)' 세대의 선두 4인방으로 꼽힌다.

헨리 로웬(Henry S. Rowen) 전 스탠퍼드 대학 경영대학원 명예교수 겸 아시아태평양연구소(P/ARC) 소장은 중국의 1인당 GDP가 8,000달러가 되는 2020년을 전후로 자유로운 사회로 진입할 것이라고 전망했다. 로웬의 전망은 중앙당교 교수진의 전망과 비교적 일치한다.

아직 드러나지 않은 시진핑의 통치 컬러

시진핑의 통치 컬러는 어떤 성향을 띨 것인가. 과연 서방이 바라는 대로 민주 제도의 이식이 이루어질 것인가. 필자가 2009년 2월, 멕시코를 방문했을 때였다. 화교와의 간담회에서 본심의 단면을 드러낸 것으로 서방 언론들은 풀이했다.

"우리는 혁명도 기아도 빈곤도 배출한 적 없다. 밥 먹고 할 일이 없는 외국인들이 수군거리는 소리일 뿐이다."

시진핑 시대의 정치 노선의 지향점을 두 가지로 구분할 수 있다. 우선 비관적인 측면을 펼쳐본다.

지금처럼 공산당 일당 지배체제를 유지하는 정치 노선이다. 이는 복수정당제로 갈 가능성은 적다는 점이다. 위로부터의 민주화 프로세스나 급진적인 민주화 프로세스는 진행되지 않을 것이다.

하지만 아래로부터 민주화 프로세스가 억제되는 상황에서, 잠재적인 민주화 요구의 기운이 점증하는 것은 부인할 수 없다.

시진핑의 측근들이 모여 있는 태자당이 먼저 당내 민주화 등을 요구하거나, 스스로 정당 등을 만드는 방안도 있다. 하지만 이런 경우는 태자당이 정치적 견해 표출 등의 필요성이 있을 때로 한정될 것이다. 현실에 만족하는 경우 구태여 공산당이 지도부가 탐탁찮게 여기는 행동은 하지 않을 것이다.

시진핑 집권 이후에도 지금의 경제적 국면이라면, 정치 개혁 또는 정치체제 변경 요구는 그다지 분출되지 않을 가능성이 높다. 순조로운 경제발전 속도와 안정적인 미-중 관계, 중-대만 관계 등 제반 조건이 동반된다면 말이다. 시진핑은 한편으로 공산당을 둘러싼 제반 환경을 냉정히 분석하고 현실적인 판단을 하는 인물이라는 점에서 기대가 높은 것 또한 사실이다.

시진핑 집권 시기에 의외의 인물이 정치 개혁의 깃발을 올릴 수도 있다. 리커창 총리나 리위안차오는 중국에서 반정부 시위가 성했던 1980년 초기 베이징 대학과 상하이 푸단 대학에서 민주적인 대학생활을 경험했다.

리위안차오는 이번에 중앙정치국 상무위원에 진입하지 못했지만 요직을 맡아 중요한 역할을 수행할 것이다. 이들은 자유나 평등, 인권존중 같은 서방 국가의 민주적 개념을 체득했다.

이는 마오쩌둥과 덩샤오핑 체제에서 성장한 후진타오 등 공산 혁명 4세대 지도부와는 차이를 보이는 부분이다. 시진핑 집권 시 지도부 내부에서 정치 노선에 관한 견해차는 분명히 존재한다. 이런 차이는 노선 대립으로 발전할 가능성도 배제할 수 없다. 지도부 내에서 만일 개혁파가 존재한다면 이들에 의한 위로부터의 개혁이 현실화될 수도 있다.

지금 중국공산당은 당내 민주화를 적극 고려중이다. 이는 중국공산당 내부의 민주화인데, 공산당 지방 말단조직의 책임자를 당원 투표로 뽑는다는 구상이다. 이는 민주적인 의사결정, 정보공개 등이 골자이다. 역으로 말한다면 복수정당제나, 3권 분립 같은 서구식 정치 시스템은 도입하지 않는다는 것을 의미한다.

현재 중앙정치국 구성원 선출은 간접적인 당내 민주화로 정착되어 있다. 예컨대 공산당 지도부는 17차 당대회가 열린 2007년 가을, 25명의 정치국원을 뽑을 당시, 400여 명의 중앙위원과 당 간부 등으로부터 인물 평가를 청취한 다음, 득점표를 매겨 인선한 사례가 그것이다. 물론 인선 과정에서 유력자들의 영향력이 작용한 여지가 적지 않지만 당내 의견 수렴이라는 대세에는 거스르지 않는 것이다.

2007년 당시 17기 정치국 상무위원에 진출한 시진핑이 최고득점을 올렸다. 이 제도는 68세 이상의 지도자가 모두 은퇴한 것에도 영향을 미쳤다. 세대교체를 촉진하는 기폭제가 되고 있는 것이다.

2012년 11월 중순, 18차 당대회 때도 당내 투표로 정치국 위원을 뽑았다. 전국에서 뽑힌 공산당원 간부 2,307명은 중앙위원 205명과 후보위원 171명 등 376명을 선출하는 투표를 했다. 2,307명은 8,500여만 명의 공산당원들 가운데 뽑힌 인물들이다. 이들은 말하자면 당원들 가운데서 뽑힌 국회의원이다.

이런 점은 서구 민주제도가 미처 간과할 수 있는 부분인데, 유교적 질서와 사회주의 시스템이 교묘하게 작동하는 중국에서만 가능하다.

민주적 제도와 절차와 관한 시진핑의 견해나 논문은 아직 나오지 않았다. 정치 시스템 개혁에 관한 시진핑의 견해는 의례적인 행사 관련 치사 등을 제외하고는 분명히 드러난 것이 아직 없다.

민주 정치 특구의 좌절

2010년 10월 27일, 중국공산당은 당 기관지 인민일보를 통해서도 정치개혁 실험을 중단한다고 선언한다. 이 날짜 인민일보에 '옳은 정치의 방향에 관하여 적극적이고 온당한 정치체제개혁을 진행시키자'는 제목으로 보도된 논문에는 다음과 같이 기술하였다.

"정치체제개혁은 당의 지도력을 약화시키지 않고 오히려 강화·개선하는 것이다. 정치개혁은 경제발전이나 국민교육 수준을 등에 맞게 단계적으로 진행하는 것이다. 다당제나 삼권분립 같은 서방측의 정치모델은 결정하지 않는다."

이 논문은 사회주의 제도 역시 비중 있게 호소하면서, 중국의 독자적인 정치모델에 대한 자신감을 시사하는 것이다. '사회 안정과 경제발전을 목적으로 하면서 사실상의 공산당 일당 체제를 강화'하는 공산당의 정책 목표를 분명히 한 것이다. 국내외에서 분출하는 이른바 민주화 요구를 거부한 것이다.

일단 서방측이 요구하는 정치개혁으로 가지 않는다는 점을 분명히 하고 있는 것이다.

이 논문은 때마침 10월 15일부터 18일까지 베이징에서 열린 당중앙위원회 5차 전체회의(5중전회)를 기해 개재한 것이다. 논문이 개재되기 전날 국영 신화통신을 통해 '중요원고예고'가 나갔다. 중요원고예고는 공산당과 정부의 중요 인사나 동향을 발표하기 전날 미리 알려주는 관행이다. 논문 개재 이후 논문을 해설하는 글도 잇달아 신문에 등장하는 등 공산당 내에서 학습하는 중요논문이 되었다.

이어 2011년 3월, 전국인민대표대회(전인대)에서 우방궈(吳邦國) 전인대위원장의 활동보고는 정치체제 개혁 실험에 대한 지도부의 위기감을 엿볼 수 있다. 우방궈는 공산당 일당 체제와 관련하여 "(지금의 체제가) 흔들린다면 발전의 성과를 잃어버리고, 국가 내란으로 함몰할 가능성도 있다."고 말해 상당한 위기감을 내비쳤다.

중동에서 불기 시작한 이른바 '재스민 혁명'도 위기감이 작용한 것으로 보인다. 튀니지에서 시작한 왕정 타파 바람은 이집트 호스니 무바라크 정권과 리비아의 무하마르 가다피 정권까지 무너뜨렸다.

중동의 석유 산유국도 예멘을 시작으로 민주화 바람은 계속되고 있다.

중국 지도부는 이에 위기감을 느낀 것이다. 인터넷 등을 통해 민주화를 요구하는 집회를 열 것을 촉구하는 글들이 올라와 공안당국이 봉쇄조치를 취한 바 있다. 이 같은 어수선한 시기에 나선 우 위원장의 발언은 공산당의 지도체제를 강화할 필요성을 강조한 것이다. 우방궈는 "정권교체를 수반하는 다당제나 삼권분립, 양원제는 도입하지 않는다."고 언명했다. 우는 혹 중국이 경제발전과 함께 서방 각국의 정치체제도를 채용하지 않을까 하는 기대감을 잘라버린 것이다.

2008년부터 2009년 무렵, 중국 지방도시에서 민주 선거로의 정치 개혁 실험이 있었던 적이 있다. 한 지방의 한정된 장소에서 실시해 정치 개혁이라는 돌파구를 찾기 위한 것이었다. 여러 곳 가운데 광동 선전 시가 선택되었고 3가지 측면에서 실시되었다.

첫째, 2008년 5월 시장후보를 복수의 후보자로 선정하는 것이다.

두 번째로 시의회와 같은 개념의 인민대표대회의 입법기능을 강화하는 것이다. 세 번째로 재판관을 심사하는 제도를 창설하는 등을 포함해 19개 항목의 정치개혁안을 공표했다.

부분적인 정치개혁 실험은 광동 성에서 실시되었다. 광동 성 정치개혁을 주도한 인물은 당서기 왕양이었다. 그는 후진타오 주석을 위시한 공산주의청년단(공청단) 출신 간부 가운데 가장 유망한 인물로 꼽혔다. 그 역시 정치국 상무위원 진입에는 실패했지만 후 주석의 후신으로 불리는 인물이다. 그러나 2010년 당지도부의 방침이라는 이유로 정치개혁 실험이 중단되면서 광동 성의 실험 프로세스는 정체돼 있다.

정치 안정의 변수들

공산당 지도부는 국내 문제에는 누구도 가늠하기가 쉽지 않지만 역시 경제문제와 관련돼 있고 갈수록 규모가 커지는 시위 규모라 할 수 있다. 2011년 있었던 고속 열차 사고 당시 중국 언론들이 신속히 보도한 것은 피해자들의 소리였다. 예전 같으면 국가의 정책이나 권력자들의 움직임이 먼저 보도되었지만 그렇지 않았다.

공산당 창당 기념에 맞추어 고속철도를 준공했다는 소문이 퍼지면서 이용자들의 불만이 크게 증폭되었다. 애초 사고 당시 국내 문제 처리 책임자인 시 부주석은 갖가지 통로로 사고 전말을 보고받고는 즉시 피해자 구제에 나서라는 지시를 내렸다. 일반 국민의 움직임이 곧 자신의 앞길을 열어 줄 키워드라는 사실을 제대로 인식하는 면모를 보여준다.

또 하나 변수는 포스트 장쩌민이다. 마오쩌둥, 덩샤오핑, 장쩌민으로 대표되는 카리스마 정치는 이제 나오기 힘들다. 혁명 5세대인 후진타오부터 9명의 정치국 상무위원이 움직이는 집단지도체제가 고정되었다는 분석이 우세하지만, 현실은 그렇지 않다. 지금도 여전히 장쩌민이 막후에서 중국을 움직이고 있다. 앞으로도 무엇보다 장쩌민의 거취를 눈여겨봐야 한다.

얼마 전 장쩌민 사망설이 언론에 유포되었고, 오래잖아 오보임이 밝혀졌다. 그러나 장쩌민이 무언가 정상적인 상태가 아니라는 것은 확실하다. 중국 정치의 내막을 잘 모르는 사람은 고작 원로 정치인 한 명이 죽고 사는 문제에 왜 그렇게 호들갑이었냐고 말할지 모른다. 시진핑 시대 중국 정치는 '포스트 장쩌민'이 누가 될 것인가에 주된 관심사다. 후진타오가 포스트 장쩌민 계보를 이어갈지 아니면 반후진타오 측인 주룽지 내지, 시진핑을 총서기로 올리는데 일등 공신이었던 쩡칭훙이 이어갈지는 아직 분명치 않다. 주룽지는 경제 분야에서 큰 역할을 맡게되었다. 이 부분은 후술에 자세히 밝힌다.

덩샤오핑 이후로 중국정치는 집단지도체제가 완전히 굳어졌다고 하지만 그래도 막후의 정신적인 최고지도자는 늘 존재해왔다.

장쩌민은 표면적으로는 2005년 3월, 중화인민공화국 중앙군사위원회 주석직을 후진타오에게 넘겨주었다. 주석에 물러난 지 2년 만이었다. 그러나 중난하이의 주석 관저는 후진타오에게 넘겨주지 않다가 후진타오가 퇴진하기 2년 전에야 넘겨주었다. 그는 막후에서 상하이방의 거두로서 핵심요직에 대한 인사를 조정해왔다.

장쩌민에 대응할 만한 권력이 지금까지 중국에는 없다. 이번에도 리커창과 류윈산 상무위원을 제외하면 시진핑을 포함해 상무위원 5명은 상하이방 즉 장쩌민계이다.

그런 장쩌민이 죽으면 중국 정치는 어떻게 돌아가게 될까. 상당기간 정치적 춘추전국시대에 돌입할 것이다. 장쩌민의 총애를 받으면서 함께 활동했던 쩡칭훙이나 주룽지 등은 장쩌민이 활동하는 후진타오 시대에는 거의 칩거하다시피 대외활동을 삼가면서 살아왔다.

그런 와중에 주룽지의 회고록이라고 할 만한 책이 2011년 가을 출판되었다. 주룽지의 재임시절 연설문 등을 한데 엮은 《주룽지강화실록》이 요즘 중국 서점가에 쫙 깔렸다. 그동안 조용히 숨어 있던 주룽지가 왜 하필 이 시점에서 떠오르고 있는 것인가. 중국 정치에는 그저 의미없이 움직이는 일이 없다.

주룽지가 경제 분야에서 핵심적인 역할을 맡기 위한 사전 포석이었다는 것이 이제야 드러나고 있다.

향후 후진타오 주석이 '포스트 장쩌민'의 역할을 하며 일정한 정치적 영향력을 행사할 수 있다. 일례로 시진핑 정권 5년이 지난 2017년엔 시진핑과 리커창을 제외한 5명의 상무위원은 모두 68세가 넘어 물러나야 한다. 이대로 놓고 보면 후임에 오를 인물군에는 리위안차오, 왕양, 후춘화 등 친 후진타오 인물들이 수두룩하다. 후주석이 장쩌민 사후 영향력을 이어받을 형국이다.

2012년 내내 화제가 된 보시라이 실각 같은 정치 파동의 이면에는 차기 정치국 상무위원 자리다툼이 깔려 있었다.

후진타오는 재임 기간 10년 동안 그동안 자신의 심복들을 고위권력층 도처에 심어놓기 위해 부지런히 움직였다. 그러나 후진타오의 보스 기질이나 집행력, 결단력 등에 대해서는 의심을 하는 사람들이 많다. 주룽지나 쩡칭훙에 비해 후진타오는 아직도 애송이에 불과하다는 평이다. 초등학교 교장 스타일의 원자바오는 더더욱 말할 것도 없다.

최근 원자바오가 다롄에서 열린 다보스포럼에서 한 연설의 사례를 보면, 연설 가운데 중국의 정치개혁 필요성을 강조하는 내용이 포함되었다. '당정분리'라는 직접적인 표현까지 있었다. 하지만 원자바오의 발언이 중국 국내 신문에는 단 한 줄도 보도되지 않았고, 신화통신 영문판을 비롯한 대외매체에만 공개되었다.

미국 정계에서 중국을 아는 사람들은 중국 지도부 내에서 원자바오는 거의 왕따 수준이라는 평이 많다. 하지만 이런 정치적 위상을 자신의 캐릭터로 삼을 것이라는 관측도 있다. 원자바오는 퇴임 후에 전임 총리들과 마찬가지로 조용히 칩거할 가능성이 높은데, 정치적 격변의 시기가 오면 민주화의 상징으로 부상할 여지를 남겨두자는 의도이다.

정치 안정의 변수로는 톈안먼 사태에 대한 재평가를 빼놓을 수 없다.

여전한 톈안먼 사태 후유증

정치 개혁에 대해 2010년 노벨평화상을 받은 류샤오보(劉曉波)의 얘기를 빼놓을 수 없다. 류샤오보는 1955년 12월 28일 지린 성 장춘에서 태어났다. 1989년의 톈안먼 사태 직전 객원연구원으로 미국 컬럼비아 대학에서 공부하다 사태직후 연락을 받고 귀국했다.

그는 톈안먼 광장에서 민주선언을 낭독한 지식인 4명 가운데 한 명이었다. 무력진압이 임박한 6월 4일 새벽에는 학생들에게 유혈사태를 우려해 철수를 호소하기도 했다. 그는 사태 직후 반혁명선전선동죄로 투옥되었다가 1991년 석방되었으며, 1996년에는 정부를 비판하는 공개 편지를 발표해 3년간의 노동교정처분을 받았다. 이어서 공산당 일당 지배를 중지할 것을 촉구한 '08헌장'에 참여한 죄목 등으로 2010년 2월, 국가정권전복선동죄로 징역 11년형을 받고 복역 중이다.

'08헌장'은 일단의 중국 지식인들이 공산당 일당 지배를 비판하면서, 인권 옹호 등을 촉구한 문서다. '08헌장'은 2008년 12월 10일, 세계 인권선언채택 60주년에 맞추어 발표했다. 국민직접 선거를 실시하고 입법·사법·행정의 삼권 분립을 촉구하는 19개 항목으로 된 일종의 국민권리장전이다.

서명자는 애초 303명이었으나 확대되어 서명한 국내외 인사가 1만 명을 넘어섰다. 류샤오보는 주요 집필자로 참여했으나 1989년 톈안먼 사건 20주년을 기해, 그를 감시해오던 공안당국이 헌장 발표 직후 체포·구속되었다.

공안당국은 류샤오보를 구속한 이유에 대해 그가 헌장을 기초한 죄라고 발표했으나, 사실은 중국 국내에 남아 있는 톈안먼 사건 관련자들의 상징적 인물로 보고 있기 때문이다.

톈안먼 사태는 1989년 4월, 총서기를 지낸 후야오방(胡耀邦) 전 총서기의 사망을 기해 대학생 등이 톈안먼 광장에서 대규모 민주화 시위를 벌인 사건이다. 덩샤오핑 등 강경파 지도부는 '동란'으로 규정하고 무장군경을 투입했다. 6월 3일 저녁부터 4일 아침까지 유혈참사가 빚어졌다. 당시 중국 당국은 사망자를 319명이라고 발표했으며, 공산당은 사건을 소요사태로 규정해 무력진압을 정당화하고 있다.

덩샤오핑은 톈안먼 사태에 참여한 학생들을 비호했다는 이유로 자오쯔양(趙紫陽) 당시 총서기를 실각시켰다.

중국 공안 당국은 후야오방에 대해 2005년 일부 명예회복 조치를 취했으나, 자오쯔양에 대한 명예회복의 전망은 아직 보이지 않고 있다.

톈안먼 사건 이후 외국으로 돌면서 중국 내 정치개혁 촉구 활동을 해 온 류샤오보는 "톈안먼 사태로 목숨을 잃은 희생자들을 위해"라는 말로 자신의 활동을 표현해왔다.

2010년 10월 10일, 랴오닝 성 형무소에 복역 중인 류샤오보는 면회 온 그의 아내 류샤에게 "노벨평화상은 톈안먼 사태 희생자들에게 바친다."며 눈물을 머금었다고 전했다. 류의 노벨상 수상은 중국공산당 입장에서 보면, 톈안먼 유혈 진압에 대한 평가를 재검토하는 압력으로 작용하게 된다. 이는 중국공산당에 대한 도전으로 나타날 것이다.

중국에 거주하는 중국인에게 노벨평화상이 수여되기는 처음이다. 류샤오보에 대한 국제사회의 노벨평화상 수여는 중국의 정치체제를 진전시키는 데 용기를 줄 수도 있다.

노벨상 수여를 계기로 장기적으로 민주화 움직임이 중국 내에 침투

할 수도 있다. 그러나 단기적으로는 공안 당국의 강력한 체제 수호를 결의하는 역작용을 초래할 수 있다.

명목뿐인 8개의 정당들

중국에는 공산당 이외에 '민주제당파'라고 부르는 8개의 정당들이 존재한다. 중국국민당혁명위원회, 중국민주동맹, 중국민주건국회, 중국민주촉진회, 중국농공민주당, 중국치공당, 구삼학사, 타이완민주자치동맹 등이 그들이다. 매년 3월에 열리는 전국정치협상회의(정협)에 각 정당의 대표들이 의견을 피력하고 있는데, 여당도 아니고 야당도 아니다. 대부분 항일 투쟁과 공산혁명 외중에서 생겨났다.

2008년 3월 6일, 이들 정당들의 대표가 모여 베이징에서 기자회견을 가졌는데, 그 자리에 제정당 출신 가운데 처음으로 국무원 각료에 기용된 만강(万鋼) 과학기술부장이 나왔다. 그는 "모든 성과 시에서 민주정치 건설은 발전하고 있다."고 말해 중국식 독자적 민주화가 추진되고 있음을 시사했다.

정당 대표들은, 자신들은 모두 공산당 지도하에 정치활동을 하고 있다고 표명하면서 "이 국가를 지도할 수 있는 것은 공산당뿐"이라고 발언했다.

특히 구삼학사 대표는 정당 이름에 대해 '9월 3일은 항일투쟁 승리 기념일이었다. 미디어 여러분에게 특별히 부탁한다. 9시에 출근해 3시에 퇴근하는 회사라고 말하고 있지만, 그렇지 않다."고 말해 기자회견장은 폭소가 터졌다. 단상에 앉은 정당 대표들은 국가 정책을 논하는 긴장감이라고는 찾아볼 수가 없었다. 중국공산당은 1949년 건국하면서 다당제를 분명히 했다.

애초 마오쩌둥이 채용한 것은 '신민주주의론'이다. 이는 우선 봉건 식민체제를 타파하는 '민주주의혁명'을 실행한 이후 '사회주의혁명'으로 이동하는 2단계 혁명론이다. 1960년대부터 사회주의혁명이 시작이라고 보고 있다. 마오쩌둥은 사고방식을 바꾸어 급진적인 사회주의혁명을 진행, 1957년 '반우파투쟁'으로 공산당 일당지배 체제를 확고히 했다.

보수파와 개혁파의 공방 – 보편적 가치의 논쟁

공산당 일당 지배체제와 시장경제가 교묘히 섞인 '중국식 공산주의'가 언제까지 또 어느 정도 성공할까. 성공적인 중국 모델 즉 베이징컨센서스라는 키워드를 둘러싼 논쟁도 벌어지고 있다.

2008년 논쟁의 키워드는 자유나 민주주의 기본적 인권 등 보편적 가치가 주류였다. 2008년 9월, 인민일보는 "보편적 가치가 추구하는 분야는 자유 인권 사유화의 문제에 집중돼 있다. 국내외의 (반대) 세력이 우리나라 사회주의 제도를 변화시키려고 기도하는 것"이라는 논문을 실었다.

이런 중국정부 기관지의 태도는 중국정부의 강한 경계감 때문이다. 보수파가 가장 날 세우는 인사는 원자바오 총리다.

원자바오는 2007년 2월, '민주 자유 인권은 인류가 공동으로 추구해온 가치관'이라고 했다. 보수 진영에서는 원 총리에 대해 원색적인 비판을 퍼부었다. 국민에게 민주화의 기대를 품게 해서 폭동이나 데모를 유발하는 원인을 만든다는 것이다. 개혁에 저항해온 지방의 기득권층도 원 총리에 대한 비판에 가세해왔다.

이에 개혁 진영의 반론도 거세게 나왔다. 개혁 진영의 월간 잡지로 알려진 '염황춘추'는 2009년 1월호로, 다음과 같이 기술했다.

"공산당의 권위주의적 관료체제는 성장의 걸림돌이 되고 있다. 민주적인 정치 개혁 없이 장기적 발전은 불가능하다. 개혁 개방의 목표는 국가에 의한 경제, 정치 등의 독점에서 분리돼, 시장경제화, 정치민주화, 사회평등화를 실현하는 것이다."

톈안먼(天安門) 사태 직후인 1991년, 중국공산당 내 개혁파 원로들이 만든 이 잡지는 중국 내 개혁 목소리를 대변하고 있다.

이런 논문은 사실상 공산당의 일당 체제를 비판하는 것으로 일대 파문이 일었다. 인터넷 등 무선 연결망을 통해 벌어지는 이런 논쟁은 인류 보편적 가치에 대한 찬성파가 비교적 많은 편이다.

그러나 이런 논쟁은 소수의 논객들에 의해 빚어질 뿐 중국 전체로 일반화시키기는 어렵다. 중국민의 절반 가까이가 공산당이 주도한 개발독재로 인한 경제 발전의 혜택을 보고 있기 때문이고, 민주적 목소리가 민중들에 일반화되기에는 아직 시기상조라는 인식이다.

얘기를 다시 베이징컨센서스와 중국 모델 논쟁으로 돌린다.

베이징컨센서스는 권위주의 체제와 정부가 시장경제를 주도하는 국가 모델을 뜻한다. 정치적으로 민주화를 요구하지 않으면서, 관주도의 경제개발을 의미한다. 베이징컨센서스와 같은 의미로 중국 모델이라고도 한다. 중국 모델의 다른 이름으로 국가자본주의라고 부른다. 이는 금융위기 같은 위기 상황에서 신속한 조치가 가능한 시스템이다. 중국식 모델에 대한 반론은 이렇다.

"중국이 경제성장과 사회 안정을 하는 데에 민주화 이외의 선택지는 없다. 기득권층이 부의 재분배에 저항하고 있는 것을 지적하고 빈부 격차를 해소하기 위해 정치개혁을 해야 한다."

중국에서 보수파와 개혁 진영이 논쟁한 사례는 흔하다. 2004년부터 2007년에도 개혁개방 노선을 놓고 대립이 있었다. 신좌파는 빈부 격차가 심화되거나 환경오염 등 경제발전 과정의 그림자를 비판했다. 이에 맞선 신자유주의파는 정치개혁과 시장화에 역점을 두었다.

언론 자유의 한계

후진타오 주석이나 원자바오 총리가 해외 순방에 나설 경우 전용기에 동승하는 언론사는 신화사, 인민일보, 중앙텔레비전, 인민라디오 등 국영 4개 언론사다.

원자바오 총리의 경우 기내에서 기자들과 국정에 관해 솔직하게 얘기하는 것으로 유명하지만, 이런 얘기들이 언론을 통해 보도되는 경우는 거의 없다.

국영 언론사들이 정상회담 등을 보도하는 경우 기자들이 기사를 쓰는 예는 없다. 기자는 기사를 쓰는 것이 아니라 외교부 보도 실무자가 쓴 소위 '신문원고'를 받아, 기사 첫머리 부분에 기자 자신의 이름을 기입해 기사를 송고하는 경우가 대부분이다. 기사는 대부분 비슷하게 나온다. 가필하거나 논평 등을 실을 경우 보도책임 당국의 허가를 받아야 하는 것으로 알려져 있다.

신화사에는 '참고보도편집부'라는 것이 있다. 이 부서는 기사를 내보내는 부서가 아니라 기사나 정보 등 내부 자료를 권력 핵심 인사들이 거주하는 '중남해'로 제출하는 것이 임무다. 따라서 보도기관이라기보다는 정보전달부서 성격이 짙다.

실패한 후진타오의 부패방지 대책

후진타오 주석 등 지도부는 민주 선거 등의 정치개혁에는 소극적이지만, 행정개혁 등을 통해 전진적인 방안을 모색 중이다. 중앙정부와 각 지방정부는 2010년 들어 과장급까지 하고 있는 공모제를 국장급까지 확대하고 있다. 이는 행정개혁을 통해 일당 지배에 따른 국민 불만을 희석시키는 효과가 있다. 지금까지는 공산당 내 자제들이 행정 관료를 독차지해왔다. 당연히 부패, 행정 비효율이 만연할 수밖에 없었다.

인민일보 2010년 12월 13일자에 따르면 산시 성(山西省)이 낸 공고에 '부국장급 간부 공개 선발'이라는 것이 났다. 당시 산시 성은 16명의 부국장급을 공개모집으로 발탁했다. 베이징 시의 경우 부국장급 38명, 과장급 186명 등 224명을 뽑는데, 1만 1,416명이 경쟁에 응모했고, 경쟁률은 51 대 1이었다.

투명성을 높이기 위해 응모자의 학력이나 경력, 재산 등을 인터넷에 공개토록 했다. 구이저우 성(貴州省)에서도 2010년 4월, 교육청 부국장급 28개 자리에 2,400여 명이 몰렸다. 높은 경쟁률로 필기시험을 통과한 136명에 대해 외부 전문가가 최종 합격자를 뽑았다.

중앙성청 가운데 외부 공모로 뽑는 부서는 국무원 선전국장과 마약국장 등 3개 포스트다.

당시 인사개혁을 주도했던 고위 관료는 리위안차오(李源潮) 당조직부장으로 후진타오의 복심이라 불리는 인사다. 2010년 12월 28일, 후진타오는 정치국 회의를 열어 부패 추방을 주문했다. 대규모 건설공사에서 관행적으로 건네지는 뒷거래, 경축행사나 과다한 학술회의의 공금 낭비, 공용차의 부정사용 등을 중점 감시대상 부패 행위로 정했다. 하지만 부패가 근절되기는 쉽지 않았다. 앞서 그해 3월 소집된 전국인민대표대회에서 이른바 '회색수입(음성수입)'이라는 용어가 등장했다. 말 그대로 정부가 포착할 수 없는 예산 낭비 금액으로, 관료 등이 지위를 이용해 음성적으로 거둬들이는 돈이다. 경제연구단체인 중국경제개혁연구기금회 왕소노(王小魯) 부소장 등은 회색수입이 4조 4,000억 위안(약 855조 원)에 이르는 것으로 추산하고 있다.

원바바오 총리는 2010년 전인대 첫날 정부활동보고를 통해 부의 공평한 재분배에 전력을 기울이겠다고 공언했다. 총리는 "불법수입을 단절하고 회색수입을 수면 위로 올리겠다."고 말했다. 그러나 최종적으로 정부안을 채택하는 과정에서 이런 내용은 빠졌다. 전인대 위원들 사이에 음성수입을 표면화할 것이 아니라 수입 분배를 공평하게 하는 것이 더 시급하다는 주장이 더 힘을 얻으면서 원 총리의 제안은 채택되지 않았다. 부패를 개혁하려는 노력이 벽에 부닥친 것으로, 부패 근절을 위한 공산당 자체의 자정 노력이 한계에 이른 것이다.

정체성 정립에 안간힘

구소련의 해체로 공산주의 이데올로기가 사라진 이후 중국은 정신적인 구심력 찾기에 안간힘을 쏟고 있다. 이는 정체성 정립의 과정인데, 정체성을 찾는 수단으로 공자와 마오쩌둥이 동원된다.

2011년 1월, 베이징의 톈안먼 광장 동쪽에 위치한 중국국가박물관 내 북문 광장에 공자상이 등장했다. 9.5m 높이에 청동으로 제작되었다. 동상 허리춤 중앙에는 '중화문화의 유구한 역사와 정대한 기개의 상징'이라고 써 붙였다.

유교의 창시자로 알려진 공자는 문화대혁명 기간 중, 유물론에 반하는 유심론을 신봉한다고 해서 비판의 중심에 섰던 사실이 선명하다. 중국에서 현재 빈부의 격차와 사회적 신분 차이로 인한 시민층을 비롯한 대다수 국민들 가운데 기독교 신자들도 상당수 늘고 있는 것이 최근 현상이다.

공자를 국민의 정신적 구심점으로 삼는 것이 최근 중국공산당의 새로운 움직임이었다. 그런데 돌연 그해 4월에는 북문광장에 있던 공자상이 철거되었다. 공산당의 이념을 추종하는 내부 이론자들의 반발이 있었던지 철거되었다는 소문이 나돌았다.

한편 마오쩌둥 주석을 회고하는 움직임도 공자에 못지않게 민중들 사이에 퍼지고 있다. 개혁개방으로 경제 발전을 이룬 반면 빈부 격차가 커지는 모순을 비판하는 진보 세력과, 반부패운동을 추진하는 애국주의 세력들 사이에 마오를 숭배하는 움직임이 그것이다.

2009년 12월 26일엔 후난(湖南) 성 성도 창사(長沙) 시에 32세가량 젊은 얼굴의 마오의 동상이 세워졌다. 높이가 마오의 나이(32)와 같은 32m짜리의 거대한 상이다. 준공식을 한 그날이 마침 마오의 탄생 116주년이었다.

시진핑 총서기 취임 이전에, 중국의 관영 언론들은 "사회주의 혁명의 큰 뜻을 품은 영웅의 기개를 만방에 떨친다."는 이미지를 만들어내고 있었다.

중국 각지에 있는 마오 동상은 대부분 공산당 정부가 수립된 1949년 이후 세워졌는데, 청년 시절 얼굴의 마오 동상을 세운 것은 드문 일이다. 마오 사상을 퍼뜨리기 위한 전략일 수 있다.

2009년 11월에는 마오쩌둥 어록이라는 출판물이 출간돼 수십만 부가 팔린 적도 있었다.

마오쩌둥 어록집은 1966년 홍위병들이 갖고 다녔던 마오쩡둥록(毛澤東錄)이 유명하다.

2장

시진핑, 리커창 등
혁명 5세대 지도부의 컬러

18차 공산당 대표대회서
새 중앙위원 205명, 정치국 위원 25명 뽑아

2012년 현재 8,500여만 명의 공산당원을 대표하는 기구는 중앙위원회다. 이를 대표하는 중앙위원은 5년마다 열리는 당대회에서 선출되며 임기는 5년으로, 매년 1~2차례 전체회의를 열어 당의 중요 정책 노선을 결정한다.

중앙위원은 공산당 중앙의 각 기구와 중앙정부 각 부처, 전국인민대표대회(전인대·국회), 중국정치협상회의(정협·국정자문기구), 각 지방 정부 등의 핵심 간부 자리를 맡는다. 대부분 1~2인자 자리다. 중앙위원은 중앙정부 부장(部長·장관)과 지방정부 당서기, 성장(省長)급 이상의 고위급 인사들이다.

통상 국민의 직접 투표로 선출되는 민주 국가의 경우 국회의원이 국민의 대표가 된다. 그러나 중국의 중앙위원은 우리로 따져볼 때 정부 부처 주요 간부와 국회의원을 합친 엘리트 집단으로 볼 수 있다. 말 그대로 13억여 중국 인민을 이끌어가는 통치엘리트 그룹이다.

2012년 11월 중순, 중국의 차기 최고 지도부 선출을 위한 18차 중국공산당대표대회(당대회)가 열렸다. 전국에서 뽑힌 공산당원 간부 2,307명은 18기 중앙위원 205명과 후보위원 171명 등 376명을 선출하는 투표를 했다.

2,307명은 8,500여만 명의 공산당원들 가운데 뽑힌 인물들로 장쩌민, 후진타오, 시진핑 등 핵심 인물을 비롯하여, 공산당 간부들이다. 말하자면 공산당원들 가운데 뽑힌 대표들로 당원들의 국회의원 격이다.

지난 2007년 17차 당대회의 경우 중앙위원은 204명이었고, 후보위원은 167명이었다.

중앙위원 선출에는 차액선거(差額選擧·정원보다 많은 숫자의 후보를 내 최소 득표순으로 탈락시키는 선거) 방식이 적용된다. 추천과 선거 등 복잡한 방식에 의해 뽑힌 224명 가운데 득표수가 적은 19명을 탈락시킨 방식이다.

18차 당대회에서는 후진타오 전 주석의 국정 기조였던 '과학적 발전관'이 당헌 안의 지도 이념으로 채택되었다. 당헌 개정안에는 '오직 개혁·개방만이 중국과 사회주의를 발전시킬 수 있다.'는 내용이 추가로 들어갔다. 당 총서기직과 중앙군사위원회 주석 자리를 모두 내준 후진타오에 대한 예우 차원, 그리고 미국 등 서방의 민주 정치 질서를 거부한다는 의미다.

신임 중앙위원 205명은 15일 열린 18기 중앙위원회 1차 전체회의(18기 1중전회)를 열고 시진핑 등 차기 정치국 상무위원 7명과 정치국 위원 25명을 투표로 선출했다. 대부분 막후 계파별로 내정되었지만 투표라는 절차를 거친다.

정치국 위원 25명은 부총리급 이상의 대우를 받는다. 인민일보를 통해 동정이 보도되는 등 정치적으로 대우를 받는다. 정치국 회의는 평균 한 달에 한 번꼴로 열리며 17기의 경우 47차례 열렸다. 정치국 위원은 서열이 없으며 회의는 가나다순 격인 성의 획순을 따르며 계급장을 떼고 격론을 벌이는 토론장으로 유명하다.

상당히 민주적인 토론 방식이다. 덩샤오핑 때 만든 조직이며 마오쩌둥 같은 1인 독재 폐해를 막기 위해 정치국 서열을 없앴다. 11월 15일 열린 18기 1중전회에서 25명의 정치국 위원이 뽑혔다. 통상 이들 가운

제18차 중국공산당대회에서 선출된 정치국상무위원 7명
혁명 5세대 지도부 장가오리, 류윈산, 장더장, 시진핑, 리커창, 왕치산, 위정성

데 차기 내지 차차기 지도부가 나오는 시스템이 정치국 위원 회의다. 말 그대로 중국을 실무에서 지배하는 인물이다. 소황제로 불리는 7명의 상무위원은 이들 가운데서 투표로 선출되었다. 이미 막후에서 상무위원 후보는 모두 조율되고 있어 형식적인 투표라는 비판도 있다.

왕양 전 광둥 성 서기와 류옌둥 국무위원이 투표에서 7명 안에 들었지만, 막후 조정으로 탈락되었다는 보도가 나온 바 있다.

시진핑은 각 계파 간 힘의 균형점

2012년 9월 5일, 방중 일정에 있던 힐러리 클린턴 국무 장관에게 난데없는 뉴스가 날아들었다. 회담하기로 예정한 차기 권력자 시진핑이 나오지 않는다는 것이다. 그것도 회담 날 바로 아침에 중국 외교부 미

18기 중국 공산당 지도부 주요 보직 인선안

정치국	이름(나이)	직책
정치국 상무위원	시진핑(59)	당 총서기, 당 중앙군사위 주석, 국가주석
	리커창(57)	총리
	장더장(66)	전인대 상무위원장
	위정성(67)	정협 주석
	류윈산(65)	당 중앙서기처 상무서기, 중앙당교 교장
	황치산(64)	당 중앙기율검사위 서기
	장가오리(66)	상무부총리
정치국 위원	리위안차오(62)	국가부주석, 중앙홍콩마카오업무협조소조 초장
	멍젠주(65)	당 정법위원회 서기
	자오러지(55)	당 중앙조직부장
	류치바오(59)	당 중앙선전부장
	리젠궈(66)	전인대 상무위 부위원장
	리잔수(62)	당 중앙판공청 주임
	류옌둥(67)	부총리(농업, 임업, 수리 담당)
	왕양(57)	부총리(공업, 통신, 에너지, 교통 담당)
	마카이(66)	부총리(금융, 대외무역 담당)
	왕후닝(57)	국무위원(과학, 교육, 문화, 위생 담당)
	궈진룽(65)	베이징 시 당서기
	한정(58)	상하이 시 당서기
	쑨춘란(62)	톈진 시 당서기
	쑨정차이(49)	충칭 시 당서기
	후춘화(49)	광둥 시 당서기
	장춘셴(59)	신장웨이우얼 자치구 당서기
	판창룽(65)	당 중앙군사위 부주석
	쉬치량(62)	당 중앙군사위 부주석
국무원 국무위원	창완취안(63)	국방부장 겸임
	양징(59)	민족, 종교 담당
	장이캉(59)	국무원 비서장 겸임
	궈성쿤(58)	공안부장 겸임
	양제츠(62)	대외관계 총괄
주요장관	장즈쥔(59)	외교부장
	유취안(58)	국가발전개혁위원회 주임
	러우지웨이(62)	재정부장
	황싱궈(58)	상무부장
	궈수칭(56)	중국인민은행장
사법부	저우창(52)	최고인민법원장
	차오젠밍(57)	최고인민검찰원장

※ 자료 : 보신닷컴

중국 공산당 구성도(2012년 11월 15~16일)

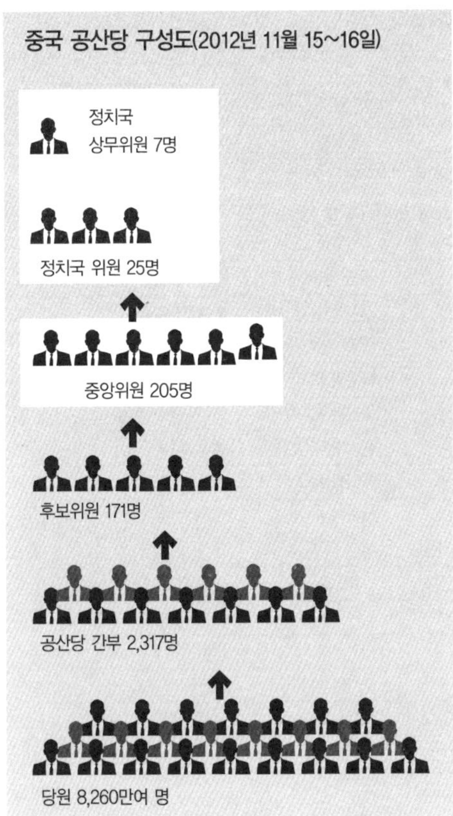

중앙위원 205명은 중국 공산당을 대표하는 기구인 중앙위원회를 구성하는 인사들로 5년에 한 번씩 열리는 당 대회에서 선출되며 임기는 5년이다. 매년 1~2차례 전체회를 열어 당의 중요 정책 노선을 논의해 결정한다. 대부분 공산당 중앙의 각 기구와 중앙정부 각 부처, 전국인민대표대회(전인대·국회), 중국정치협상회의(정협·국정자문기구), 각 기방 정부 등의 1~2인자 자리를 맡고 있다(우리로 따져 부총리급 이상이다). 13억 인구의 중국을 이끌어가는 통치엘리트 그룹.

후진타오, 시진핑 고위 인맥도

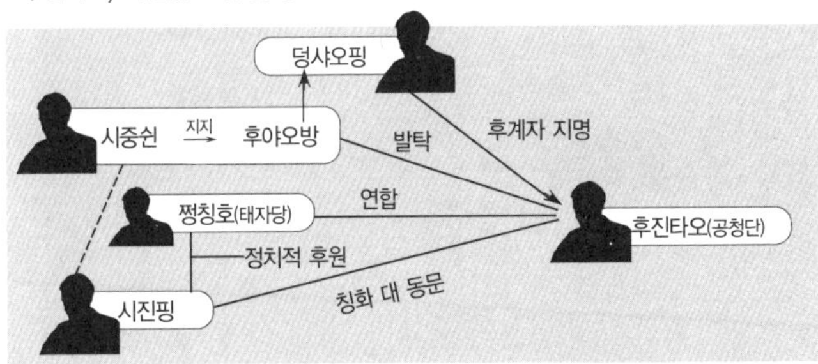

정치국상무위원을 제외한 18기 정치국 위원(25명)과 보직

이름	나이	출신지	학력	보직 18차 당대회 이전	보직 18차 당대회 이후
류옌둥	67	장쑤 난퉁	지린 대	국무위원	부총리
리위안차오	62	장쑤 롄수이	공산당중앙당교	중앙조직부장	전인대 제1부위원장
왕양	57	안후이 쑤저우	공산당중앙당교	광둥 성 서기	부총리
멍젠주	65	장쑤 쑤저우	상하이 기계학원	공안부장	중앙정법위 서기
류치바오	59	안후이 쑤쑹	지린 대	쓰촨 성 서기	중앙선전부장
자오러지	55	산시 시안	베이징 대	산시(陝西) 성 서기	중앙조직부장
왕후닝	57	산둥 러이저우	푸단 대	중앙서기처 서기	외교 담당 부총리
마카이	66	상하이	런민 대	국무원 비서장	재정·금융 담당 부총리
리잔수	62	허베이 산핑	허베이 사범대	중앙판공청 주임	중앙판공청 주임
리젠궈	66	산둥 쥐안청	산둥 대	전인대 상무위 부위원장	정협 제1부주석
궈진룽	65	장쑤 난징	난징 대	베이징 시 서기	베이징 시 서기
한정	58	저장 츠시	화둥 사범대	상하이 시 시장	상하이 시 서기
쑨춘란	62	허베이 라오양	안산 공업기술대	푸젠 성 서기	톈진 시 서기
장춘셴	59	허난 위저우	하얼빈 공업대	신장(新疆) 서기	신장 서기
쑨정차이	49	순둥 룽청	농림과학원	지린 성 서기	충칭 시 서기
후춘화	49	후베이 우펑	베이징 대	네이멍구 서기	광둥 성 서기
판창룽	65	랴오닝 단둥	공산당중앙당교	군사위 부주석	군사위 부주석
쉬치량	62	산둥 린추	공군제5항공대	군사위 부주석	군사위 부주석

자료 : 중국 공산당

정치국 위원 25인의 성향 관계도

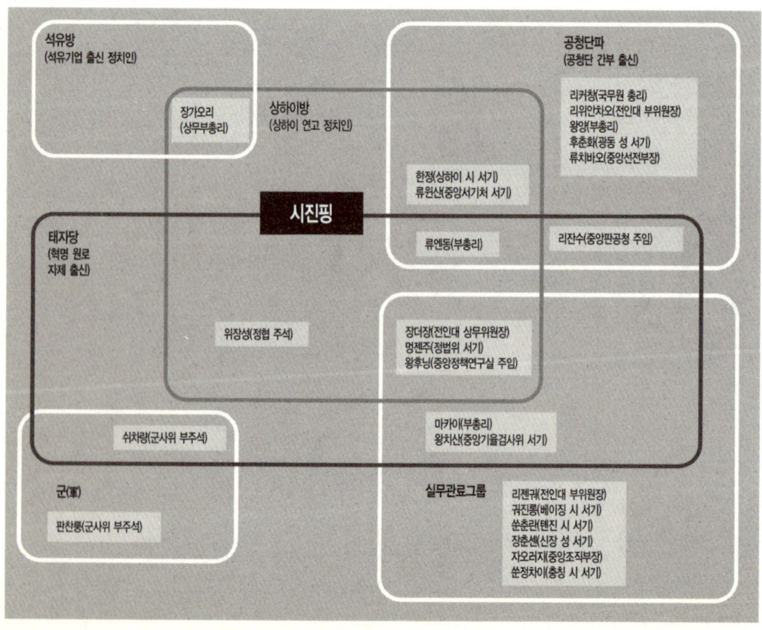

중국 공산당 제17기 중앙정치국 위원 및 상무위원

성 명	직 책	출생연월	세대 구분	당파
후진타오	당 총서기, 국가주석, 당 및 국가 중앙군사위원회 주석	1942. 12	4	공청단
우방궈	전국인민대표대회 상무위원회 위원장	1941. 7	4	상하이방
원자바오	국무원 총리	1942. 9	4	친 후진타오
자칭린	중국인민정치협상회의 전국위원회 주석	1940. 3	4	상하이방
리장춘	이데올로기 담당	1944. 2	4	상하이방
시진핑	중앙서기처 서기, 국가부주석	1953. 6	5	태자당
리커창	국무원 부총리	1955. 7	5	공청단
허궈창	중앙기율검사위원회 서기	1943. 10	4	태자당
저우융캉	중앙정법위원회 서기	1942. 12	4	친쩡칭훙
왕강	제11기 전국정협 부주석, 중공중앙직속기관공위 서기	1942. 10	4	장쩌민 측근
왕러취안	중앙정법위원회 부서기	1944. 12	4	공청단
왕자오궈	제11기 전국인대상무위원회 부위원장, 중화전국총공회 주석	1941. 7	4	공청단
왕치산	국무원 부총리	1948. 7	4.5	태자당
후이량위	국무원 부총리	1944. 10	4	계파 없음
류치	베이징 시 서기	1942. 11	4	상하이방
류옌둥	국무원 국무위원	1945. 11	4.5	공청단
류엔산	중앙서기처 서기, 중앙선전부 부장	1947. 7	4.5	공청단
리위안차오	중앙서기처 서기, 중앙선전부 부장	1950. 11	5	공청단
왕양	광둥 성 서기	1955. 3	5.5	공청단
장가오리	톈진 시 서기	1946. 11	4.5	상하이방
장더장	국무원 부총리, 국무원 안전생산위원회 주임	1946. 11	4.5	상하이방
위정성	상하이 시 서기	1945. 4	4.5	태자당
쉬차이허우	당 및 국가 중앙군사위원회 부주석	1943. 6	4	친 후진타오
궈보슝	당 및 국가 중앙군사위원회 부주석	1942. 7	4	상하이방
보시라이	충칭 시 서기	1949. 7	4.5	태자당

상무위원 후보들의 득표(당대표 2,300여 명이 투표로 선출)

순위	이 름	득 표	상무위원
1	시진핑	2,306	당선
2	리커창	2,305	당선
	장더장		당선
	장가오리		당선
5	류옌둥	2,301	탈락
6	위정성	2,300	당선
	왕양		탈락
8	왕치산	2,299	당선
9	류원산	2,294	당선
10	리위안차오	2,287	탈락

출처 : 뒤웨이왕

국 담당 책임자급 인사가 통보했다.

즉시 내막 파악에 나선 미국 정보기관이 조사하기로는 시진핑이 허리가 아프다는 것이다. 이는 미-중 간 외교적인 결례일 뿐만 아니라, 이제껏 중국 외교 스타일에서도 있을 수 없는 사례였다. 권력 교체기의 민감한 시기에 그것도 차기 대권 주자와 미국 외교 책임자와의 만남을 당일 무산시킨 것이다.

베이징 정가는 물론이고, 미국을 비롯한 서방측에서는 당연히 온갖 추측을 쏟아내며 중국의 막후 정계 움직임에 촉각을 곤두세웠다. 정치국 상무위원들 간에 매우 비정상적인, 뭔가 엄청난 속사정이 있을 것이라는 추정만 난무했다. 만일 시진핑을 중심으로 핵심 권부에서 무슨 사태라도 벌어진다면 혼란에 빠질 것은 분명했다.

이와 관련, 중국의 우파 역사학자 장리판(章立凡)은 서울신문과의 인터뷰에서 "시진핑이 9월 중 2주간 모습을 감춘 것은 권력투쟁 과정의 '시위' 성격"이라고 풀이했다. 시진핑은 어떤 혼란이 생기는지 보여줌으로써 일련의 사건을 처리하는 데 있어 자신의 지분을 챙기려했다는 것이다.

중국 최고 지도자의 건강은 언제나 고도의 기밀이다. 과거에도 지도자의 질병을 계속 숨기고 있었던 사례는 적지 않았다. 마오쩌둥이 그랬고 덩샤오핑도 그랬다. 만약 건강 문제로 중·미 회담을 중단했다면 매우 심각했을 것이다. 시진핑에게 변고라도 생긴다면 중국 정치가 혼란에 빠질 것은 자명하다. 그는 정치국 상무위원에 진입하기 위해 무수한 파벌 투쟁을 이겨온 인물이다.

따라서 그는 각 계파 간 이익의 평형점에 있다. 출신 자격과 경력, 인간관계, 가족 이익과 개인 관계 등 여러 면에서 각 파벌이 인정했기에 정상의 자리에 있는 것이다. 만약 시진핑에게 무슨 일이 생기면 대체 인물을 찾는 것도 쉽지 않다. 서방 언론이 들끓었지만 시진핑 신변에 대한 소식은 거기까지였다.

시진핑이 11월 15일, 당 총서기와 군사위원회 주석직을 넘겨받았지만 치열한 권력 다툼은 이어진다는 전망이 많다.

혹자는 희망적인 전망을 하기도 한다. 중국의 권력 체제가 취약해 미국은커녕 몇 년 못 가 체제 붕괴의 위기에 처할 수 있다는 것이 그것이다. 언제 무너질지 모르는 사상누각 중국 정치 시스템이라고 보는 것이다. 일당 독재체제에 모든 정보 흐름이 막혀 있고, 사회적 빈부의 편차가 극심하며 거대한 인구와 불만 세력을 오로지 공안 권력으로 누르고 있다는 것이다.

그러나 필자가 보기에는 그렇지 않다. 8,500여만 명을 헤아리는 중국공산당 당원들이 중국 곳곳을 누비면서 각 분야 엘리트로 자리 잡고 있다. 그들은 공산당이 사회 기반이고 출세의 기반이며 생존의 기반이다.

중국을 한마디로 정의한다면 공산당 왕조의 초기 단계라고 해도 심한 표현이 아닐 것이다. 북한을 김일성 왕조로 본다면, 중국은 공산당 왕조쯤 된다고 볼 수 있다. 중국은 일당 독재지만, 일사불란한 통치 시스템을 가진 집단지도체제이기도 하다. 마오쩌둥과 덩샤오핑 등 카리스마를 가진 일인 지배 체제 아래서 중국은 정파 싸움과 파벌 싸움으로 일정한 정치 질서는 설 자리가 없었다.

덩샤오핑은 이런 폐단을 제대로 인식한 인물이다. 덩샤오핑 이후 중국은 집단 지도 합의제로 국가를 운영하고 있다. 독재이지만 내부를 들여다보면 독재가 아니다. 학술적 용어로 보자면 사회주의와 자본주의를 교묘히 결합한 공산당 왕조 체제쯤으로 풀이할 수 있지 않을까.

신중·소극적이라는 비판 속에 조화의 리더십

이런 시대에 시진핑이라는 인물이 등장해 중국을 향후 10년간 이끌어간다. 시진핑은 조화·단결이라는 리더십으로 인정받는 인물이다. 혹자는 일을 벌이는 데 소극적이라는 비판도 나온다. 실수나 분란을 꺼리고 매우 조심스러워 한다는 것이다. 시진핑이 푸젠(福建) 성 성장으로 있던 지난 2000년, 공산주의청년단(공청단)이 발행하는 잡지 '중화자녀'와 가진 인터뷰에서 한 발언이다.

"유방(劉邦), 유수(劉秀·후한 광무제), 유비(劉備) 등 이른바 '3유'는 큰 특징이 있습니다. 개인적으로 재능이 뛰어나지 않았고 무능하다는 인상까지 주었지만, 사람들은 그들을 추대했습니다. 그들에게는 사람들을 단결하게 만드는 특출한 능력이 있었죠. 단결은 실패하거나 패배하지 않기 위해 꼭 필요한 전제입니다."

푸젠 성은 시진핑이 출세 가도에 들어선 임지다. 시진핑으로서는 푸젠 성에서 닦은 기반과 실력으로 상하이 시 서기로 영전하게 된다. '중화자녀' 잡지를 통해 그는 또 "일은 성장 혼자서 하는 것이 아니라 모두가 힘을 합쳐야 한다. 단기 업적에 매달리기보다 '약한 새가 먼저 날고, 낙수가 댓돌을 뚫는다.'는 자세로 일해야 한다."고 했다.

중국 역사 인물 중에 카리스마와 특출한 능력을 지녔던 인물로 진시황이나 당태종 이세민, 항우 등을 꼽는다. 그러나 유약하지만 포용력 있고 부드러운 성향의 수호지 주인공으로 나오는 송강, 유방, 삼국지의 주인공 유비를 중국인은 선호한다. 2004년, 당 기관지 구시(救是)에 쓴 칼럼에서 시진핑은 "권력을 사용할 때는 관덕(官德)과 원칙을 중시해야 한다."고 했다. 연설에서 그는 "재(才)보다 덕(德)을 중시해 사람을 선발해야 한다."고 강조했다.

보시라이 사태로 어수선한 중국 정계를 다독이는 무기로 시진핑의 이런 스타일은 정치적으로 유용한 자산이다. 집단지도 체제로 움직이는 중국 체제에서 큰 정치적 자산으로 작용하는 것이다.

정치적으로 두각을 드러낸 2007년 상하이 시 당서기 재임 시에도 이런 조화와 화합형 스타일은 큰 힘으로 작용했다.

장쩌민 전 주석이 차기 주석으로 밀고 있는 천량위(陳良宇) 전 상하이 시 서기의 부패 스캔들로 상하이는 물론 베이징 정가가 시끌벅적한 상황이었다. 천량위는 후진타오나 원자바오와 정치적 라이벌이었다. 천은 공개적으로 후진타오를 비판하고 그의 정책을 반대했다. 결국 후진타오 등의 반격으로 부패 사건이 터졌다는 항간의 추측을 빌미로 제공한다. 당시 푸젠 성에서 저장(浙江) 성 서기로 있던 시진핑은 리위안차오 장쑤(江蘇) 성 서기와 경합 끝에 천 전 서기의 후임으로 발탁되었다. 상하이 시 서기 자리는 중앙정치무대의 중심인물로 가는 지름길이다. 장쩌민도 상하이 시 서기에서 덩샤오핑에 발탁되었다.

천량위는 장이 자신의 후임으로 점찍었던 인물이었지만 그의 스캔들은 만만찮은 후유증을 낳고 말았다. 그런 상황에서 부임한 시진핑은 6개월여 동안 서기로 머물면서 정치국 상무위에 진입했다. 정치 폭로 사이트인 위키리크스는 2007년, 주중 미 대사관의 외교 전문을 폭로했다. 주중 미국대사는 시진핑이 차기 최고 지도자로 발돋움하게 된 배경

에 대해 "그가 정치적으로 공격적이지 않다는 점이 작용했다."고 보고
했다.

그는 문혁 당시 자의 반 타의 반으로 하방하면서 16년여 동안 신중
함과 겸손함·자중의 미덕을 체득한 것으로 보인다. 그는 산시(陝西)
성 옌촨(延川) 현 량자허(梁家河) 촌에서 공직을 시작했다. 8번의 도전 끝
에 1974년에야 입당에 성공하면서 맡은 보직이 량자허 촌 당서기였다.
21세 청년 당서기로 40~60대 촌민들을 이끌면서 배운 것이 조화와 인
화단결이었다.

새로 출범한 혁명 5세대 지도부의 최대 목표는 견고한 정치적 안정
과 사회 안정을 이루어야 한다. 명분으로는 점진적 사회 개혁과, 분배,
내수 성장으로 요약된다. 시진핑의 가장 큰 책무는 내부 조화와 단합이
다. 이를 위해 강력한 리더십이 필요했을 것이다.

시진핑 주석이 이를 위해 정치국 상무위원을 종래 9명에서 7명으로
줄인 것도 이런 맥락이다. 시진핑 국가주석을 필두로 최고지도부를 소
수로 하면서 권력의 단일화를 모색한 것은 정치 안정과 강력한 리더십
을 목표로 한 것이다. 정치 안정은 사회 안정을 위해 절대 필요한 요소
이다. 5세대 지도부 구성은 전임자인 후진타오계와 장쩌민계, 신임 주
석에 오른 시진핑계파 간에 철저한 권력 안배의 산물이다. 이는 정치
안정을 위한 포석이기도 하다.

이런 터 위에 시 주석은 강력한 리더십 발휘를 위해 소황제라 불리는
상무위원의 숫자 축소를 요구했을 것이다.

이들 상무위원은 국가주석과 총리를 비롯해 주요 직책을 나누어 맡
는다.

중국은 공산당 정치국 상무위원회가 국가의 모든 주요 정책을 결정

하고 있다. 상무위원 간에 권력서열은 있으나, 주요 정책이나 요직에 대한 인사 시 동일한 권리를 행사하는 소위 '집단지도체제'로 운영되고 있다.

마오쩌둥(毛澤東)과 덩샤오핑(鄧小平)은 독자적으로 또는 형식적 협의를 거쳐 후계 지도부를 결성해 왔다. 두 사람은 절대 권력자였고, 이런 시스템은 절대 권력자가 퇴진하면 극심한 후폭풍이 뒤따르기 마련이었다. 따라서 중국 정치는 절대 권력자가 바뀔 때마다 권력 투쟁이 노선 투쟁으로 홍역을 치렀다.

문화대혁명과 톈안먼(天安門) 사건 등을 거치며 권력 승계와 정책 노선을 둘러싸고 투쟁이 전개되어 불안정한 모습을 보인 것은 모두가 아는 사실이다. 이런 점을 비교적 정확히 꿰뚫고 있었던 인물이 덩샤오핑이다. 그는 개혁개방과 아울러 정치 안정을 위해 상무위원회를 구성하고 집단지도체제로 국가를 이끌도록 구체적인 설계를 한 인물이다. 비로소 장쩌민 체제에 이어 후진타오 체제에 이르는 제3세대로부터 제4세대로의 권력 이양이 비교적 순조롭게 이루어짐으로써, 점차 안정되어 갔고 중국 엘리트 정치의 불안정성 우려가 상당히 감소되었다.

이런 반면에 국가주석이 강력한 리더십을 발휘할 수 없는 한계를 보였다.

이런 지도부 구성도 계파 간 힘겨루기로 인해 난항을 겪은 사실은 잘 알려져 있다. 상무위원 숫자를 7명으로 줄인 것도 국가주석의 리더십을 보장한다는 고육책일 수 있다.

정치국 상무위원회는 시 총서기와 리커창(李克强) 국무원 부총리를 필두로 왕치산(王岐山) 부총리(서열 6위), 장더장(張德江) 전 충칭 시 서기(서열 3위), 장가오리(張高麗) 톈진 시 서기(7위), 류윈산(劉雲山) 중앙서기처 상무서기(5위), 위정성(俞正聲) 상하이 시 서기(4위)가 포함되었다.

상무위원 진입이 유력시되었던 리위안차오 중앙조직부장과 개혁적 성향으로 알려진 왕양(汪洋) 광둥 성 서기는 상무위원 진입에 실패했다.

후 주석의 재사로 알려진 리위안차오가 탈락한 것은 왕양이 탈락한 후폭풍으로 보인다. 왕 서기는 장쩌민계열로 분류된 인물로 후 전 주석 계의 견제에 걸려 리 부장과 함께 동시에 탈락한 것으로 보인다. 특히 왕은 언론 자유와 시민 권리에 대해 비교적 관대한 태도를 보여, 개혁적 인사로 분류돼 온 터에 보수그룹의 견제를 넘지 못한 것으로 보인다.

대신 언론 및 인터넷 통제의 역할을 담당했던 류윈산 중앙선전부장 이 진입한 것은 강력한 사회 안전망을 구축하려는 조치로 풀이된다.

베이징 정가에서도 상무위원 수가 줄어든 이유와 관련, "시 주석이 자신의 권위를 세우고 개혁을 추진해 나가려면 작은 조직이 효과적"이 라는 해석이 나왔다.

특히 장 계열과 후 계열이 팽팽한 상황에서 상무위원 숫자를 줄여 아 예 불씨를 막자는 타협이었을 것이다.

상무위원 면면을 보면 분명한 색채를 드러낸 후진타오 계열은 리커 창과 류윈산 정도이다. 후 전 주석은 10월 중순 단행한 군 수뇌부 인사 에서 다수의 후 주석계 인물을 승진시켜 세력 만회를 꾀한 것으로 보인 다. 5년 후엔 시진핑과 리커창 이외에 68세까지라는 나이 제한에 걸려 5명의 상무위원이 물러나야한다. 후 주석이 이번에 순순히 당 총서기, 국가주석, 군사위 주석 등 3개 권좌를 시진핑에게 내준 것은 5년 후엔 양보한다는 내락이 있었을 수 있다.

특히 후 전 주석은 차기 6세대 지도부에 발탁할 후춘화(胡春華·49) 광 둥 성 서기를 상무위원에 진입시키려다 실패했다. 후진타오계는 10년 후인 2022년 후춘화를 주석으로 밀어 지도부를 접수하려는 목적을 갖고 있었으나 시진핑, 장쩌민계파의 견제를 넘지 못했다는 풀이도 있다.

후춘화는 후진타오가 10여 년 전부터 차기 지도자로 점찍어 둔 인물로 널리 알려져 있다.

시진핑 주석은 대만과 교류를 증대시킬 것이며, 중국 개발 모델로 떠오른 충칭 모델과 광둥 모델 가운데 장점을 따 새로운 개발 모델을 채택할 수 있다. 물론 실무자는 리커창 총리 내정자이다.

시진핑의 배후 지원 그룹은 대만계열의 기업집단

시진핑 주석은 향후 대만과의 화해에 나설 가능성이 높다. 시진핑과 대만 지도부는 향후 공식적으로나 비공식적으로 밀착할 것이다. 시진핑은 대만의 기업인들을 통해 정치자금을 조달할 것이라는 분석이 지배적이다.

중국의 최고지도부의 권력 유지는 어느 국가와 마찬가지로 엄청난 돈을 필요로 한다. 특히 중국과 덩치 큰 조직은 막대한 정치 자금을 필요로 한다. 중국의 역대 지도자들은 각각 독자적인 방법으로 정치 자금을 염출해왔다.

중국공산당의 원조 마오쩌둥은 소련의 원조를 백그라운드로 했다. 스탈린으로부터 막대한 자금과 군사적 지원을 받아 장제스 국민당파를 축출할 수 있었다. 2세대 대주주였던 덩샤오핑은 홍콩에서 정치 자금을 충당한 것으로 잘 알려져 있다.

홍콩 개방과 함께 덩은 측근인 행정장관으로부터 막대한 정치자금을 끌어 모았다. 초대 행정장관 둥젠화는 덩의 최측근임과 동시에 경세가로 돈 모으는 수완가였다는 사실이다.

3세대 지도부 수장이었던 장쩌민은 상하이방으로부터 정치자금을 끌어 모았고, 후진타오는 동북 3성에서 자금을 염출했다. 후진타오는 선양에 금융 및 신산업 기지를 구축하고 심양, 대련, 장춘, 하얼빈 등 중공업 지역을 재개발하면서 막대한 자금을 끌어 모았다. 또한 에너지 공급 기지로서 네이멍구를 개발하면서 개발 거품을 초래하는 후유증을 낳기도 했다.

혁명 5세대 지도부 수장인 시진핑은 전술한 바와 같이, 17년 동안 대만과 맞대고 있는 푸젠 성에서 잔뼈를 키운 인물이다. 푸젠 성은 대만 해협을 사이에 두고 건너편 대만과 가깝다. 따라서 시진핑의 정치자금의 원천은 대만 자본과 가까운 푸젠 성 인맥이 될 것이라는 분석이 많다.

즉 시진핑 신임 지도부는 대만과의 관계를 강화하고 양안 간 경제의 일체화를 더욱 추진한다는 것이다. 시진핑은 2012년 1월, 총통 선거에서 승리한 대만의 마잉주 국민당 정권과 손을 잡고 중국과 대만의 경제 통합을 더욱 밀고 나갈 것이다.

'포스트 시진핑'에 대비하는 떠오르는 별들은 1960년대생

18차 공산당대회에서 주목받는 인물들은 시진핑만이 아니었다. 시진핑 시대는 이미 개막된 상황에서 중국 정가는 차기 즉 6세대 지도부를 구성할 인물들이 누구일 것이냐에 관심이 쏟아진다. 후진타오는 물러나면서 차기 지도부를 염두에 둔 흔적이 곳곳에서 드러났다. 이를 가리켜 '격대지정(隔代指定)'이라고 이른다. 현재의 지도자 즉 후 전 주석이 한 세대를 건너뛰어 그다음 세대의 지도자를 지정해둔다는 의미다.

후진타오가 전술한 바와 같이 후춘화를 점찍어둔 사실은 잘 알려져 있다. 새 지도부가 출범하면 그다음 세대 지도부를 미리 조율하는 것이 중국 정치권의 관례다. 1960년 이후 출생한 '류링허우(60後) 세대'가 그들인데, 우리와 비교하면 과거 '386세대'가 이에 해당한다.

중국 차세대 인물들, 류링허우 세대는 18차 당대회를 거치면서 25명 전후로 구성되는 정치국원으로 승진했다. 정치국은 당의 최상층부에 해당하는 최고 의사결정 기구다. 이런 점에서 앞으로 이들은 자연스럽게 무한 경쟁과 지도자 수업 과정을 거치게 될 것이다. 특히 18차 대회를 거치면서 당정의 권력 중심이 60~70대에서 50~60대로 이동해 50살 전후의 류링허우 세대가 주도하게 될 것이다.

류링허우 세대의 선두그룹은 후춘화, 쑨정차이, 저우창 등이다. 특히 후춘화 서기가 가장 앞서 있다는 평가인데, 후 전 주석이 강력한 후원자라는 점에서 리틀 후진타오로 불려왔다. 후진타오는 후춘화를 1983년 무렵, 시짱(西藏·티베트) 공산당 위원회에 배치하고 능력을 시험해왔다. 후춘화는 후진타오의 의중을 제대로 읽었는지 모르지만 시짱 공청단(공산주의청년단) 부서기, 서기, 공청단 중앙서기처 서기, 시짱 자치구 부서기 등을 거치며 시짱에서만 20년간 근무했다.

후진타오는 주석에 오르면서 후춘화를 시짱에서 네이멍구 같은 오지로 보냄으로써 베이징 정가에서 몰아친 갖가지 정치 풍상을 피하도록 했다는 풀이도 있다. 말하자면 차세대에 쓰기 위해 상처를 입지 않도록 키워왔다는 얘기다.

후진타오 역시 1980년대 후반부터 10여 년간 시짱(티베트) 서기로 잔뼈가 굵은 인물이다. 티베트 폭동 진압과 사회 안정에 능력을 보인 후진타오는 이후 덩샤오핑에 발탁되는 인생 역전의 기회를 맞게 된 것이다. 후진타오를 비롯한 공청단 주류는 후춘화를 포스트 시진핑 시대의 국가 지도자로 낙점한 것으로 보인다.

다음으로 주목받는 인물은 쑨정차이다. 원자바오 총리가 그를 차기 지도자로 밀고 있다는 소문이고 보면 상당한 실력파로 볼 수 있다. 쑨은 43살이라는 젊은 나이에 국무원 농업부장(장관급) 자리를 꿰찼다. 46세 때는 최연소로 성급 자치 조직의 당서기가 되었다. 법률 전문가인 저우창 서기는 지난 6월 관할 지역에서 반체제 인사인 리왕양(李旺陽) 의문사 사건문제로 한때 곤란을 겪기도 했다.

핵심 요직인 당 중앙조직부장과 중앙선전부장에는 자오러지 산시 성(陝西省) 당서기와 류치바오 쓰촨 성 당서기가 발탁되었다. 자오러지와 류치바오 둘 다 공청단 출신이다. 장쩌민 전 주석이 이끄는 상하이방과 혁명원로 자제 그룹인 태자당이 상무위원을 장악한 반면 실무적으로 중요한 당 요직에는 공청단파가 다수 차지한 모양새다. 철저한 계파 안배의 결과로 풀이된다.

자오러지는 칭하이 성과 산시 성 서기를 맡으면서 지역 경제를 발전시킨 공을 인정받고 있다.

류치바오가 선전부장에 임명되면 실세 책임자가 될 전망이다. 이번에 상무위원이 9명에서 7명으로 줄면서 선전 분야 책임자가 상무위원에서 빠졌기 때문이다. 비교적 이름이 알려지지 않은 류치바오는 쓰촨 성 당서기로 부임하자마자 터진 2008년 대지진을 원만히 수습했다는 평을 듣는다.

역대 중국 최고 지도자는 선두를 달린 인사보다 예상하지 못한 인물이 부각되는 경우가 적지 않았다. 장쩌민(江澤民)이 대표적이고, 시진핑도 뒤늦게 드러난 인물이다. 장은 자오쯔양이나 주룽지 등과 비교하면 관록이나 인기 측면에 비교가 안 된다. 뒤늦게 발탁된 인물이라는 의미다.

이들 외에 누얼바이커리(努爾白克力 · 51) 신장(新疆) 위구르 자치구 주석, 쑤수린(蘇樹林 · 50) 푸젠(福建) 성 성장, 장칭웨이(張慶偉 · 52) 허베이(河北) 성 성장, 루하오(陸昊 · 45) 공청단 중앙서기처 제1서기 등도 주목받고 있다.

신장 출신인 누얼바이커리는 36세 때 우루무치 시장을 지냈다. 류링허우 세대는 중국이 개혁 노선을 선언하고 시장체제로 전환하는 시점에 대학 교육을 받았다. 과거 한국의 475세대나 초기 386세대와 연령대에서 일치한다. 류링허우는 쓰링허우(40後)나 우링허우(50後) 세대보다 사고가 개방적이고, 다양한 정치 문화 경력을 갖고 있다.

멍젠주(孟建柱) 공안부장의 후임으로 거론되는 궈성쿤(郭聲琨) 광시(廣西)장족자치구 당서기, '시 부주석의 비서실장'인 리잔수(栗戰書) 당 중앙판공청 주임도 신임 중앙위원이 되었다. 두 사람은 모두 시 부주석과 가까운 인물이다.

장쩌민(江澤民) 전 주석의 비서로 일해 온 자팅안(賈廷安) 전 중앙군사위 판공청 주임도 후보위원에서 중앙위원으로 한 계단 올라갔다. 후 주석이 이끄는 공산주의청년단(공청단)파의 주샤오단(朱小丹) 광둥 성장도 중앙위 진입에 성공했다. 반면 원자바오 총리 쪽 인물로 분류되는 마원

(여) 중앙기율검사위 부서기와 천더밍(陳德銘) 상무부장 등은 모두 탈락했다. 마 부서기는 보시라이 사건을 맡아 조사한 인물이다. 통상 분야의 전문가인 천 부장은 정치국 위원 후보로까지 거론되었던 인물이다.

링지화(令計劃) 중앙통전부장, 류위안(劉源) 총후근부 정치위원, 황치판(黃奇帆) 충칭시장 등 보시라이 사건에 연루된 인사들도 중앙위원에 포함되었다.

중앙위원 선출은 계파별로 안배

11월 15일, 관영 신화통신이 발표한 18기 신임 중앙위원 명단을 보면 기존 중앙위원 204명 중 113명이 교체되었다. 55%가 교체된 것이다. 2007년 17차 당대회 당시엔 교체비율이 49.5%였다.

경제계에서도 인물들이 중앙위원에 대거 발탁되었다. 국유기업인 중국우주과학기술그룹의 마싱루이(馬興瑞) 사장, 민영 가전업체 TCL의 리둥성(李東生) 회장 등이 산업계 대표로 중앙위원에 뽑혔다. 또 러우지웨이(樓繼偉) 중국투자공사 회장, 궈수칭(郭樹淸) 증권감독위원회 주석, 샹쥔보(項俊波) 보험감독관리위 주석 등도 중앙위원이 되

김진길 조선족 출신 중앙후보위원(지린 성정범위 서기)

었다. 이중 러우 회장은 차기 재정부장, 궈 주석은 차기 인민은행장에 발탁된다는 소문이 나왔다.

여성과 소수민족에 대한 배려는 5년 전인 17차 당대회 때보다 줄었다. 17차 때 13명이었던 여성 중앙위원은 이번에는 10명이었다. 소수민족 출신도 16명에서 10명으로 줄었다. 이는 소수민족의 인구 감소와 함께 잦은 시위에 대한 반작용으로 풀이된다.

조선족 출신 중에도 중앙위원이 포함되었다. 전철수(全哲洙) 중앙통전부 부부장이 지난 17차 당대회 때 후보위원에서 중앙위원으로 올라갔다. 김진길(金振吉) 지린 성 정법위 서기는 후보위원 자리를 유지했다.

비교적 안정적인 권력 승계 이루어져

먼저 서술한 대로 후진타오는 당권과 군권을 모두 넘겨주었다. 후진타오로서는 장쩌민처럼 군권을 나중에 넘겨주는 방식도 고심했을 것이다. 치열한 당내 투쟁에서 밀렸음을 의미한다. 이는 시진핑의 일사불란한 통치력을 보증하는 것이다. 후진타오는 당 총서기와 국가주석이 되었음에도 2년여 동안 군사위원회 주석직을 넘겨받지 못해 반쪽 주석이었다는 세간의 평을 들어야했다. 실제 주석 거처인 베이징 자금 성 옆 중난하이에서도 후 주석은 곁방 신세를 면치 못했다.

후진타오의 용퇴로 최고지도자가 당권은 물려주면서도 군권은 유지하는 기존 관행이 사라졌다. 이로써 10년 단위로 이루어지는 중국 권력 교체 절차가 제도화될 것으로 보인다.

시진핑은 당권과 함께 군통수권까지 넘겨받아 취임 직후부터 강력한 권력을 행사할 수 있게 되었다. 전국인민대표대회(전인대·국회) 선출 절차가 필요한 국가주석직은 올해 3월 개최되는 전인대에서 넘겨받는다.

중국의 후계자는 전임자의 노선을 최대한 떠받드는 모습을 보여 왔다. 이런 점에서 시진핑이 기자회견에서 과학적 발전관을 제창한 것은 이런 관행을 이어가면서 아울러 용퇴한 후진타오를 예우한 차원으로 풀이할 수 있다.

같은 사회주의로 출발한 소비에트연방은 다르다. 트로츠키와 레닌의 격렬한 다툼, 스탈린 격하운동이나 흐루쇼프를 축출한 브레즈네프 등의 경우, 대부분 전임자를 숙청하거나 추락시켜 당대 정치 생명을 유지해왔다. 소련은 결국 이런 파괴적 전통으로 무너진 결과를 보였으나 중국은 달랐다.

덩샤오핑은 '마오쩌둥 사상'을 부정하지 않았다. 장쩌민은 '덩샤오핑 이론'을, 후진타오는 장쩌민의 '3개 대표이론'을 옹호하며 후계자로서 입지를 공고히 했다. 시진핑도 마찬가지였다. 시진핑은 후진타오의 치국 이념인 '과학적 발전관'과 조화사회를 강조해왔다. 이런 점에서 시진핑은 무서운 의지와 집념의 소유자로 볼 수 있다. 시진핑이 태자당 출신임에도 경쟁그룹인 공청단파 수장 후진타오 주석이 후계자로 낙점한 배경에는, 시진핑의 이런 처세술이 있었던 것이다.

중국은 전임자의 정책을 계승하는 관행을 이어왔다. 이에 따라 다소 시간이 걸리더라도 일단 집단 지도체제의 여과를 거쳐 결정된 정책은 흔들림 없이 힘 있게 밀고 나갈 수 있는 추진력을 얻게 된다. 차기 지도자는 앞선 세대의 낙점에 의해 선발되며, 후계자는 정권 정통성의 근원을 전임자에 두게 된다. 필요하다면 언제라도 이전 세대와의 차별화를 시도하지만 그 방식이 전임자에 대한 부정보다는 보완하는 정책에 그친다. 이러한 보완적 성격은 중국 정치 체제의 최대의 특징이며 강점의 하나다.

또 하나 중국공산당이 소련공산당과 달리 장기간에 걸쳐 안정을 유지하며 국가 운영 능력을 증대시킨 중요한 요인 중의 하나는 인력 충원과 양성에 비교적 성공해왔다는 점일 것이다.

공산당의 엘리트 충원의 방식

현재 지도 그룹으로 거론되는 인물들은 대부분 전임 지도자들이 각급 소규모 단체나 그룹들과 접촉하면서 발탁한 인재들이다. 시진핑 역시 쩡칭훙이라는 강력한 후원자를 얻게 된 것은 아버지 시중쉰과 쩡칭훙의 아버지 쩡산과의 인연이 밑거름이 되었지만, 무엇보다도 쩡칭훙이 시진핑의 '그릇'에 매료되었다고 볼 수 있다.

시진핑이 최고 권력에 오를 수 있는 1등 공헌자는 누가 뭐래도 쩡칭훙이다. 후진타오는 덩샤오핑이 발굴한 인물이다. 후진타오가 후춘화나 쑨정차이, 저우창을 발굴해 능력을 키우고 경험을 쌓도록 배려하는 것은 이런 전통에 기인한다.

중국공산당은 1921년, 상하이의 한 허름한 건물에서 57명의 당원이 비밀 회합으로 출범해, 올해로 창당 92주년을 맞았다. 지금은 8천여만 명이라는 거대 집단 조직으로 성장한 공산당이지만, 입당하기에는 여간 까다로운 것이 아니다.

2010년, 공산당의 공식 자료를 보면 신청자 2,160만 명 중 316만 명만이 받아들여졌다고 한다. 40%가량이 대졸자이고 여성이 25% 정도인데 대졸 학력을 가진 입당 희망자가 빠르게 증가하고 있다는 것이다. 중국에서 성공하려면 일단 공산당에 입당해야 한다는 말이 이런 관행 때문에 나오고 있다.

공산당에 입당원서만 낸다고 되는 것이 아니다. 혁명 원로의 자녀인 시진핑의 경우 8번 만에 입당에 성공한 것만 보아도 공산당 입당이 어려운 것은 사실이다. 지금은 엄격한 검증을 거친 후에 입당을 허가하고 있다. '입당신청서'를 낸 후 중앙당과 지방당이 실시하는 교육과 훈련에 참가하는 등 1~2년 정도의 엄격한 검증 기간을 거친다고 한다.

공산당의 정식 당원이 되기 이전에 당의 예비 조직인 공산주의청년단(공청단)에도 많은 젊은이들이 지원한다. 단원은 현재 약 8,000여만 명 정도인데, 14세부터 28세까지의 청년 조직이다.

후진타오를 비롯해 공청단 출신 인사들이 공산당 내 요직을 두루 차지하고 있어, 공청단에 대한 자긍심이 대단하다. 중국 사회에서 성공하기 위해서는 공산당이 배경과 디딤돌이 된다는 인식 때문에 우수 인재들이 계속 몰리고 있다. 중국공산당이 장기적으로 정권을 안정시키고 국가를 안정적으로 운영하는데 큰 힘이 되고 있는 것이 사실이다.

특히 중국공산당이 당원 교육에 심혈을 기울이고 있다는 것은 국가적으로 대단한 자산일 수 있다.

통상 민주 국가의 경우 대학이 이런 기능을 담당하는 것이 일반적이지만, 중국은 일반 대학뿐만 아니라 당원들을 대상으로 교육이나 학습을 시키는 경우가 많다. 덩사오핑 등 혁명 지도부는 당의 집정 능력을 높이는 가장 확실한 방법이 바로 지도자의 자질 향상에 있다는 점을 인식하고 평생학습을 생활화하고 있다는 점이다.

중국공산당은 당 간부 교육을 위해 중앙당교(黨校)와 5개의 교육·훈련 학원으로 이루어진 교육 시스템을 가동 중이다. 이른바 1교 5원이라고 부르는데, 중앙당교 밑에 5개 교육 기관을 두고 하는 말이다. 중앙당교는 중국공산당의 최고두뇌집단으로 국립 최고교육과정이다. 우리로 치면 각급 국립 대학원쯤으로 된다. 중국은 이를 일체화해 중앙당교가 교육을 담당하니 효율적인 국립 최고 교육기관인 셈이다. 중앙당교는 현재 시진핑이 교장을 맡고 있고, 후진타오도 교장을 역임한 바 있다.

후진타오는 2002년, 총서기로 선출된 이후에도 연 8~9회씩 정치국원을 대상으로 집단학습을 실시해오고 있다.

중국공산당은 중앙당교를 통해 각급 자치단체 지도급들을 훈련하고 교육하고 있다. 이는 공산당이 선전선동과 학습교육에 능한 것과 같은 맥락이다.

공산당 지도부는 특히 중앙당교 정규 교육 이외에 현장 경험을 특히 중시하고 있다. 젊은 간부들을 지방이나 기업으로 파견해 일정 기간 세상을 익히게 하는 '괘직단련(掛職鍛煉)'이 그것이다. 세계 최대의 집권당을 하나의 거대한 경영 학습 조직으로 만들어 국가 운영 능력을 신장시킨다는 점이다.

20년 후를 내다보는 예측 가능한 중국 정치

이번 중앙위원 면면 가운데는 두드러진 인물이 보인다. 먼저 중앙위원회 후보위원 171명 가운데 맨 끝자락에 이름을 올린 류젠(劉劍)이다. 그는 신장(新疆) 성 아러타이(阿勒泰) 시의 당서기다. 42세(1970년생)로 '70후(後)' 세대로는 처음으로 중앙위원에 이름을 올렸다. 베이징의 외국인들은, 류젠 발탁은 예측 가능한 중국 정치판의 상징이라고 풀이하기도 한다.

류젠은 상하이의 유명 MBA 스쿨인 중·유럽국제공상학원(CEIBS)을 나왔다. 인민대학 졸업 후 하버드 대 유학 경험도 있다. 2008년 올림픽 때는 자원봉사자들을 책임졌던 류는 2011년 6월, 신장 성 아러타이 시로 발령받았다. 성도(省都) 우루무치에서 자동차로 하루 정도 달리면 나오는 오지이지만, 중국 국경 전략상 중요한 곳으로 몽골, 러시아, 카자흐스탄과 국경을 맞대면서 상시 치안 불안지역으로 손꼽힌다. 위구르족·카자흐족·몽골족 등 소수민족이 뒤섞여 상시 시위가 예상되는, 공직자에게는 '위험'부담이 많은 지역이다.

오지에 류젠을 임명한 배경에는 당 고위층의 인재 키우기의 일환이다.

중국의 현실을 알고 두루 경험을 쌓아야 한다는 당 지도부 방침에 따라 '배치'된 것이다. 중국공산당의 사람 키우는 방식이 그것이다. 이대로 가면 2032년, 중국공산당은 제7세대 지도부를 탄생시킬 것이다. 20년 후인 그때 류젠은 62세로 지도자 자리에 오르기 적당한 나이다. 그때까지 류젠이 사고 없이 순항할 때의 이야기겠지만 20년 후를 내다보는 중국 정치의 시스템이 작동하는 것이다.

후진타오 전 주석 역시 티베트의 오지에서 당 간부로 있을 때, 중앙위 후보위원으로 선출되었다. 44세 때였다. 그 후 간쑤(甘肅)·구이저우(貴州)·티베트 등을 돌며 지방을 경험했다. 6세대 지도부 진입이 예상되는 쑨정차이 충칭 시 서기나 후춘화 광둥 성 서기 등은 지금 차세대 지도자 수업을 받고 있는 중이다. 두 사람 모두 18차 당대회 직후 새로 임명되었다.

쑨정차이는 농업 분야 박사학위를 가진 '리틀 원자바오'이고, 후춘화 는 공청단파의 대표주자인 '리틀 후진타오'라는 점에서 경쟁 구도를 형 성할 전망이다. 앞서 실각한 보시라이는 충칭 시 서기를, 상무위원 진 입에 실패한 왕양은 광둥 성 서기를 각각 맡아 치열한 대결을 펼쳤다.

후 주석은 두 사람 이외에 루하오 중앙위원도 발탁해 정치수업을 쌓 도록 하는 등 배려하는 인물로 유명하다.

주룽지가 중국의 경제 지휘자

미국과 유럽이 침체일로에 있는 사이 중국시장은 부활할 것이라는 기대가 많다. 새 지도부 출범으로 정치적 안정성이 확보되었고, 기업 이익이 개선되고 있으며 서부 개발 등 대형 인프라 투자, 소비 촉진, 부 동산 규제 완화 등 부양책이 예상되기 때문이다.

시진핑 총서기의 경제팀이 윤곽을 드러냈고 개혁 성향이 강한 인사 들이 대거 포진되었다,

리커창 총리 내정자를 보좌할 경제팀의 핵심은 당 중앙정치국 위원 (25명) 명단에 새로 이름을 올린 마카이(馬凱) 국무원 비서장(66, 총리비서 실장)이 맡을 것으로 예상된다. 마카이는 정치국 상무위원에 오른 왕치 산 중앙기율검사위 서기(서열 6위)가 맡던 '금융 · 대외무역 담당 부총

리'를 맡아 주요 경제 정책 실무를 조율할 것이다.

중국 금융을 좌우하는 인민은행장에는 궈수칭 증권감독위원회 위원장(56)이 주목된다. 그는 현 인민은행장 저우샤오촨과 비슷한 성향의 개혁파 인사로 평가되며 인민은행이 추진하던 환율 변동폭 확대와 위안화 국제화, 금리 자유화 등을 이행할 것이다.

국가발전개혁위원회 주임에 오를 유취안 국무원 부비서장(58)과 재정부장을 맡을 러우지웨이 중국투자공사(CIC) 회장(62), 상무부장에 발탁될 황싱궈 톈진 시장(58) 등도 시장 경제 전문가다. 궈수칭과 러우지웨이 등은 과거 개혁 경제 사령탑이었던 주룽지 전 총리가 키운 인물들이다.

사실상 주룽지의 인물들이 대거 경제팀에 포함될 전망이다. 상무위원에 진입한 왕치산 중앙기율검사위 서기는 주 전 총리가 인민은행장으로 있던 1993년~1994년 인민은행 부행장이었다. 마카이 비서장 역시 주 전 총리 재임 당시 국무원 부비서장을 지냈다. 러우지웨이 사장과 궈수칭 증권감독위원회 주석도 각각 재정부장과 인민은행장으로 내정되었다.

황싱궈는 주 전 총리와 같은 상하이방의 일원인 장가오리(張高麗) 신임 상무위원의 측근이다. 이에 따라 차기 경제 라인은 리커창 총리와 국가발전개혁위 주임이 유력시되는 유취안(尤權) 국무원 상무부비서장을 제외하고는 모두 주 전 총리와 가까운 인물로 채워질 전망이다.

주 전 총리가 전면에 나선 것은 경제개혁에 속도를 붙이겠다는 의도로 풀이된다.

시 총서기는 올해 말 시장 중심의 경제개혁 방안을 내놓을 것이라는 전망이 많다. 개혁의 방향은 시장에 대한 정부의 개입 축소, 국유기업 개혁 등이 될 것이라는 전망이다.

3장
공산당 거버넌스의 실상

중국 모델에 자신감

13억 명 이상의 인구와 56개 민족을 안고 있는 중국공산당과 정부는 '중국 모델'에 상당한 자신감을 가진 듯하다.

그간 중국 모델이 붕괴될 것이라는 예측은 서방을 중심으로 꾸준히 제기되었다. 다소 희망 섞인 예측이랄까 중국의 발전을 시샘하는 뜻이 상당했다. 그러나 중국 모델은 살아남아 성공을 계속해왔다. 게다가 신흥 개도국이 중국을 본뜨려 한다. 이런 중국의 성공은 어떤 비결이 있을까.

미야모토 유우(宮本雄二) 전 일본 주중대사의 진단이다.

"목표 설정→조직·동원→일단 문제 해결이라는 기본 주기를 따라 한다."

사회학자들은 중국 모델을 일종의 대증요법이라고 분석했다.

현재 중국은 빚이 많으며 많아도 보통 많은 것이 아니다. 우선 덩치 큰 분야만으로 나누어보면 빈부 격차와 관료 부패, 환경오염이 그것이다. 빚으로만 따지면 확실히 파산에 가깝다. 언필칭 중국 붕괴론의 근거가 되고는 한다. 그러나 중국 당국은 엄청난 빚에 비해 자산도 많다. 경제 성장과 공산당의 인적 자산, 신속한 정책과 실행 가능한 통치기구 등 자산이 빚을 상쇄하고도 남는다. 이 때문에 일당 지배가 가능하다는 설명이다. 대증요법으로만 따지면 일사불란한 통치 체계가 가장 큰 무기인 것이다.

공산당의 통치 능력은 어디에서 나올까

시진핑도 덩샤오핑, 장쩌민, 후진타오가 마련한 토대에서 국가를 관리할 것이다.

첫째 자산은 광범위한 공산당 인적 네트워크다. 문제를 포착하는 정보 네트워크의 규모와 섬세함이 대단하다. 모니터링 시스템은 회사와 주택에도 있다. 중국 회사법 19조는 회사에 공산당 조직을 설치하도록 의무화하고 있다. 당 조직은 당의 입장에서 문제되는 인물이나 사건을 발견하면, 즉시 보고하도록 되어 있고 정보 전달과 신속하게 상부에 전달하는 속도가 빠르다.

중국공산당의 2009년 말 현재 당원 수는 7,799만 5,000명으로 대략 17명 중 한 명이 공산당원이다. 2008년 말에 비해 2.7%가 늘었다. 공산당원의 신분도 다양하다. 이런 다양한 계층의 구성원은 공산당이 폭넓은 사회계층 네트워크를 형성하는 밑거름이 된다. 특히 증가하고 있는 것은 대졸 이상의 학력을 가진 젊은이들이다. 이들은 미래의 중국을 담당하는 엘리트가 되는 것을 목표로 삼는다. 젊은이들에게 공산당 입당이 취업이나 출세에 유리하게 작용한다는 것은 이 때문이다.

당원 중 여성은 1,694만 명이고, 소수 민족 가운데 당원도 513만 명으로 모두 증가 추세다.

두 번째는 의사 결정의 속도이다. 공산당 '중앙이사회'라고 부르는 최고 지도부는 정치국 상무위원회다. 현재 후진타오 주석을 위시한 7명이고 정치국 위원은 25명이다. 중요 정책·인사 결정·기밀 정보 교류가 여기서 이루어진다.

정치국 위원은 국회의장과 총리와 부총리, 지방 정부 서기와 성장, 부패 단속 검찰 경찰 등 각 분야의 책임자를 겸하고 있다. 위원들은 공산당과 사회 안정에 필요한 전략 목표를 공유하는데 각 전문 분야의 과제를 철저히 탐구한다.

정책 입안 경우도 통상 10년 이상의 관점에서 전략을 짠다. 2020년 '전면적인 소강 사회(비교적 여유가 있는 사회)' 건설 목표를 정한 것도 2002년 10월 제16차 공산당대회였다. 게다가 경제 · 사회 계획으로 5년간에 대한 지침을 정리했다. 한국이 초기 경제개발 5개년 계획을 짜 경제적 부흥을 이룬 경험을 벤치마킹했다는 얘기도 이런 데서 연유한다. 그런 다음 그 틀 안에서 반년마다 새로운 정책을 내세워 예산을 만든다.

통상 민주국가의 경우 정권이 수시로 변화하고 과제도 정권마다 바뀌기 일쑤다. 그러나 중국은 그런 폐단은 염려하지 않는다. 한 정권이 10년은 지속하기 때문이다.

중국의 장기 계획으로 급작스런 사태에 대한 임기응변이 어려울 수 있다는 폐해도 지적된다. 하지만 계획 경제임에도 유연성을 가미한 것이 중국 경제의 특징이다.

세 번째로 공산당 힘이 세고 국회가 약한 것도 일사불란한 정책 집행을 가능하게 한다. 특히 경제 정책의 실행에서 공산당이 실세인 정부가 우위를 갖는다.

2008년 9월 시작된 금융위기 때는 중국의 신속한 의사 결정이 빛을 발한 경우다. 세계적인 경제 위기가 확산하면서 중국은 같은 해 11월, 4조 위안(750조 원) 규모의 경기 부양책을 내놓았다. 인프라 정비가 대부분이었다. 인프라 구축 이외에 의료·교육 사업, 산업 정책, 환경 대책 등에도 투자했다. 이런 관 주도의 신속한 조치로 중국 경제는 금융위기의 직격탄을 피할 수 있었다.

공산당 거버넌스의 수명

중국 권부 내 역학 관계에서 힘이 강한 순으로 따지면 공산당, 행정부, 입법부 순이다. 야당은 존재하지 않는다. 이 때문에 반대 의견도 별로 없다. 정기국회 격인 전인대 회의는 매년 3월 열리지만, 일정은 10일간이 대부분이다. 법안 심의도 공개된 적이 없다. 이 때문에, 전인대 심의 기능이 작동하는지 밖에서는 알 수 없다.

예컨대 중국 중앙은행인 인민은행의 독립성은 거의 없다. 각국에는 통화 운용의 독립성을 보장하며, 중앙은행이 독자적으로 판단하고 움직이는 것이 상식이다.

중국 인민은행법 2조 금융 정책 부분에는 '국무원(정부)의 지도'를 받을 것을 명기하고 있다.

3조에는 금융정책의 목표로 '통화 가치의 안정'뿐만 아니라 '경제 성장의 촉진'을 규정하고 있다. 성장 촉진이 목적이라면 인플레이션 감시자가 될 수 없다. 중국에서는 통화 공급의 완급을 조절해 인플레이션을 잡는 것이 통화 정책의 우선순위가 아니다. 공산당 정부가 고용 안정을 강조하면 경기를 배려해야 한다. 돈이 너무 많이 풀릴 경우 인플레이션 방지가 매우 중요한 문제가 된다. 중국 인민은행은 금리 인상을 단행해야 하지만 그렇지 못해 부동산 거품은 커지고 있다.

공산당의 언론 통제는 권력 유지에 필수적이다. 당국의 정책 목표에 반대하는 의견이 나오지 않도록 단속하고 일사불란한 정책홍보 효과도 높인다.

사회 정책은 '당근과 채찍'을 병행한다. 당근은 풍부한 재정이다. 즉 돈을 풀면 안 될 것도 되는 것이 중국이다. 채찍의 경우 인민해방군과 무장 경찰의 무력 조직이다.

중국 모델의 거버넌스 즉 통치력은 이제까지 장점이 되어왔지만 이제부터는 단점도 된다. 중국 모델이 동요할 수 있기 때문이다. 자산 증가보다 빈부 격차 확대와 관료 부패, 고물가, 취업난 등 '빛'의 증가 속도가 빠르면 공산당의 거버넌스에 노란색 신호가 켜질 수 있다.

이런 지배 시스템에 대해 일반 국민의 생각은 어떨까.

베이징 대학의 백지립(白智立) 교수가 2008년 12월~2009년 5월 공산당원 1,000여 명을 대상으로 실시한 여론 조사다. 이를 풀이하면 향후 중국공산당의 거버넌스를 추론할 수 있다.

"중국공산당 이외에 중국을 지도할 수 있는 조직은 존재하지 않는다."라는 생각에 "매우 동의"라고 대답한 사람은 17.7%, "동의"는 47.4%였다. "별로 동의하지 않는다."는 20.2%, "전혀 동의하지 않는다."는 4.0%, "모르겠다."는 10.7%다.

당의 혜택을 받고 있는 당원들조차 당의 절대적인 지도성을 인정하지 않는 사람이 전체의 3분의 1에 이른다. 공산당 지배에 동의한다는 당원의 답변 가운데 연령대별로 보면 20대 58.1%, 30대 68.0%, 40대 69.4%, 50대 이상 80.6% 순이었다. 젊은 세대일수록 공산당에 대한 믿음이 희박해지고 있는 현상이 뚜렷하다.

다른 설문을 보자.

"사회주의 현대화 시기 전반을 통해 중국공산당의 지도를 받아야 한다."는 질문에는 "매우 동의한다."가 14.3%, "동의한다."가 53.2%였다. 반대로 "별로 동의하지 않는다."가 12.7%, "전혀 동의하지 않는다."가 6.3%였다. 동의한다는 답변이 67.5%로 전체의 3분의 2를 차지한다.

당국의 감시에 '모범 답안'을 낸 사람도 적지 않다고 보이지만, 중국공산당과 정부의 지지율은 전체의 50%를 넘는다는 경향을 알 수 있다. 불만은 갖고 있지만, 공산당 이외의 정권을 별로 생각하지 않고 있으며 소극적으로 지지하는 사람이 많다는 점이다. 소극적 지지층이 많은 것은, 일부 공산당 정권이 불안정함을 보이고 있기 때문이다. 주로 공산당 내부 부패 때문에 불만을 드러내는 경우가 대부분으로 풀이된다.

한때 중국은 일본을 60여 년간 지배했던 자민당 정권의 파벌이나 의원들에 대해 벤치마킹 차원에서 연구하기도 했다. 복수 정당하에서 어떻게 정권을 유지할 수 있었는지를 연구한 것이다. 그러나 "중국에는 자민당 모델은 채용할 수 없다."는 결론에 도달했다고 한다. 중국에서는 파벌 경쟁이 격화하면 일당 지배 체제가 불안정해질 위험이 크다고 판단했다는 것이다.

이른바 55년 체제(1955년, 자유당과 민주당이 합쳐져 자민당 탄생)로 대별되는 일본 자민당 체제가 장기 일당 지배를 실현할 수 있었던 것은 경제 성장의 과실을 서민 집단에 분배하고, 평등을 실현해 정치적인 안정을 얻을 수 있었기 때문이다. 이 자민당 체제를 확립한 것이 다나카 가쿠에이 전 총리다. 그는 공공사업 등을 통해 지역 간의 격차를 줄여나갔다. 그러나 90년대 두 번째 석유 위기를 겪으면서 한계를 보였다.

시진핑 체제도 당장은 공공사업을 축으로, 분배 확대라는 국정 운영 기조를 잡을 것이다. 그러나 2022년까지 10년간의 임기 동안 한계에 부딪힐 수 있다. 시진핑이라는 신중파 정치인의 경우 정해진 틀이 없으면 쓰러질 수 있다. 마오쩌둥이나 덩샤오핑 같은 권력을 창출한 인물들과는 근본적으로 다르다.

일본과 마찬가지로 큰 정부에서 작은 정부로 전환을 강요하는 국면도 예상된다. 관 주도에서 사람 주도로의 전환도 과제다. 지금과 같은 공산당 주도의 비즈니스 모델에 변화가 예상된다.

중국공산당 통치의 대차 대조표

	경제력(2011년~2015년 경제 성장률 목표는 평균 7%)
〈자산〉	통치기구(강한 공산당 정부와 약한 국회)
	인적 자산(공산당원 8,000만 명의 네트워크)
	빈부 격차
	관료의 부패 비리
	지방 정부의 부실 채권
〈부채〉	저출산 고령화
	민족 · 종교 문제
	환경오염

2020년 세계 1위 목표 – 중 · 미 역전

중국공산당의 최대 과제는 경제발전의 지속이다. 일당 지배를 유지하기 위한 최대 역점은 지난 30여 년간 줄기차게 이어져 온 경제 발전을 계속하는 것이다.

중국공산당 지도부는 이제 이데올로기를 강조하지 않는다. 경제 발전과 부의 분배 문제가 우선이다. 이는 사회의 안정과 직결된다. 시진핑 정권의 최대 과제는 발전 지속과 경제 분배에 있다는 얘기다.

2009년 10월 1일, 중국공산당 정부는 건국 60주년을 맞아 베이징에서 성대한 기념행사를 열었다. 후진타오 주석은 톈안먼 광장에서 의미심장한 연설을 했다.

"오늘날 중국은 의연히 세계의 동방에 우뚝 서 있다."고 했다. 아편전쟁 이후의 굴욕과 시련을 끝내고 대국의 부흥을 선언한 것이다.

2010년 중국의 국내 총생산(GDP)은 39조 7,983억 위안(6조 499여억 달러)에 달한다. 5조 8,000여억 달러인 일본을 제치고 세계 제2의 경제 대국으로 올라선 것이다. 일본은 1968년부터 유지해 온 세계 2위 자리를 40여 년 만에 중국에 내주었다.

앞서 후 주석은 2007년 10월 공산당대회에서 "2020년까지 1인당 국내 총생산(GDP)이 2000년에 비해 4배가 되는 목표를 실현할 것"이라고 했다. 중국 측 통계에 따르면 2000년 1인당 GDP는 7,078위안이다. 2010년 인구는 13억 3,972만 4,852명, 1인당 GDP는 2만 9,706위안으로 2000년에 비해 4.2배가 되었다. 20년간 달성해야 할 목표를 이미 10년 동안 실현한 것이다.

중국 건국 70주년을 맞이하는 2019년, 시진핑은 2009년과 마찬가지로 베이징에서 대규모 군사 퍼레이드를 실시하고, 톈안먼 광장에서 '중요한 강연'을 할 것이다. "중국은 세계에 제1대국이 되었다."고 할지도 모른다. 이대로 가면 시진핑 정권 말기에는 경제력에서 미국에 필적하는 경제 초강대국이 되어, 중·미 역전의 계기가 될 수도 있다.

중국의 경제 정책 결정에 영향력을 미치는 칭화 대학 국정연구센터 호혁강(胡鞍鋼) 주임의 말이다.

"중국이 2020년까지 GDP에서 미국을 제치고 세계 1위가 될 것으로 예측된다." 2020년 중국의 GDP가 세계 GDP의 5분의 1에 접근하고 해외 직접 투자와 과학자·엔지니어 수, 특허신청 수에서도 중국은 세계 1위가 될 것이라고 했다.

스탠다드차타드 은행도 2010년 11월 보고서에서 중국이 2020년 GDP에서 미국을 앞지를 것이라고 예측했다.

중국 전문가 이토 다카도 도쿄 대 교수도 이에 동의한다. 이대로 가면 2023년~ 2027년 중국이 미국을 앞지를 것으로 시산했다. 일본 정부 예측 보고서도 주목된다. 중국의 잠재 성장률은 2010년대에 연평균 9.1%였다. 2020년대도 7.9%에 이어, 2030년 중국의 GDP 규모는 세계의 23.9%를 기록할 것이다.

일본경제 연구센터의 예측에 따르면 중국의 경제 성장률은 2011년~2020년 연평균 8.6%로, 같은 시기 미국의 연평균 2.5%의 3배 이상의 속도로 성장할 것으로 전망했다.

중국정부는 2011년부터 2015년까지 5개년 계획으로 GDP 성장률을 연평균 7%로, 2015년 GDP 55조 위안(680조 엔)이 될 것으로 기대하고 있다.

2020년까지의 경제 성장률은 연평균 7% 이상의 예측이 대부분이다. 이대로 성장률이 진행된다면 주민 불만은 일정 정도로 억제되어, 공산당 체제에 금이 갈 확률은 높지 않을 것이다.

성장률이 연 5% 미만으로 주저앉는다면 이야기는 달라진다. 사회

불안 요소가 확산되어 민주화 기운이 높아질 공산이 크다. 기술 혁신과 산업의 고도화에 따라 성장률이 높아도 고용의 증가로 이어지지 않을 가능성 또한 크다. 엄청난 인구는 성장의 견인차이지만, 선진국에 다다를 무렵에는 오히려 방해가 된다. 성장률뿐만 아니라, 실질적인 실업률과 인플레이션에도 주의할 필요가 있다.

중국 경제는 순조롭게 성장할까

중국 경제 전망에 대한 중장기적인 분석으로 3대 요인을 보자. 바로 노동력, 자본 축적, 기술 진보 등이다.

2011년도 일본 경제산업성 조사월보에 따르면 1992년부터 2001년까지 중국 경제 성장률은 연평균 9.9%였다. 주요인으로는 '기술 진보'가 54%, '자본 축적'이 34%, '노동력의 증가'가 9%였다.

첫째 '노동력'을 분석한다.

값싼 노동력의 도시 유입은 성장의 원동력이었다. 취업자 비율을 보면 1980년 이후 반세기 동안 약 25%가 농업에서 다른 부문으로 이동했다.

2010년 현재 인구 13억 3,973만 명 중 도시에서 사는 사람은 6억 6,558만 명, 농촌에 사는 사람은 6억 7,415만 명으로 도시 인구가 농촌 인구를 역전시킬 전망이다. 일본, 미국, 유럽의 도시 인구 비율은 80% 정도이므로, 중국에서 도시화 진전 여지는 아직 크다.

농촌에서는 일자리가 없어 농민들은 도시로 향한다. 경제가 발전하면 산업 부문에서도 잉여 노동력이 한계를 보인다. 공업 부문에서 완전 고용이 달성된 정점을 '루이스 전환점'이라고 부른다. 루이스 전환점을 지나면, 노동의 수요가 공급을 웃돌아, 노동력 부족에 빠져 임금이 상승한다. 루이스 전환점은 한 나라의 경제 성장과 산업화의 정도를 측정하는 중요한 이정표가 된다.

현재 중국 농촌 지역에 1억 5,000만 명의 잉여 노동력이 있는 것으로 알려져 왔다. 단 광둥 성 등 산업화가 진행된 지역에서는 이미 루이스 전환점에 도달했다는 견해도 나오고 있다.

'루이스 전환점'이 지나면 산업의 고도화가 과제다. 광둥이 노동 집약 산업에서 부가 가치가 높은 산업으로 전환하고자 하는 것도 이런 배경이다.

'자녀 정책' 영향을 받은 노동 인구는 2013년에 감소로 돌아설 것이다. 대학 진학률도 높다. 대졸자가 원하는 일자리와 일자리 불일치도 확대된다.

특히 해안 지역을 중심으로 임금 상승의 움직임이 거세다.

2010년 전국 31개 성·자치구·직할시 중 30곳에서 최저 임금이 인상되었으며 인상폭은 평균 22.8%였다.

2011년 1월, 광둥 성 심천 정부는 도시의 법정 최저 임금을 향후 5년간 2배로 늘릴 방침을 표명했다. 중국정부의 경제 단체인 중화전국공상업연합회는 향후 10년간 법정 최저 임금을 현재의 4배 인상을 요구하고 있다. 중국은 노동 분배율의 향상으로 소비 확대에 연결 장점이 있는 반면, 기업 수익을 급격하게 압박하는 리스크가 된다.

둘째 '자본 축적'을 본다.

기술진보는 경제성장의 실질적인 관건이 된다. 중국의 자본 축적의 증가는 연평균 13%다. 10년 이상 지속되고 있다.

시진핑 시대도 높은 저축 모델은 당분간 변하지 않을 것이다. 교육 수준의 상승에 의해 인적 자본의 질이 향상하기 위해 2008년~2020년의 평균 자본 축적의 증가는 연 13% 전후를 유지할 것이다. 다만 투자 주도에서 소비자 주도의 경제 모델로의 전환을 추진하는 과정에서 투자의 경제 성장 기여도가 감소하는 것도 예상된다.

셋째 '기술 진보'를 보자.

저명한 칭화 대학 국정 연구 센터의 후진타오 주임은 GDP는 9%가 넘는 성장을 계속할 것으로 예측했다. 향후 경제 성장의 열쇠는 기술 진보가 쥐고 있다.

이외에 중국 경제 성장을 견인하는 요인은 다양하다. 경제적 이익으로 연결된 화교권 결합체다. 세계 경제와 중국의 중재 역할은 중국 국적을 가진 화교와, 외국 국적의 중국인으로 무려 4,500여만 명이 있다. 고도의 정보력을 가진 경제 이익 결합체다.

머니 위력도 발휘된다. 중국에서 해외로 나간 직접 투자액은 2010년에 전년 대비 36.3% 증가한 590억 달러로 사상 최고이며, 중국기업의 해외 자원 분야를 중심으로 해외 기업을 인수, 자원을 확대하고 있다.

대표적인 사례가 이란이다. 2009년, 중국 석유 천연 가스 집단(CNPC)이 이란의 아자데간 유전의 70%의 지분을 획득했다. 아자데간 유전은 중동 최대의 유전이다. 이란 핵 문제로 미국의 자제 요청을 받은 일본은 자체적으로 지분을 75%에서 10%로 축소했다.

대 이란 제제 조치로 서유럽이 빠져나가는 사이에, 중국기업은 에너지 확보를 노리고 이란 진출을 가속하고 있다. 실리를 우선하는 민관 총력전이다. 중국의 이란산 원유 수입도 급증한다. 이란은 중국의 원유 공급국으로 앙골라와 사우디아라비아를 제치고 선두에 섰다.

중국은 '세계의 공장'이나 '세계 시장'으로의 존재도 한층 강화하고 있다. 최근 경제 지표를 보자.

2010년 수출 총액은 전년 대비 31.3% 증가한 1조 5,779억 달러였다. 2009년에 이어 독일을 제치고 세계 1위에 올랐다. 수입도 같은 기간 38.7% 증가한 1조 3,948억 달러로 사상 최고치다. 동기간 무역 흑자는 동 6.45% 감소한 183억 달러로 여전히 거액이다. 위안화의 절상이 예상되면서 무역 대국으로 계속 팽창할 가능성이 높다.

구매력도 매년 신장된다. 2010년 신차 판매 대수는 전년 대비 32% 증가한 1,860만 1,900대로 2년 연속 미국을 누르고 세계 1위를 기록했다.

무역 흑자의 확대를 배경으로 외환 보유도 급속히 증가하고 있다.

외환 보유액은 2006년 2월을 기점으로 일본을 제치고 세계 최고가 되었다. 2011년 3월 말 현재 3조 447억 달러로 3조 달러를 돌파했다. 외환 보유액은 국제 사회에서 영향력을 강화하는 유력한 무기다.

중국은 세계 최고 외환 보유액으로 미국 국채를 구입하곤 한다. 2008년 9월, 일본을 제치고 최대의 미국채 보유국에 올랐다. 2010년 미국 채권 보유 잔액은 1조 1,601억 달러로 1조 달러를 돌파하고, 3년 연속 선두를 유지했다.

또한 세계 각국은 경제 분야에서 중국과 상호 의존 관계를 심화시키고 있다. 많은 나라에서 중국과의 무역 관계는 자신의 생명선으로 변화하고 있다. 중국이 싫어하는 인권 문제 등에 대해 불평하기 어려워진다. 경제의 중화권은 아울러 중국 외교의 파워를 확대하는 의미도 있다.

양으로부터 질로 구조 전환

중국공산당은 2006년 제16기 중앙위원회 제6차 전체 회의(6중전회)에서 채택한 공동 성명에서 2022년까지 '조화(和諧) 사회' 건설을 표명했다. 주요 임무로 9개의 테마를 명시하고 있고 이는 2020년까지의 목표이다.

구체적으로는 ① '사람 치(治)'에서 '법 치(治)'로의 전환 ② 경제 격차의 확대 시정 ③ 취업과 사회 보장 제도의 정비 ④ 공공 서비스의 향상 ⑤ 도덕과 학습을 권장 ⑥ 창의력 향상 ⑦ 사회 질서의 유지 ⑧ 친환경 ⑨ 높은 수준의 소강 사회(상대적으로 여유가 있는 사회)의 전반적인 건설이다.

'통치의 대차 대조표'의 관점에서 보면 빚 부문을 정리하면서 자산인 통치기구와 경제 모델의 질을 향상시키는 데 역점을 둔다.

2011년 3월 결정한 제12차 5개년 계획은 '경제 성장 방식의 전환'을 가장 중요한 과제로 했다.

경제 발전 패턴은 특히 투자에서 소비로, 제2차 산업에서 3차 산업으로, 성장 모델에서는 노동 집약에서 기술 혁신 등 세 가지의 구조 전환이 중심으로 자리 잡았다.

다음은 빈부 격차 문제다. 도시와 농촌 간의 격차는 더욱 벌어지고 있다.

2009년 도시 지역 1인당 가처분 소득은 1만 7,175위안이다. 농촌 1인당 수입 5,153위안의 3.3배다.

중국 내륙 충칭에서도 도시 부유층과 농촌 빈곤층의 격차가 심화되고 있다. 충칭 시 정부는 2011년 1월, 동시 제12차 5개년 계획(2011년~2015년) 동안 소득 격차 정도를 나타내는 '지니 계수'에 대해 현재 0.42에서 2015년까지 0.35로 인하 목표를 내놓았다.

지니 계수의 범위는 0에서 1로, 1에 가까울수록 경제 격차가 큰 것을 나타낸다. 사회가 불안정하게 되기 쉬운 경계 라인은 0.4이다. 중국 전체에서는 이것을 초과하는 0.48 전후로 높다.

인간이 행복을 느끼고, 실망하는 것은 상대적인 감정이다. 모두가 가난하고 고생한 1970년대까지 중국에서는 불만이 표면화하지 않았다.

지금은 급속한 경제 발전으로 인한 빈부 격차를 목격하는 시대이다. 10년 전 외국인뿐이었던 고급 레스토랑에는 지금은 대부분 중국인이 차지하고 있다.

중국은 소득 격차가 '모자이크 국가'가 되고 있다. 부자는 더 부유해지고, 저변의 저소득층은 더 가난해지고 있다.

2010년 3월 전국 정치 협상 회의에서 "소득 상위 10%와 도시민 10% 간의 소득 격차는 1988년 7.3배에서 2007년에는 23배로 확대되었다."는 지적이 주목을 받았다. 그래서 2010년 전국 인민 대표 대회의 활동 보고에 등장한 키워드가 '소득 분배 제도 개혁'이었다. 저소득층에 대한 재정 지출 확대와 사회 보장 제도의 정비를 중점 정책으로 내세웠다. 부의 재분배에서 어려운 것은 고액 소득자로부터의 세금 징수이다.

개인 소득세의 누진 과세도 충분히 기능하고 있지 않다.

원자바오 총리는 "조세 조정 기능을 발휘한다."며 보유세를 매기는 세금 징수의 운을 뗐다. 하지만 상속세의 도입 등 구체적인 방안에는 직접 언급하지 않았다. 기득권 계층의 저항이 격렬하고, 세제 개혁에 의한 소득 재분배 정책에는 두꺼운 벽이 가로막고 있다.

중국정부는 2011년 1월, 우리의 재산세에 해당하는 부동산 세금을 시험 도입한다는 방침을 결정했고 상하이 시와 충칭에서 부동산세의 도입을 시작했다.

중국에서는 '부동산 사용 권한'이 판매되어 소득과 매각에 소요되는 세금은 있었지만, 보유에 대한 세금이 면제되고 있었다. 부동산세의 도입은 부의 재분배와 함께 상승하는 주택 가격을 억제하는 목적이 있다.

하지만 부과 대상이 신규 구입 주택과 값비싼 대형 건물에 한정되고 있다. 소득 재분배 기능이 충분하지 않다는 얘기다.

충칭 시는 과세 대상을 별장 등 고급 주택에 한정했다. 저항하는 고소득 입주자가 결국 정치적으로도 강한 영향력을 가지고 있기 때문이다. 개혁이 그만큼 어렵다는 얘기다.

한탕 해먹는 부패 지방 관리와 토지 졸부

2010년 2월 1일 아침 충칭. 파산한 지방 정부 산하 국유 기업 '338공장' 터에서 몸싸움이 벌어졌다. 아파트 건설을 시작하는 작업원과 이를 저지하려는 수백 명의 공장 직원들이었다. 1,000명 이상의 경찰관이 동원되어 10여 명의 직원이 다쳤다. 토지 사용권은 공장 부지에 사는 직원들에게 있었다. 그런데 파산을 앞두고 공장장이 싯가 12억 위안 정도의 땅을 개발업체에 1억 1,000만 위안을 받고 불법으로 팔아버린 것이다. 직원 2,000여 명에 돌아간 보상액은 2,000만 위안에 불과했다.

이제 중국 전역에서 개발 붐과 함께 오른 땅값은 지방 정부의 중요한 자금원이 되고 있다.

그런데 문제는 충칭 시처럼 주민의 권리를 무시하는 사례가 빈발하고 있다. 이는 1994년 도입한 '분 세제'가 계기가 되었다. 당시 국세와 지방세를 명확하게 분리하여 중앙정부의 몫을 늘렸다. 지방의 힘을 깎아, 중앙의 힘을 강화한 것이다. 이로 인해 지방 정부는 부동산 개발로 세수 부족분을 보충하기 시작했다. 이 과정에서 불법 편법이 판을 치기 시작한 것이다.

2009년, 지방 정부가 부동산 매각으로 얻는 수입은 전년 대비 63% 증가한 1조 5,910억 위안이었다. 통상 지방 정부 재원의 절반을 차지한다. 80% 이상에 달하는 지방 정부도 있다.

2010년은 2009년에 비해 거의 두 배로 들어난 2조 9,897억 위안에 달하였고 지방 정부가 '토지 졸부'로 바뀌고 있다는 비판이 많았다.

이런 토지 재정 모델은 지방 정부에 세수를 확충해줘 GDP 증가의 요소가 되지만, 지속 가능한 발전은 나올 수 없다. 개발 이득을 독차지한 지방 관료가 부동산 업자와 결탁하여 주민을 내쫓는 사례가 끊이지 않고 있는 것이다.

지방 관료가 토지 매각 가격의 30%를 뇌물로 얻고 있다는 정보도 있다. 중국에서 물의를 일으켜 교체된 지방 관료의 80% 이상이 이런 토지 뇌물에 관련돼 있다. 퇴거를 강요당한 주민들이 보상금을 못 받는 경우도 허다한 형편이다. 보상금은 주로 지방 관리와 투자업체들이 나누어 갖는 경우가 많다. 1994년부터 2003년까지 10년간 이런 돈은 1,380억 위안에 달한다는 비공식 통계가 있다. 물론 이 수치는 빙산의 일각이다.

충칭 시에서 문제가 된 '338공장' 직원들은 "공장장과 부동산 개발업체 공모이다. 부패 간부를 체포해야 한다."면서 2008년 10월, 보시라이 당위 서기에게 진정서를 냈으나 응답은 없었다.

보시라이는 폭력 근절 캠페인으로 민중으로부터 갈채를 받았다. 그러나 주민들의 반응은 싸늘했다. 그는 부패 구조 문제를 해결할 수 없다는 것이었다. 충칭 대학의 주경행(周慶行) 공공 관리 연구소장은 "말단 행정기구의 간부는 법률 의식이 약하고 한계가 있다."고 지적했다. 원자바오 총리도 업자와 결탁한 지방 관료의 부패를 인정하고 있다.

그리하여 중국정부는 일정 규정을 마련했다. 토지·건물의 수용과 철거를 놓고 2011년 1월, 조례를 결정한 것이다. 매각 가격이 주민에게 보상액을 줄 수 있는 경우와, 공공 목적에 한정해 허용한다고 규정했다. 주민의 의견을 듣고 절차를 진행해야 한다는 규정을 마련한 것이다.

또 지방 정부는 베이징에 연락사무소를 두고 개발 예산을 따려고 전력투구하고 있다. 이런 노력이 또한 중앙정부 관료의 부패로 이어지고 있다는 비판이 분출했다.

국무원은 2010년 2월, 현·시 등 하부 행정 단위 베이징 사무소 582개소의 폐지를 발표했다. 그러나 지방 정부의 연락사무소는 단지 표면상의 간판을 제거했을 뿐 실질적으로 활동을 계속하고 있다.

공산당 정권이 가장 두려워하는 것은 지역 혼란이며, 지역 혼란이 중앙에까지 번지면 통치 시스템의 불안정으로 이어질 수 있다. 후진타오 지도부는 중앙의 정책을 말단까지 침투시켜 지방의 부패를 막으려고 기를 쓰고 있다.

예컨대 중국 인민은행의 약발이 지방에는 먹혀들지 않고 있다. 금리 인상으로 금융을 긴축해도 지방의 기업 및 금융 기관은 중앙보다 지방 정부의 의향을 중시하는 바람에, 금융 정책의 전달 메커니즘이 작동하기 어렵다.

지방이 중앙의 거시 경제 정책에 공공연히 반대하는 경우도 있다. 2004년 천량위 상해 시 당위 서기가 원자바오 총리에게 긴축 정책 중단을 요구한 적이 있었다. 천 서기는 후일 부패 혐의로 낙마했다.

지방 정부의 재정 문제가 위험 수위에 올라 있음은 사실이다. 조양(姚洋) 베이징 대학 교수는 중국정부가 2008년 11월 내놓은 4조 위안의 경기 부양책에 대해 "지방 정부가 대부분 투자했지만 지방 채무가 두 배로 늘고, 장기적으로 볼 때 좋은 방법인지 아직 모르겠다."며 걱정했다.

중국의 상업은행이 지방 공기업에 내준 대출 가운데 부실화될 가능성이 있는 채권은 2010년 6월 현재 약 1조 5,400억 위안이다. 지방 공기업이 경기 부양 명목으로 채산성이 보이지 않는 사업에 자금을 투입해왔기 때문이다.

13억 인구와 넓은 땅을 가진 중국은 중앙과 지방의 이해가 대립하며 중앙정부의 정책은 좀처럼 말단까지 침투하지 않고 있다. 역대 중국 왕조들은 농민 반란과 지방의 군웅할거로 정권이 교체된 경우가 많았다. 현재 중국 지역에서 일어나고 있는 토지 수용의 행태는 공산당 정부에 위협 요인으로 비화할 수 있다.

현재 강제 수용으로 경작지를 잃은 농민들이 늘고 있다. 토지 매각으로 지방 재정이 튼실해질 경우, 면종복배할 지방 정부에 대한 컨트롤은 더욱 어려울 수 있다.

지방 정부에 대한 거버넌스는 시진핑 시대에 큰 난제가 될 것이다.

공산당 명령이 하달되는 붉은색 전화기

1921년 7월, 상하이의 한 허름한 공장에서 50여 명의 젊은 공산당원들이 비밀회의를 열었다. 공산당 창당대회였던 셈이다. 이들은 중국 전역에서 각 성과 자치시를 대표해 모인 공산당원들이었다. 90여 년이 흐른 지금 공산당원은 8,000여만 명을 헤아린다. 역사상 이렇게 많은 정당원들이 소속된 집단은 없을 정도로 초대형 정당으로 성장했다.

명분과 이유야 어찌되었건 세계에서 가장 큰 정당이 GDP 세계 2위에 미국 달러를 가장 많이 보유한 거대 국가를 움직이고 있다. 초기 중국공산당은 장제스의 국민당으로부터 온갖 핍박을 받았다.

국공 합작을 부르짖었던 쑨원이 사망한 직후 반공주의자들이 국민당을 장악하면서, 많은 공산당원들이 살해당하고 감옥에 갇혀 죽임을 당하는 사태가 벌어졌다. 그리하여 공산당은 농촌으로 숨어들어들 수밖에 없었다. 농촌이 도시를 포위하여 무장봉기로 정권을 탈취한다는 전략이었다. 공산당이 피의 교훈에서 무장봉기의 필요성을 뼈저리게 체험한 것은 이 시기였다. 특히 당시는 소련식 피의 숙청이 국가 권력 쟁취의 주요 수단으로써, 전 세계 공산주의의 규범으로 자리잡았던 시대였다.

공산당은 군대 조직을 통해 당을 장악하고 훈련시켰고, 마르크스 사상과 레닌의 국가혁명론을 접목시켜 강력한 이념과 규율을 지닌 군대로 만들었다.

1949년 10월, 공산당이 내전에서 승리하고 집권할 당시에는 500만 명의 당원으로 불어났다. 공산당은 이후 군대의 이념 교육 경험을 전국으로 확대해 당원 3명 이상인 곳에는 무조건 조직화했다.

2010년 말까지 공산당의 하부조직은 389만 2,000여 개다. 엄청난 세포조직으로 움직이는 것이 공산당의 실체이다. 국민당이 공산당에 패배한 원인 가운데, 중요한 것은 허술한 조직력과 불완전한 전투력에 있었다.

중국은 과거 국민당 정부 이전에는 지방이나 하부를 관리할 변변한 조직이 없었고 대개 지방 세도가와 지주들이 이들을 관리해왔다. 국민당은 이런 전통을 그대로 이어갔다. 그러나 공산당은 사회주의 이념을 앞세운 조직력과 동원력으로 농촌과 공장에 있는 민중에 집중했다.

2010년 말까지 중국정부는 모든 촌급 조직에 화상 강의 시스템을 구축했다. 당원 관리를 위해 격자화를 실시했고 모든 동향 사상 활동을 당에 보고하도록 했다. 외국의 경우 지방의 자치 조직과 행정 조직이 있지만, 중국은 이외에도 공산당이라는 끈끈한 조직이 뒷받침하고 있다.

언론재벌 루퍼트 머독이 본격 중국 진출 3년여 만에 포기한 것은 매우 시사적이다. 《중국공산당의 비밀(2011)》을 쓴 리처드 맥그레거가 이 점을 지적한다. 그는 영국 파이낸셜타임스(FT)의 베이징·상하이 특파원으로 20여 년간 일한 중국전문가로 꼽힌다. 그는 머독이 신(神)을 만났기 때문에 실패했다고 설명했다. 그가 말한 신은 공산당이다. 머독은 미디어 시장을 둘러싸고 있는 공산당의 벽 때문에 실패했다는 의미다.

신은 어디에든 있다. 당의 정책은 당 위원회를 통해 말단 세포조직에까지 전파된다. 핵심 간부(차관급 이상) 300여 명의 책상에 놓여 있는 붉은색의 전화기가 그것이다. 핵심 지도자들은 이 전화로 당 노선을 통보받고, 그들만의 정보를 공유한다. 당이 국가를 장악한 '당-국가(Party-State)체제'다.

공산당은 핵심 국유기업과 국유은행의 지분을 장악한 다음, 이들을 앞세워 경제주체로 활동하도록 한다. 이른바 '국가자본주의' 시스템이다.

2007년 11월, 국유기업인 중국알루미늄이 런던 증시에서 단 몇 시간만에 호주의 자원 회사인 리오틴토 주식 9%(약 140억 달러)를 사들인 것은 단적인 예다. 당이 인수합병 대상으로 지목하면 기업과 은행이 사들이는 식이다.

적절한 리더십을 발휘하고 당을 철저히 통제하는 공산당의 조직력은 중국이라는 거대 집단을 이끄는 원동력이 되는 것이다.

최근 공산당 조직에 부패가 만연한 것은 단편적이다. 역사상 가장 큰 거대한 조직의 한 부작용에 불과한 것이다. 경제가 발전할수록 지방과 당 권력은 중앙의 통제를 벗어난다. 각 기업들은 공산당 하부조직을 보고할 의무가 있는데 이들은 허위 보고를 일삼기도 한다. 그래서 어린이 30만여 명에 치명적 병을 안긴 2008년 '멜라민 우유' 파동이 발생했다. 마오쩌둥의 대약진 시기에는 4,000만 명이 굶어 죽었어도 이를 감출 수 있었다. 정보가 단절된 시대에는 치부를 감출 수 있었기 때문이다.

그러나 시대흐름을 읽고, 국가비전을 창출하는 공산당 리더십은 거대 국가를 이끄는 원천이 되는 것이다.

공산당의 주요 특징 중의 하나는 당원과 간부에 대한 이론 교육이다.

공산당은 인민들이 받아들일 수 있도록 마르크스 사상을 중국식으로 개조했다. 초창기 공산당 지도부는 소련공산당을 따라 하는 바람에 시행착오를 겪어야 했다. 마오쩌둥은 소련식 공산주의 대신 중국식 공산주의로 바꾸는 작업에 몰두했다. 중국식 공산주의는 마오쩌둥 사상으로 통칭된다. 경직된 마르크스 이론 대신 중국의 유교사상을 곁들인 중국식 사회주의 이론이다.

마오쩌둥은 소련이 주장한 도시 프롤레타리아 혁명을 버렸다. 당시 중국은 노동자는커녕 도시조차 제대로 형성되어 있지 못했다. 이에 마오쩌둥은 전통사상을 빌려온다. 마오쩌둥은 중국 전통사상의 실사구시적 성향에 주목한다. 이러한 실사구시적 사고는 마르크스주의의 중국 안착을 도왔다는 분석이다. 마오쩌둥은 맹자와 성리학, 양명학으로 이어지는 리철학(理哲學)에 우선 천착했다. 현실이 먼저 있고 그다음에 이치가 나온다는 순자로 이어지는 기철학(氣哲學)적 전통이 그것이다.

명분이 앞서는 성리학 일색인 한국과 달리, 중국의 이러한 사상적 흐름은 유물론을 거부감 없이 받아들이는 자양분이 된 것이다. "현실에 부딪쳐 이치를 알아야지, 관념적으로 파악해서는 안 된다."는 기철학을 바탕으로, 마오쩌둥은 낯설지 않게 마르크스주의를 중국에 접목시킬 수 있었다.

아울러 중국만큼 혁명에 익숙한 나라도 없다. 역사 속에 빈번하게 이어져 온 역성혁명(易姓革命)은 중국인들에게 백성이 국가를 바꿀 수 있다는 생각을 자연스레 가지도록 작용했다.

주역의 변증법적 사고나 손자병법의 전술 등은 실사구시적 사고방식의 단면이다.

마오쩌둥은 통치술에서도 인간에 대한 신뢰를 기반으로 하고 있는 유학을 바탕으로 했다. 도덕주의를 견지하면서 인간적 혁명에 대한 끈을 놓지 않았다. 마오가 죽기 전에 보여준 권력 집착 내지 문혁 과정에서 보여준 무자비한 통치 등으로 볼 때 그의 도덕주의가 어디까지 진실인지는 알 수 없다. 도덕주의 채용은 혁명 전략상 필요했다는 설명이다.

어쨌든 그의 도덕주의는 대장정 과정 속에서 더욱 빛을 발했다. 당시 인민군이 보여준 인민에 대한 예의와 보은 그리고 낙오자에게 보여준 마오쩌둥의 인간적 행동은 그가 의도했든 의도하지 않았든 간에 도덕적 헤게모니를 획득하여 혁명을 승리로 이끌도록 했다.

마오쩌둥의 명분과 실리에 따른 선택은 대단히 전략적이었다. 수천만 명을 숙청하고 처단한 문화혁명을 저지른 범죄 행위에도 불구하고, 이런 리더십은 중국 민중의 지지를 받을 수 있도록 이끌었다. 실사구시는 덩샤오핑 시대에 더욱 빛을 발한다.

덩샤오핑이 1978년 개혁 개방을 시작하면서 '실천은 진리를 검증하는 유일한 기준'이라고 외친 것도 이런 데서 연유한다.

중국식 사회주의는 소수 엘리트에 의한 농민계몽의 성격이 컸다. 국민당 정부의 부정과 부패에 대한 민심이반이 더 컸지만 이 틈을 파고든 것은 마오쩌둥의 중국식 사회주의였다. 국민당과 공산당의 헤게모니 전투에서 조직과 전략에서 우세한 공산당이 승리한 결과로 볼 수 있다. 더군다나 광활한 영토와 지속적인 게릴라전에 의해, 국민당에게는 군사력을 집중하기 힘들었던 측면도 있다. 노동자와 농민을 앞세운 이념과 조직력에 월등했던 공산당이 정권을 잡을 수밖에 없는 흐름이 있었다.

중국공산당은 초기 엄격한 규율과 부패를 방지해왔다. 2008년만 해도 간부 6만 여 명이 처벌받았고, 2009년에는 실형을 선고받은 성장급 고위 관리가 10여 명에 이른다.

당내 민주화도 상당수 성과를 보였다. 후진타오 총서기는 집권 직후부터 민주화에 박차를 가했다. 당원의 알 권리, 표현의 권리, 참여의 권리, 감독권 보장 등을 비롯하여 지방 간부의 직선제도, 경쟁 선거를 점차 확대했다. 쓰촨 성 핑창 현 링산향(靈山鄕)에서는 공산당 역사상 처음 직접선거로 당 위원회를 구성하기도 했다. 중국식 공산당의 특징 가운데 가장 중요한 것은 엄격한 인재 등용 방식이었다. 간부의 임명과 추천을 통해 인민대표대회, 정치협상회의를 이끌도록 했다.

오늘날 13억 명의 인구를 이끌고 미국과 어깨를 나란히 한 데는 중국식 사회주의의 리더십이 절대적인 힘을 발휘했기 때문이다. 충칭(重慶)에서 출발한 보시라이 사건은 단적인 사례이다.

보시라이를 제거하면서 원자바오 총리는 문화혁명을 상기시켰다. 중국은 그 시절로 돌아가서는 안 된다는 것이다. 그렇게 되면 지금까지 이루어놓은 경제적 성취가 물거품이 된다고 했다. 자유주의자들 역시 마음을 놓았다. 마오쩌둥의 문화혁명 시절로는 돌아가지 않을 것이 분명해졌다. 중국 지도부는 선동적인 정치리더십은 이미 중국적 리더십에서 사라졌다고 보는 것이다.

중국 공산당의 강점은 조직력을 앞세운 중국식 사회주의 리더십에 있다. 능력 있는 공산당 엘리트들이 철저한 경쟁과 성과를 바탕으로 길러지고 있다. 원자바오가 좌파 대중영합주의에 대해 제동을 건 것은 이런 자신감에 의한 것이다.

4장

보시라이 사건은 권력 쟁탈전의 시작

야심만만한 보시라이의 낙마는 힘의 대결의 결과

중국공산당의 막후 실세 장쩌민을 이용해, 차기 국가주석 시진핑의 자리까지 넘보았던 야심만만한 남자, 보시라이에 관한 이야기다.

그는 공산당 혁명을 성공시킨 전설적인 인물로 알려진 8대 원로 중 한 명인 보이보의 아들이자 태자당 그룹의 선두주자였다. 그런 그가 하루아침에 감옥에 갇히는 신세로 전락했다.

보시라이로 말하자면 중국 정치의 왕자들 가운데 한 명이다. 중국공산당 혁명 원로들 중 9,600km의 대장정에서 끝까지 살아남아 강대국 중국의 밑거름을 만든 이들은 덩샤오핑을 주축으로 하는 2세대들이다. 1세대를 거론하자면 마오쩌둥, 주더, 저우언라이, 펑더화이, 린뱌오 등이다. 당연히 그들은 아직도 숨은 권력이거나 어떻게든 죽을 때 막대한 권력을 유지시키고자 했다. 그리하여 그들이 힘을 모아서 밀어주는 젊은 세대, 바로 자식들이 새로운 권력층이 되었는데, 이 그룹이 바로 태자당이다.

이들이 대략 후진타오와 비슷한 연령들이다. 1940년~1950년대 사이에 태어나서 연령적으로 무르익은 권력의 단맛을 이해하는, 국가 지도자가 될 나이에 이르렀다. 이제 대두되는 태자당 그룹이 시진핑, 보시라이 등을 주축으로 한 바로 5세대다. 물론 태자당 외에도 다른 세력이 없지는 않지만 별 힘을 쓰지는 못한다. 전설적인 1세대 혁명원로 중에 마지막으로 살아남은 8명, 즉 덩샤오핑, 펑전, 왕쩐, 츠원웬, 리셴녠, 덩잉차오, 양상쿤, 보이보 등이 그들이다. 러우언라이는 이미 1973년 사망했다.

미남으로 잘생긴 보시라이가 어떤 유형인지 일화가 나타내준다.

문화대혁명 시 덩샤오핑을 비롯한 고위 정치인들이 숙청당할 때 보이보도 반동분자로 몰려 홍위병들에게 두들겨 맞았다. 당시 홍위병의 똘마니 정도로 활동하던 보시라이는 홍위병들 앞에서 아버지의 가슴을 주먹으로 두들겨 패고, 이빨을 부러뜨리는가 하면 갈비뼈까지 절단을 냈다. 보시라이 나이 17살 때였다.

그런데 아들에게 얻어맞은 아버지 보이보의 말이 눈길을 끈다.

"강청이 나를 반도로 선포하자, 나의 아들인 어린 보시라이까지도 나에게 철권을 날렸다. 나는 눈앞이 시커멓게 되면서 땅바닥에 쓰러졌다. 이 독한 어린 아들은 다시 앞으로 나와서 발로 가슴을 몇 번 밟았다. 당시에 늑골 3개가 부러졌다. 이 육친불인, 부친마저도 죽이려 할 정도인 것을 보면, 이 어린 아들은 우리 당의 미래후계자로 좋은 재목이다. 나중에 분명히 잘될 것이다."

보시라이에 관한 또 하나의 일화다. 신화통신의 한 기자가 내부 문건을 찾아내어 보시라이의 부패를 홍콩 언론에 대대적으로 보도한 적이 있었다. 공산당은 상무부장이던 보시라이를 좌천시켜 충칭으로 내보냈지만, 기자는 망명할 수밖에 없었다. 이 기자는 갖가지 죄목을 씌워 재판을 받게 되었고, 6년형을 선고받고 풀려나자 캐나다로 망명해 버렸다.

보시라이의 낙마 스토리는 극적 드라마 한 편을 보는 느낌을 준다. 톈안먼 사태 이후 최대의 정치 사건으로 불리는 보시라이 스캔들은 중국 정치의 단면을 보여주는 것이다. 새로운 힘을 과시하며 미국을 압도하려는 중국 지도부를 충격에 빠트리는 사건이었다.

보시라이 스캔들은 모든 중요 결정이 막후에서 이루어지는 비밀스런 중국 정치의 치부를 드러낸 사건이다. 중국의 개혁 성향의 역사학자 장리판(章立凡)은 서울신문 인터뷰에서 보시라이 사건을 풀이했다.

"총칼만 안 들었을 뿐 신중국 건립 이후 최대 권력투쟁이다. 시작은 솽카이(雙開·당적과 공직 동시 박탈) 처리된 보시라이(薄熙來)의 권력 찬탈 기도에서 비롯되었다. 권력암투는 원자바오 총리가 내외신 기자회견에서 보시라이를 공개적으로 비난하면서 노골화되었다. 한쪽에선 부인 구카이라이와 단절시킴으로써 보시라이를 구하려 했지만(좌파 즉, 보수그룹의 시도로 해석됨), 다른 쪽에서는 보시라이의 죄상을 공개해 그의 일가를 멸문시켰다(후진타오, 원자바오 등 우파의 공세가 이어졌다는 뜻). 이 과정에서 시각장애 인권운동가 천광청(陳光誠)이 산둥(山東) 성에서 탈출, 사법계통을 관장하는 저우융캉(周永康) 정법위 서기에게 치명상을 남겼다. 이는 우파들이 보시라이의 후원자인 저우융캉을 공격하기 위해 천광청 탈출을 도왔다는 뜻으로 해석되었다. 저우융캉은 같은 태자당 거두인 보시라이를 구명하기 위해 공개적으로 감싸는 발언을 했다. 좌파와 우파의 공격과 반격은 계속되었다. 보수파들이 센카쿠 열도로 촉발된 반일시위에서 마오쩌둥 지지자들을 대거 동원함으로써 위협감을 주었다. 이들은 원 총리의 비밀재산도 폭로했다. 이에 원 총리는 돌연 '선샤인법'(공직자 재산공개법)을 전면 추진할 것 같은 제스처를 취했는데 이는 재산을 공개하려면 다 같이 공개하자는 역공인 셈이다."

측근의 청뚜 주재 미국영사관 망명이 치명상

보시라이 사건 전말이 수면 위로 떠오른 계기는 보시라이의 심복 왕리쥔(王立軍) 전 충칭 시 공안국장이 미국 총영사관으로 도주해 망명을 신청한 사건 때문이다.

2012년 2월 초, 충칭에서 꽤 이름이 알려진 한 작가가 다롄에서 온 한 친구의 방문을 받는다. 아주 중대한 사건의 무마 협의를 위한 방문이었다. 작가와 친구는 모두 보시라이와 그 부인 구카이라이, 왕리쥔 등과 긴밀한 관계였다. 작가의 친구는 보시라이의 '개인 금고'로 알려진 다롄스더(大連實德) 그룹 쉬밍(徐明) 회장 등 3명과 함께 2월 2일 다롄에서 충칭으로 날아왔다고 했다. 이들 4명과 왕리쥔은 함께 보시라이 충칭 시 서기를 찾았다.

왕리쥔은 무릎을 꿇고 빌며 자신을 살려달라고 애원했다. 막다른 골목으로 몰지 말라고 간청한 것이다.

그러나 보시라이는 들은 체 만 체 왕리쥔의 간청을 물리쳤고 근신하라며 냉정하게 내쳤다.

다롄에서 달려온 이들은 절망감으로 허탈해했고, 보시라이에 대한 읍소 전략이 실패한 직후 수십 번이나 은신처를 바꾸면서 신변을 보호해야 했다. 보시라이의 냉혹하고 잔인한 스타일을 잘 알기에 이상한 낌새를 챈 것이다.

왕리쥔 등은 테러 등을 피하려고 휴대전화와 차량을 수시로 바꾸는 등 행적을 감추었다. 충칭의 작가는 다롄에서 온 친구의 말이 유언처럼 들렸다. 그 친구의 말인즉, 조만간 입을 틀어막으려는 누군가에 의해 변을 당할 수도 있다는 걸 본능적으로 감지했다는 것이다.

2월 5일 저녁, 쉬밍과 마뱌오(馬彪), 위쥔스(于俊世) 등은 가까스로 자가용 비행기를 구해 타고 홍콩을 거쳐 호주로 피신했고, 홀로 남은 왕리쥔은 감시받는 반연금 상태에서 고민에 빠졌다.

초조하게 하루를 보낸 왕리쥔은 6일 낮, 비밀리에 쓰촨 성 청뚜(成都)의 미국 총영사관으로 도주하여 미국으로의 정치적 망명을 요청했다. 총영사관 측은 즉각 게리 로크 베이징 주재 미국 대사관에 연락했고, 게리 로크 대사는 워싱턴의 힐러리 클린턴 국무장관과 버락 오바마 대통령에게 보고하였다.

미국 정부는 왕리쥔의 망명 요청을 중국정부에 통보하는 동시에 그의 신분과 들고 온 자료를 조사했다. 오바마 대통령은 힐러리 국무장관, 국가안보보좌관, 리언 파네타 등과 구수회의를 가졌고, 왕리쥔이 정치박해를 받는 반체제 인사나 인권활동가가 아니라는 점에서, 미국의 비호를 받을 대상에 포함되지 않는다고 판단했다.

그래도 왕리쥔은 미국 총영사에게 보시라이 서기가 자신을 쫓으며 살해 위협을 가하고 있으며 중국에서는 몸을 숨길 데가 없다고 선처를 호소했다. 청뚜 총영사관에서 머무른 시간은 만 하루였으나 소득은 없고, 사건만 만천하에 들춰내는 꼴이 되고 말았다.

그러나 왕리쥔은 미국총영사관에 왔다 나가면서 보시라이의 비리와 불륜 현장을 몰래 담은 다량의 사진과 동영상을 남겨놓았다.

이 때문에 중국공산당 지도부는 왕리쥔 사건을 더는 숨기지 못하고 공개 확인하지 않을 수 없게 된 계기가 되었다.

왕리쥔이 미국총영사관에 들어갈 수밖에 없었던 절박한 사정은 이

보시라이

랬다.

2011년 11월 15일, 보시라이는 왕에게 충칭의 난산리징두자(南山麗景渡假) 호텔에서 일어난 살인사건을 처리하라고 지시를 내린다.

피해자는 왕리쥔도 아는 보시라이의 오랜 재무 고문이자 보과과가 영국에 유학했을 때 보증인으로 섰던 영국인 닐 헤이우드였다.

왕리쥔은 먼저 호텔 곳곳에 설치한 CCTV가 찍은 영상을 확인하고서 놀라운 사실을 발견했다.

구카이라이가 헤이우드를 살해하는 데 직접 가담했을 뿐만 아니라 헤이우드가 구카이라이의 외도 상대 중 하나라는 점도 알게 되었다. 구카이라이는 보시라이의 두 번째 부인으로 알려져 있다.

그간 구카이라이는 헤이우드에게 중국인 부인과 헤어지라고 했지만 말을 듣지 않자 자신에 대해 진정성이 없다면서 앙심을 품었다.

여기에 더해 구카이라이는 보시라이 일가를 위해 이러저런 일을 처리한 헤이우드에게 건네기로 한 거액의 고문료가 아깝다는 생각이 들었다. 이는 보시라이도 마찬가지였다.

이런 낌새를 눈치챈 헤이우드는 바빠지기 시작했고 보시라이 부부가 지난 수년간 국외로 빼돌려 세탁한 돈과 연관한 증거자료를 서둘러 수집했다.

118

헤이우드는 24시간 감시당하고 있는 사실을 눈치채지 못했다. 그의 일거수일투족을 꿰뚫고 있던 보시라이 부부는 18차 당대회를 목전에 두고 최고지도부 입성의 꿈을 수포로 만들 '폭탄'을 그대로 둘 수는 없다는 판단이 섰으며, 하수인(왕리쥔)에게 헤이우드 처리를 맡겼던 것이다.

이런 판단과 함께 살인 현장을 둘러본 왕리쥔은 스스로 사태 파악을 한 뒤 소스라치게 놀라며 직감했다. 보시라이가 뒤처리를 맡는 청소부로 자신을 쓰고 있다는 사실을 말이다.

왕리쥔은 일부러 부검의를 불러 헤이우드 시신에서 살 한 조각을 잘라 보관하도록 했다. 결국 이 증거는 나중에 구카이라이의 자백을 끌어내는 결정적인 증거가 되었다.

구카이라이는 본인의 생일 음식으로 끓인 것이라며 국을 들고 호텔로 헤이우드를 찾아왔다. 헤이우드는 정분을 나눈 사람이었기에 의심

없이 호텔 방문을 열어주었을 것이다. 이미 구카이라이는 보시라이의 심복이자 경호원 장샤오쥔(張曉軍)을 불러 미리 준비시킨 독약을 국에 풀게 했다.

별다른 의심 없이 구카이라이가 가져온 국을 마신 헤이우드는 그 자리에서 절명하고 말았다.

사건의 전모를 파악한 왕리쥔은 자신이 처한 처지를 곰곰이 따져보았다. 수사당국이나 사정기관에서 조사에 나설 때 보시라이가 적극적으로 거들어주면 무사할 것이다. 그러나 보시라이 성향상 그럴 것 같지 않았다. 언제든 뒤통수를 칠 수도 있다는 판단에 이르자 더럭 겁이 났다.

즐겨 읽은 역사책에서 진시황이 생전에 만든 능의 비밀을 지키려고 공사를 총감독한 대목수까지 남김없이 죽였다는 대목이 떠올라 식은땀이 흘렀다.

진시황릉 대목수의 운명이 재현될 것이라고 예감했을까. 우리로 따지면 토사구팽이 딱 맞는 말이다.

이후 왕리쥔은 보시라이 부부를 도청하는 것은 물론, 두 사람의 모든 행적을 감시하고 특히 보시라이의 언행을 녹음해 은밀한 장소에 따로 보관했다.

헤이우드 사건의 처리 내용을 보고받은 보시라이는 왕리쥔을 예의 주시하기 시작했다. 비록 자신의 심복이었지만, 모든 비밀을 알고 있고 야심도 있는 친구였다.

보고 후 2~3일이 지나자 왕리쥔의 주변에 있는 이들이 하나둘씩 다른 곳으로 자리를 이동했고 그도 보시라이 부하의 감시에 놓이게 되었다.

왕리쥔을 더욱 불안하게 만든 것은 보시라이가 내부 간부회의에서 한 발언이었다. 보시라이는 "왕리쥔이 공안국장을 맡아 오랫동안 범죄와의 전쟁을 치르느라 스트레스가 이만저만 아니다. 더는 감당하지 못할 듯싶다. 힘이 덜 드는 자리로 가야 한다. 그는 우울증을 앓고 있다. 우울증 환자는 이러기 쉽다(머리에 손가락을 대고 자살하는 모습을 흉내 내며)."라는 말도 했다.

지금까지 보시라이 부부가 최소한 11명의 목숨을 앗아간 것을 곁에서 목도한 왕리쥔이었다.

왕리쥔의 구명을 위해 충칭에 왔던 세 사람은 2월 5일, 작가 친구에게 "곧 충칭에서 큰일이 생긴다."고 귀띔한 다음 쉬밍 회장의 자가용 비행기를 타고 홍콩으로 피신했다. 이 비행기는 보시라이 부부에게 수시로 쓰도록 쉬밍 회장이 제공한 것이었다.

그로부터 12시간여 뒤 2월 6일 낮, 왕리쥔은 청뚜의 미국 총영사관 문턱을 넘었다.

그날 왕리쥔은 반가택연금 중에 누군가의 핸드폰으로 청뚜 미국영사관에 망명 의사를 타진했다. 이에 미국영사관의 반응은 "받아는 준다."는 것이었다. 곧바로 왕리쥔은 자택 밖 감시가 느슨한 틈을 타 노파로 변장하여 집을 나섰다.

왕리쥔은 6일 오후 5시쯤 거주지에서 자기를 추적하는 보시라이 측 감시조의 경계가 소홀한 틈을 타 할머니로 변장한 채 일반 차량과 공안차량을 번갈아 타고 청뚜로 향했다. 그가 총영사관에 진입한 시간은 저녁 9시 무렵이었다. 집 부근에 잠복 중이던 지인의 도움을 받아 타인 명의로 등록된 차와 공안차량을 타고 무사히 충칭에서 청뚜까지 간 것이다.

왕리쥔은 미국 총영사관 관계자들을 만난 자리에서 보시라이가 교통사고를 일으키거나 실종되게 하는 방식으로 자신을 살해하려 한다는 다른 사람의 진술이 담긴 영상자료를 보여주기도 했다. 이에 총영사관 측은 긍정적인 반응을 보이면서 밤 11시쯤 베이징에 있는 로크 대사에게 전화를 걸어 상황 보고를 했다.

청뚜의 미국 총영사는 베이징의 대사관에 망명을 승인할 것인지 문의했고, 대사관은 다시 백악관에 문의했다. 백악관은 논쟁 끝에 "왕리쥔도 범죄 혐의자다. 망명을 거절한다."고 답했던 것이다. 물론 미·중 관계의 악화를 고려한 백악관의 전략에 따른 것이다. 특히 방미를 앞둔 시진핑은 조 바이든 미국 부통령 사이에 이루어졌던 전화 회담에서 왕리쥔 문제를 논의했을 것이다.

미국에서 활동하는 반체제 사이트 보쉰(博訊)이 전한 내용을 보면 왕리쥔을 둘러싼 당시 상황은 첩보영화 그대로였다. 보쉰에 따르면 이 기간 동안 미국 총영사관과 게리 로크 주중 미국 대사, 백악관 사이에는 상황 보고와 대응 지시가 긴박하게 이루어졌다.

보시라이 측은 발칵 뒤집혔다. 그는 2월 7일에야 그 사실을 보고받고 충격적인 행동을 취하게 된다. 백주 대낮에 충칭에서 70대의 공안 차량을 보내 미 영사관을 포위했다. 미국 영사는 경악해서 베이징에 "당신들이 제정신이냐?"며 연락했고, 그야말로 해외토픽급 망신을 당한 당중앙은 보시라이에게 자제하라고 경고를 보냈다.

결국 충칭에서 보낸 보시라이 측 경찰병력은 쓰촨 성 경찰병력과 대치하다 철수했으며, 베이징에서 출발한 국가안전부와 공안부장 등 책임자가 청뚜에 도착, 왕리쥔을 체포하여 베이징으로 압송해 사건은 일단락된 것이다.

그러나 왕리쥔은 미국 총영사관에서 하루를 묵을 당시 보시라이의 행태를 까발리는 증거 서류를 미국에 넘겨주었다. 미국의 베이징 주재 한 특파원은 그걸 요약해 인터넷에 공개한 것이다.

내용을 보면 여느 정치 파벌들이 하는 수준이다. 정치자금을 모으기 위해 충칭에서 10여 년간 가짜 흑파(조직폭력) 사건을 조작한다, 성공한 기업가들이 조직폭력배나 결탁한 자로 몰려서 고문을 당하고 재산을 헌납한다, 와중에 암살된 사람도 많이 있다 등등이다.

이 사건은 서방 언론에 대서특필되면서 중국공산당 지도부를 곤경에 빠뜨렸다. 미국과 함께 세계를 호령하는 중국의 국가 위신은 물론, 그 당시 미국 방문을 앞둔 시진핑까지 궁색한 상황에 몰린 것이다. 더욱이 잠재적 적대 국가인 미국에 고위 당 간부가 망명을 요청했다면 보통 일이 아니었다.

중국 지도부가 대노한 것도 무리가 아니다. 가뜩이나 급성장한 중국을 고깝게 보고 있던 미국을 위시한 서방측은 얼씨구나 호재를 만났다며 희희 낙락했음은 물론이다.

이른바 혁명 원로 자제들 그룹인 태자당의 핵심 인물 보시라이는 결국 3월 중순 전국인민대표대회(전인대) 직후 해임될 것이다. 사건이 불거지기 전까지만 해도 보시라이는 스타 정치인으로 꼽혀왔다. 마오쩌둥의 이념을 받드는 극좌파 성향이었지만, 외자 유치 등을 통해 한해 15%가 넘는 경제성장을 이끌어낸 업적도 쌓았던 그였다. 창훙타흑으로 불리는 조직폭력배 소탕 작전으로 인기몰이에도 성공했다.

이대로 갔으면 보시라이는 차기 공산당 핵심 지도부를 선출하는 작년

11월 18차 공산당 전국대표대회에서 정치국 상무위원 7명 중 하나로 선출될 것이 유력했었다. 시진핑 등 차기 지도 그룹도 보시라이를 어쩔 수 없었던 힘센 사람이었다.

서방 언론들은 보시라이의 해임에 대해 "중국의 이너서클이 점진적인 변화를 강조하는 집단지도체제를 고수하기 위해, 마오쩌둥식의 정치인을 배제하기로 합의한 것을 보여준다."고 풀이했다.

보시라이를 내치기로 합의한 공산당 지도부는 마오쩌둥식 선전선동의 정치 스타일, 예컨대 문화혁명 같은 극좌 이념이나 행동은 곤란하다는 인식을 공유한 것으로 풀이된다.

보시라이는 독단적인 스타일이어서 그가 상무위원회에 진입했다면 지도부 간 극한 경쟁이 벌어지고, 지도부 내 혼선을 초래할 것이라는 점을 우려했다는 점이다.

보시라이의 개인 사생활이야 어찌되었든 이념이야 어찌되었든 뇌물로 모은 돈을 빼돌렸든지 여부는 차치하고, 그는 중국 인민들에게 인기가 있었다. 그의 선전 선동술이 중국 인민들에게 먹혀들었기 때문인가.

보시라이 사건의 후유증

문제는 보시라이 낙마로 끝나지 않을 성 싶다. 무늬만 사회주의이고, 모든 시스템이 천민 자본주의화된 공산당의 부패행태에 어떤 변화가 절실한 시점이다. 덩샤오핑의 개혁개방 노선 이후 중국의 경제가 급속히 성장한데 반해 극심한 빈부 격차로 사회 분열은 한계 상황에 왔다는 점이다.

원자바오는 이 점을 어느 정도 인정하는 스타일이다. 원자바오가 전인대 폐막 후 기자회견에서 한 발언은 현 후진타오를 위시한 중국 지도부의 고민을 대변해주고 있다.

"문화대혁명의 오류와 봉건사상의 영향은 아직도 완전히 사라지지 않았다. 정치개혁이 성공하지 못한다면 문화대혁명 같은 역사의 비극이 다시 일어날 수도 있다."

문화대혁명은 1970년대 전후 10여 년간 진행된 극좌파적 사회변혁 행태였다. 마오쩌둥의 노선을 추종하는 홍위병들이 당 간부를 포함해 수백만 명이 이 기간에 숙청되었다. 마오쩌둥은 반대파를 숙청하고 권력을 공고히 하려는 수단으로 문혁을 이용했다.

원자바오의 발언은 현 지도부에 가하는 일종의 경고라는 풀이가 가능하다. 덩샤오핑 이후 중국은 개혁개방을 실시했지만, 빈부 격차가 심해지면서 사회적인 분열이 극심해지고 있다. 이를 잘 수습하지 못하면, 결국 문화대혁명 같은 사태가 다시 일어날 수 있다는 것이다.

원자바오의 정치 개혁 언급은 이후 반향을 얻지 못한 채 사라져 버린 모양새이지만, 언제든 재론될 것은 분명하다.

원자바오 지론처럼 사법권이 독립되면 공산당 일당 시스템 내지 기득권은 크게 훼손될 것이다. 그러나 사법부의 독립이 없으면 충칭에서 보시라이가 조폭 때려잡는다는 명분하에 무고한 자산가들을 수만 명이나 수감하고, 다수는 사형시키며 그 재산을 마구 압류하는 식의 무도한 행위가 전국적으로 발생할 수 있다. 아마도 빈곤층을 선동하여 조폭과 부자에게 돈을 빼앗아 빈자에게 나누어준다는 식의 프로파간다를 통해 반대파를 마구 척살하는 사태가 생길 수 있다.

"폭동이 일어날 수준의 빈부 격차는 내가 바로 잡겠다."

보시라이가 기자회견을 통해 충칭 시민들에게 한 말이다. 보시라이는 "지니계수로 따져 볼 때 사회과학자들이 폭동이 일어날 수준이라고 말하는 수치"라면서 "이를 바로 잡겠다."고 선언한 것이다. 마오쩌둥이 말했듯이 "사회주의 국가를 건설하는 목표는 모든 사람에게 일자리와 먹을 것을 보장하고, 모두가 부를 함께 나누는 사회를 만들자는 것이다. 소수만이 부자라면, 자본주의로 가게 될 것이다. 우리는 실패했다. 새로운 자본주의 계급이 형성된다면, 우리는 정말 잘못된 길을 걸어온 것이 된다."고 말한 것이다.

이에 대해 미국의 '블룸버그' 통신은 "보시라이의 이런 발언은 마오쩌둥을 다시 불러낸 것과 같다."고 풀이했다.

보시라이는 거침없이 빈부 격차 해소 해법을 제시했다. 도시와 농촌 간의 부의 격차를 줄이기 위해 정부 주도의 대농촌 투자를 강조하는 이른바 '충칭 모델'을 통해 실제적인 성과를 거두었고 전국적인 주목을 받기에 이르렀다.

지난 30여 년의 경제성장 과정에서 도농 간의 격차가 갈수록 심해지는 부작용을 막지 못한 중국 지도부는 '충칭 모델'의 성과에 당황했다.

보시라이 사건은 한편으로 권력 쟁투의 한 과정이다.

보시라이는 2007년 상무부장(장관)을 지낸 뒤 충칭 당서기로 이동할 때 랴오닝 성 진저우 시 공안국장이던 왕리쥔을 충칭 시 공안국장으로 승격하여 데려왔다. 왕리쥔은 3대 특별시 간부로 왔으니 몇 단계 승진이나 다름없는 출세였고, 보시라이 명령을 충실히 따랐음은 물론이다. 이른바 범죄와 전쟁을 선포하고 폭력조직을 비호하던 공무원들까지 대

126

거 잡아들였다. 이때 체포돼 사형을 당한 충칭 시 사법국장 원창(文强)은 보시라이의 정치적 맞수로 알려진 왕양 광둥 성 서기의 최측근이었다.

보 서기가 왕리쥔을 통해 소탕한 인사들은 충칭 시 서기를 지낸 허궈창(賀國强) 정치국 상무위원(당 서열 8위)과 광둥 성 서기 왕양(汪洋)이 충치시 서기 재임 기간 중 발탁한 간부가 대부분이었다. 이들은 허궈창이나 왕양을 찾아가 울며 심지어 혈서를 쓰기도 했던 것으로 알려졌다. 왕양의 측근인 원창은 조폭 비호 혐의로 사형을 당했다.

왕양은 후진타오 주석과 함께 공청단의 실력자다. 흔히 '보-왕지쟁(薄-汪之爭)'으로 불리는 보시라이-왕양 다툼은 이제 피를 볼 수밖에 없었다. 또 허궈창은 상하이방이지만 상무위원 진입과 함께 후 주석과 좋은 관계를 유지하고 있다. 허궈창은 당시 보시라이 사건을 조사하는 중앙기율검사위원회 서기를 맡고 있었다.

당시 왕리쥔의 범죄와 전쟁은 시진핑-보시라이로 연결되는 태자당이, 후진타오-왕양으로 이어지는 공산주의청년단(공청단) 출신에 일격을 가한 것으로 해석되었다. 그런데 이후에는 정반대의 사태가 전개될 것이다. 왕리쥔이 베이징 공안당국의 조사를 받는 동안 왕리쥔의 뒤를 이어 후임으로 관하이샹이 왔다. 그는 공청단 중앙조직에서 오랫동안 근무를 한 이력이 있다. 후진타오가 힘을 쓸 차례라는 얘기다. 결국 태자당을 밀어낸 자리에 이번엔 공청단파가 들어앉은 것이다.

위에서 언급했듯이 보시라이 사건은 일종의 정치 사건이다. 중국의 정치 파동은 권력 교체기를 전후해 벌어지고는 했다.

1989년 톈안문 사태 당시 덩샤오핑의 오른팔인 총서기 자오쯔양이 시위에 동정적인 태도를 보이자 덩샤오핑과 1세대급들은 소위 민주파를 숙청해버렸다. 자오쯔양 등 민주파는 시위 사태로 학생과 민중 다수가 사망한 책임을 떠넘긴 정치적인 희생양이었다. 덩샤오핑은 과감한 반대 숙청으로 실권을 잡으면서 공산당 일당 체제의 권력 기반을 확실히 다졌다. 민주파의 빈자리에 중앙정치에 무명이었던 상해 시 서기를 불러들인 것으로 잘 알려진 장쩌민이고 이제 3세대의 시작이었다.

1997년, 덩샤오핑이 죽을 때까지 장쩌민은 당 총서기에 있었지만 덩의 그늘에 묶여 있었다. 장쩌민은 덩의 지시에 따라 당을 움직이면서도 상해 출신들로 자신의 계파를 구축했다. 이 그룹이 상하이방이다. 1926년생인 장쩌민은 건강했고 2000년대 초반, 아직 충분히 더 할 수도 있었지만 순순히 물러났다. 그 이유가 약점이 많고 기반이 약하다는 평이다.

장쩌민은 우선 대장정 항일 전쟁 국공내전을 겪은 혁명 원로들에 비해 이념적으로 명함을 내밀 수가 없었다. 그리고 상하이방 세력을 크게 확산하는 데 성공했지만, 상해 위주의 발전과 맞물려 다른 정치집단의 강력한 견제를 받고 있었다. 또 장쩌민은 애초 덩샤오핑의 최측근도 아니었다. 장쩌민이 3세대 지도자가 된 것은 사실상 덩샤오핑의 전략적 선택에 따른 것이었다. 아울러 장은 중국 인민들에게 인기가 별로 없었다는 평이다. 다시 말해 덩샤오핑계파나 태자당(1세대의 자식뻘)이 장쩌민의 장기 집권을 용납하지 않았기 때문에 장쩌민은 순순히 권력을 내준 것이다.

4세대의 선두는 2003년 권력을 잡은 후진타오였다. 그는 천재 엘리트 관료라는 이미지에 상하이 출신이지만 상하이방도 아니고, 태자당도 아니었다. 단지 국제사회에 완전히 자본주의 국가로 데뷔한 중국의 얼굴마담으로 가장 어울리는 인상이었다. 일종의 얼굴 마담 격으로 발탁시킨 인물인데, 역시 덩샤오핑이 낙점한 인물이다. 후진타오가 10년 정도를 책임진 롱 릴리프 투수라면 1, 2세대 혁명원로들이 10년 후에 원한 것은 '권력 승계'였다. 그 과정에서 정치적 숙청 내지 음해 고발 등이 잇따르면서 중국 정치를 이끌게 된다.

1971년 8월, 소련 이르쿠츠크 방면 중국 국경에 한 비행기가 추락한 사태 역시 정치 테러라는 분석이 지배적이다. 비행기에는 중국의 최고 권력자 중 한 명이었던 린뱌오(林彪) 일가가 타고 있었다. 중국의 비밀스러운 내부 권력다툼에서 진 패자의 마지막 모습이었다.

중국 역사의 대가로 알려진 조너선 D 스펜스(76) 예일 대 명예교수의 언급은 중국 정치의 생리를 잘 나타내준다. 2012년 4월 30일자 중앙 SUNDAY와의 인터뷰에서다.

"(보시라이 사건은) 3대에 걸친 가족 이야기라 말할 수 있다. 혁명가였던 할아버지 보이보(薄一波)부터 300만 달러가 넘는 람보르기니를 탔던 흥청망청의 손자 보과과(薄瓜瓜)에 이르기까지 보(薄)씨 가문의 모습이다. 중국 정치의 구조적 문제가 한 가족을 통해 드러났다. 중국 역사에서도 이런 선례들이 있다. 힘 있는 정치인이 몰락하면 가족도 함께 쇠락하고 마는 것이다. 어떤 정치적 투쟁이나 스캔들이 대중에게 알려진다는 건 리더십에 심각한 문제가 있다는 방증이다. 미국 정치학자 수전 셔크(Susan Shirk)는 '중국에서 출세하지 않으려면 어려운 질문을 많이 던지면 된다.'고 말했다. 보시라이 사건은 1971년 비행기 추락으로 사망했던 린뱌오(林彪) 사건 이후 가장 흥미로운 사건이다."

'보' 사건은 린뱌오 탈출 사건 이후 최대 정치 파동

보시라이 사건은 린뱌오 사건을 연상시킨다.

1971년 9월 14일 오전 8시 30분, 울란바토르 주재 중국대사관은 발칵 뒤집혔다. 중국 비행기 한 대가 몽골에 추락했는데, 타고 있던 인사가 고위 인사라는 사실을 통보받은 것이다. 중국 당국은 곧바로 린뱌오가 탄 비행기로 추정했다.

린뱌오가 잠적했다는 사실이 정치국 상무위원회에 알려지면서 사태를 수습하느라 이틀 동안 꼬박 한숨도 자지 못한 저우언라이는 보고를 받고 마오쩌둥에게 보고하도록 조치했다. 당시 마오쩌둥의 경호를 총책임진 경호부장 왕둥싱은 당시 상황을 이렇게 회상했다.

"마오 주석은 인민대회당 베이징청(北京廳)에 있었다. 나는 베이징청으로 뛰어가 이 소식을 마오 주석에게 보고했다. 마오 주석은 조금 생각하더니 '이 소식은 믿을 만한 것인가? 어째서 (비행기가) 초원에 추락했는가? 기름이 떨어졌나? 아니면 비행장으로 착각했나?' 하고 물었다. 나는 마오 주석에게 '비행기가 어떤 상황인지는 현재로서는 정확히 모릅니다. (몽골 주재) 대사가 현지조사를 준비하고 있습니다. 지금 비행기가 어떤 원인으로 추락했는지는 모릅니다.'라고 대답했다. 마오 주석은 또 '비행기에서 살아 있는 사람은 없느냐?'고 물었다. 나는 '이런 상황은 모두 뚜렷하지 않습니다. 소식을 기다리고 있습니다.'라고 말했다."

현장조사를 벌인 중국대사관과 몽골정부는 사고원인에 대해 같은 의견을 보였다. 이들 양국은 린뱌오 등이 탄 트라이던트 256호가 9월 13일

오전 2시께 몽골 운두르칸 지역 서북쪽으로 70킬로미터 떨어진 초원에 추락한 것으로 확인했다. 비행기에 타고 있던 린뱌오, 린뱌오 부인 예췬, 아들 린리궈와 조종사 등 9명(남자 8명, 여자 1명) 모두 사망했다.

린뱌오

사고원인은 착륙 당시 랜딩기어 등을 가동하지 않은 채 불시착을 시도하다 화재로 비행기가 폭발해 발생한 것으로 조사결과 밝혀졌다. 한 시대를 풍미했던 혁명 영웅 린뱌오는 반도(叛徒) 등의 오명을 쓰고 가족과 함께 비행기 추락으로 처참하게 죽었다.

며칠 뒤 린뱌오의 심복 인민해방군 총참모장 황융성 등 4명의 군 수뇌부 처리가 도마에 올랐다. 마오쩌둥은 사실을 실토하면 관대한 처리를 하라고 지시했다. 그러나 황융성 등은 정확한 진술을 거부하고 증거자료 등을 불태우다 적발되었다.

저우언라이는 이들 4명의 당적을 영원히 박탈하기로 했다.

린뱌오가 소련으로 달아나다 추락사 한 이른바 '9·13 사건'은 마오쩌둥과 저우언라이 등에게 큰 충격파를 몰고 왔다. 마오쩌둥이 일으킨 문화대혁명 과정에서 린뱌오는 마오쩌둥의 충실한 협력자였다. 추락 시점은 9월 14일이지만 린뱌오가 쿠데타를 기도한 시점 9월 13일이기에 '9·13 사건'이라 불린다

후계자로 지목받던 린뱌오가 어느 날 갑자기 국외로 도망가다 죽었으니 마오쩌둥의 위신과 권위는 땅에 떨어질 수밖에 없었다. 게다가 5년 동안 지속되고 있는 문혁도 이론적으로나 실천적으로 파산을 맞게 되는

예젠잉

중요한 전환점이 되었다.

저우언라이는 군부를 장악했던 린뱌오가 사라지면서 혼란을 방지하고 군권을 확립하기 위해 예젠잉(葉劍英)을 린뱌오 후임으로 추천했다. 덩샤오핑과 예젠잉은 문혁에 비판적이었지만 마오쩌둥은 정무에서 덩샤오핑, 군무에서 예젠잉의 능력을 높이 평가해 아껴왔다. 마오쩌둥은 승낙했다. 이때 예젠잉은 74살이었고, 외유내강형으로 대인관계가 원만해 국공합작 시절에는 저우언라이를 도와 미국과 국교정상화 협상에 참여하기도 했다.

1960년 당시 북베트남 국가원수인 호치민(胡志明)이 베이징에서 마오쩌둥과 회담을 한 적이 있었다. 호치민이 마오쩌둥에게 예라오(葉老)가 베트남에 놀러 오도록 안배해 줄 것을 요청했다. 마오쩌둥은 '예라오'가 누구인지 몰라 기이하게 여겨 호치민에게 "예라오가 누구인가?" 하고 물었다. 호치민은 "예젠잉 원수"라고 말했다.

마오쩌둥은 "아이고, 당신은 지금 베트남의 주석이다. 그를 '예라오'라고 불러서는 안 된다."고 했다. 호치민은 "아닙니다. 예라오는 나의 옛날 영도입니다. 언제라도 나는 그를 존경해 '예라오'라고 부를 겁니다." 하고 말했다. 호치민의 인품도 그러하지만 예젠잉의 인간 됨됨이를 말해주는 일화다. 이들은 1930년대 깊은 친분을 나눈 바 있었다.

덩샤오핑은 예젠잉을 생전에 '따거(大哥, 대가: 큰형)'로 극진하게 대했다고 한다.

마오쩌둥은 린뱌오 사망 직후인 1971년 10월 4일, 새로 만든 군사위원회 판공회의 구성원을 회견하는 자리에서 "린뱌오와 천보다의 음모활동은 오래되었다. 그들의 목적은 권력탈취다. 문혁에서 몇 명의 원로 원수들을 못살게 한 것은 린뱌오다."라고 비판했다.

깊은 충격을 받은 78살의 마오쩌둥은 눈에 띄게 노쇠현상을 보였다. 마오쩌둥은 감기에 걸렸다가 기관지염으로 전이되고 급기야는 폐렴을 앓게 되면서 건강이 급속히 나빠졌다. '9·13 사건'은 마오쩌둥에게 깊고도 넓고 크게 영향을 미쳤다.

마오쩌둥의 신중한 성격이 드러나는 대목이 있다. 린뱌오 일행이 탄 트라이던트 제트기를 격추해야 할지 여부를 묻는 공군 부대의 보고가 있었다. 당시 공군 부참모장 우파셴은 비행기의 진로를 강제로 가로막을지 여부에 대해 지시를 청했다. 경호부장 왕둥싱은 "내가 즉시 마오주석에게 지시를 받겠다. 당신은 자리를 뜨지 마라."고 말한 뒤 마오쩌둥에게 달려갔다. 왕둥싱은 이런 내용을 마오쩌둥과 저우언라이에게 보고하면서 강제로 비행항로를 막거나 격추시킬지 여부에 대해 물었다.

마오쩌둥은 한참을 생각하다 말문을 열고 "린뱌오는 우리 당중앙의 부주석이다. 비가 오려는 것과 (과부가 된) 어머니가 시집가는 것은 막을 수 없다. 모두 어쩔 수 없는 일이다. 가도록 놔두게!"라고 말했다.

저우언라이도 마오쩌둥의 의견에 동의했다. 왕둥싱은 우파셴에게 린뱌오가 탄 비행기의 진로를 막지 말라는 마오쩌둥의 뜻을 전달했다. 이 비행기는 13일 오전 1시 55분 몽골국경을 넘으면서 레이더망에서 모습이 사라졌다.

저우언라이는 비밀전화로 직접 전국의 대군구(大軍區)에 전화를 걸어 완곡하게 린뱌오가 도주한 사실을 알렸다. 그는 "루산 회의에서 제일

먼저 연설한 그 사람이 부인과 아들을 데리고 나라를 배반하고 도망갔
다. 비행기를 타고 몽골 인민공화국 방향으로 달아났다. 각 부대는 즉
시 1급 전쟁준비 태세에 들어가 모든 발생가능한 일에 대처한다.”고 선
포했다.

중국 당국은 사라진 린뱌오에 대해 계속 침묵을 지키다 거의 1년이
흐른 뒤에야 린뱌오가 음모를 기획한 쿠데타 뒤 소련으로 망명하려다
추락사한 것으로 발표했다. 린뱌오는 마오에 대항해 이른바 ‘광둥 정
부’를 구상했으며, 심복 군부대장을 통해 베이징으로 군사 이동을 하
려했다는 일부 조사 결과가 나오기도 했다. 당시 마오가 상하이 등 시
찰 도중 일정을 당겨 급거 베이징으로 귀경한 배경에는 린뱌오의 쿠데
타 기도가 사전 누설됐기 때문이다. 란뱌오의 쿠데타 누설은 아이러니
하다. 소문에 불과하지만, 린뱌오의 첫째 부인 딸이 이 소식을 듣고 무
심코 군부대장에게 말했던게 쿠데타 실패의 단초를 제공했다는 설이
많다.

2012년 보시라이 사건은 중국 권력투쟁과 관련된 망명 시도 등이 린
뱌오 사건과 닮은꼴이다. 하지만 이번에는 보시라이의 심복이었던 왕
리쥔이 지난 2월 6일, 미국영사관에 진입한 직후부터 대부분의 과정이
중국 인터넷과 해외 화교 언론을 통해 거의 실시간으로 ‘생중계’되고
있었다. 5억 명이 넘는 중국 누리꾼(네티즌)들의 힘과 중국 사회의 변화
를 느끼게 하는 풍경이다.

중국 최고 지도부는 40여 년 전과 마찬가지로 보시라이 처리를 둘러
싼 논의 과정과 갈등을 철저히 비밀에 부치려 하고 있다. 하지만 중국
누리꾼들은 웨이보(중국판 트위터)를 통해 해외 화교 언론이나 홍콩 언론

의 보도를 신속하게 확산시키며, 활발한 논쟁을 벌이고 있다.

중국 당국은 검열을 강화하고 소문 유포자를 처벌하는 등 단속의 고삐를 죄고 있지만 웨이보의 파급력을 막기에는 역부족이다. 중국 인터넷은 창과 방패의 치열한 전장으로 변하고 있다. 중국공산당 내 파벌들도 상대편에 대한 정보와 역정보를 흘리며 '선전전'을 벌이는 것으로 보인다.

중국 당국은 연일 관영언론을 통해 단결과 충성을 강조하고 있다. 하지만 보시라이 일가의 천문학적 부정부패와 고위층의 호화생활, 살인도 서슴지 않는 절대 권력의 부작용이 폭로되고 있다. 이는 공산당 체제의 정당성 자체에 큰 위협으로 남을 수 있다.

보시라이 사건은 장쩌민과 장쩌민이 밀어올린 차기 국가주석 시진핑에게는 마이너스 요인이다.

보시라이의 부친 보이보는 장쩌민의 은인이다. 보이보는 둘째 아들 보시라이를 당 총서기로 옹립하기 위한 계획을 수립하고 장쩌민과 손을 잡았다.

1989년, 톈안문 사태 직후 상하이 시 서기에서 당 총서기로 '깜짝' 차출된 장쩌민은 중앙에서 그를 끌어줄 원로들의 힘이 절실했다.

덩샤오핑은 보수파인 천윈(陳雲)과 리셴녠(李先念)이 발탁한 장쩌민을 마뜩찮게 여겼다. 1992년, 88세의 노구를 이끌고 남순강화(南巡講話)를 하며 장쩌민을 내치려던 덩샤오핑을 뜯어말린 것도 보이보다.

덩샤오핑은 차오스(喬石)를 당 총서기로 올리고, 6·4 톈안문 사태 때 낙마한 자오쯔양을 복권시킨다는 카드를 만지작거렸다. 하지만 보이보는 "차오스와 자오쯔양의 복귀는 자기부정"이라는 논리를 앞세워 결국 장쩌민을 유임시키는데 성공한다.

보이보는 2007년 1월, 99세로 숨지기 전까지도 장쩌민의 든든한 우군이 되었다. 그 반대급부로 장쩌민은 재임 중 보시라이를 다롄 시장, 랴오닝 성 성장, 상무부장 등 요직에 중용했다. 장쩌민의 차기 혹은 차차기를 보시라이에게 넘긴다는 보이보의 원대한 계획은 착착 성과를 보는 듯했다.

그러나 보시라이는 2007년 11월, 상무부장(장관)에서 돌연 충칭 시 당서기로 좌천되었다. 후진타오의 견제에 걸렸다는 분석이 많다.

보시라이가 마오쩌둥 띄우기에 나선 것도 선친의 유언에 따라서다. 보이보는 임종 전 아들에게 "향후에는 마오쩌둥이 더 높은 역사적 평가를 받을 것"이라는 말을 남겼다.

보시라이가 충칭에 7층 높이의 마오쩌둥 동상을 세우고, 문화대혁명을 방불케 하는 '창홍타흑(唱紅打黑)' 운동을 전개한 것은 이런 배경하에 이루어진 것이다.

보시라이는 시진핑과 함께 태자당 세력의 대표 주자다. 차기 '5세대 지도부'를 이룰 정치국 상무위원 7명 중 부주석과 리커창 및 왕치산 부총리는 일찌감치 상무위원 발탁이 확정되었다.

나머지 상무위원 자리 4개를 둘러싸고, 후진타오 주석의 기반인 공청단파와, 쩡칭훙을 매개로 한 태자당파, 장쩌민 전 주석이 거두인 상하이방 등 3대 파벌 사이에 자기 세력의 인물을 한 명이라도 더 진입시키기 위해 뜨거운 물밑 경쟁을 벌였다.

태자당 세력과 상하이방은 밀접한 관계에 있다. 상하이방과 태자당은 인물이 겹치거나 연합해 있어 크게 보아 하나의 그룹으로 친다.

보시라이 사건은 6년 전 '상하이방의 황태자' 천량위 상하이 시 당서기가 대규모 부정부패로 낙마한 사건을 연상시킨다. 당시에도 천량위의 최측근이 부패 사건으로 적발된 것이 발단이었다. 천량위 사건은 공청단 세력이 상하이방 세력에 타격을 가한 권력투쟁으로 해석된 것처럼, 보시라이 사건은 공청단이 태자당에게 타격을 주기 위해 벌인 공세라는 해석이다.

보시라이 사건 조사가 한창 진행되던 2012년 당시 태자당의 정계 거두는 시진핑 부주석이며, 차기 주석으로 이미 결정돼 있었다. 보시라이의 실각은 즉각 태자당의 손실로 이어졌고, 시진핑에게도 부담이 갈 수밖에 없는 상황. 그래서 3대 파벌 간의 권력 다툼이라는 풀이다.

5장

떠오르는 권력 태자당과 수성 권력 공청단의 대결

시진핑의 킹메이커 쩡칭훙

태자당의 거두는 쩡칭훙(曾慶紅 · 73) 전 국가부주석으로 공산 혁명 원로의 자제와 친인척 집단을 지칭하는 태자당의 맏형으로 알려져 있다. 2007년 10월에 열린 17차 당대회에서 그는 국가부주석을 끝으로 정계에서 용퇴했다.

쩡칭훙은 2007년 당시 후진타오, 원자바오와 함께 제4세대 지도부 3인으로 꼽혔다. 용퇴한 이유는 이후 서서히 밝혀진다. 용퇴의 조건으로 시진핑 등을 천거해 태자당이 권력을 잇도록 차기 권력 구도를 짠 것이다. 쩡칭훙은 현실 정치에서 존경받는 원로로 영향력을 발휘하는 위치에 있다. 보시라이 사건이 이 정도 선에서 적당한 명분을 찾아 마무리한 것은 쩡칭훙이라는 소문이 파다하다.

왕리쥔(王立軍) 충칭 시 공안국장의 미국 영사관 망명 기도(2월 6일)와 그에 따른 보시라이의 충칭 시 당서기 해임(3월 15일)으로 정국 혼란과 계파 갈등이 노출되면서 그가 막후에서 판을 짰다는 풀이다.

태자당 거두가 같은 태자당 출신인 보시라이를 정치적으로 해결하는 데 일정한 영향력을 행사함으로써 태자당의 위신 추락을 어느 정도 막았다고 볼 수 있다. 보쉰왕(博訊網)과 대만 연합보 등에 따르면 쩡이 막후에서 움직인 것은 얼마 되지 않았다.

1970년대 내정부장(장관)을 역임한 부친 쩡산(曾山) 타계 40주년 추모 행사가 지난 2012년 4월 초 베이징에서 열렸다. 당시 상하이에서 머물러 온 장쩌민(86) 전 국가주석을 쩡칭훙이 베이징으로 초대한 것이다. 거동이 불편한 장은 그의 제안을 뿌리치지 않았다. 장쩌민은 오랜 측근에다 집안끼리 인연이 있는 쩡칭훙의 초대에 거부할 수 없었다. 이때 쩡칭훙은 베이징에서 장쩌민에게 보시라이 사건 전말을 보고하면서 밑 그림을 그렸다.

쩡칭훙과 교감한 장쩌민은 베이징에서 정계 유력자들에게 보시라이 사건의 적절한 해결을 당부했다. 요점은 이렇다.

보시라이는 당 기율 위반과 부인 구카이라이(谷開來)의 영국인 사업가 살인 혐의로 처벌이 불가피하고, 보시라이 비호 의혹을 받아온 저우융캉(周永康 · 70) 정법위 서기는 경위조사는 하되 처벌하지 않고, 18차 당대회는 예정대로 치르되 시진핑으로의 권력 이양은 흔들림이 없다는 것 등이다.

장쩌민과 쩡칭훙의 관계는 불가근불가원(不可近不可遠)처럼 보인다.

장쩌민이 덩샤오핑의 지명에 따라 총서기로 발탁돼 상하이에서 베이징으로 올라갈 당시 유일하게 데려온 측근은 쩡칭훙이었다. 그는 혁명 1세대 원로인 전 내무부장 쩡산(曾山)과 홍군보육원 창설자인 덩류진(鄧六金)의 아들로 태자당의 리더 역할을 했다.

쩡칭훙은 중국 국무원 석유부 또는 석유학원 출신의 권부 인맥인 석유방(石油幇) 출신이다. 석유방의 재벌 위추리의 비서와 석유부 부국장을 지낸 뒤 상하이로 내려가 시위원회 부서기까지 올라 시위원회 서기인 장쩌민을 보좌했다.

1989년 6 · 4 톈안먼 사건 이후 그는 장쩌민을 따라 베이징으로 가서 장쩌민을 위해 정적을 제거하는 데 앞장섰다. 당시 가장 큰 견제세력인 양상쿤, 양바이빙 형제를 위시한 군에서 세력이 강한 양씨 가문의 세력을 와해시켰다. 천시퉁 등 베이징방을 분쇄하는 데에도 공을 세웠다.

중국공산당 16차 전국대표대회 이후 그는 정치국 상무위원, 중앙서기처 서기, 국가부주석을 맡았다. 쩡칭홍은 공청단을 권력배경으로 둔 후 주석과는 여러 가지 측면에서 다른 면모를 보였다. 그는 2002년부터 후진타오파에 가세하는 행보를 보인다.

2002년 가을 16차 당대회 이후 장쩌민은 당 총서기를 후진타오에게 넘겼지만 권력의 핵심인 중앙군사위주석직은 넘기지 않았다. 이때부터 쩡칭홍은 장쩌민과 거리를 두고 후진타오에게 접근했다. 그리고 2004년 9월 중앙위원회 제16기 4중전회에서 군사위원회 최고 인사와 관련하여 장쩌민을 배신했다.

후진타오 진영은 장쩌민의 아들 장몐헝이 거액의 뇌물을 받았다는 이유로 체포를 통보하면서 군사위원회 주석직을 사임할 것을 종용했다. 장쩌민은 쩡칭홍에게 부탁해 해결을 모색했지만 쩡찡홍은 이를 무시하고 오히려 군사위 주석직을 사임할 것을 권고했다.

2004년, 후진타오가 상하이방과 일전을 벌일 때도 쩡은 후진타오 편을 들었다. 후진타오가 장쩌민의 중앙군사위 주석직 박탈과 장이 차기 후계자로 밀었던 천량위를 꺾어버리는 데 쩡칭홍이 결정적인 도움을 준 것이다.

17차 당대회를 앞두고 장쩌민은 맹렬한 반격에 나섰다. 쩡칭홍의 나이 68세를 거론하며 은퇴할 것을 강력히 요구한 것이다. 그러나 후진타오는 쩡칭홍을 당대회 비서장으로 임명하면서 맞섰다. 그런데 쩡칭홍은 과감히 은퇴를 결정하는 대신 후진타오에게는 시진핑의 차기 총서기를 포함한 상무위원회 진입을 카드로 던졌다. 그리고 장쩌민에게는 이미 은퇴가 결정된 상하이방의 자칭린, 리창춘 두 명의 상무위원회 유임이라는 타협안을 제시했다. 후진타오와 장쩌민, 그리고 쩡칭홍 3인은 마침내 시진핑이 상무위원으로 승진하는 문제에 대해 동의하게 된 것이다.

시진핑의 아버지 시중쉰이 국무원 부총리를 지낼 때 쩡칭훙의 아버지 쩡산은 내무부장으로 두 집안이 매우 가까웠다. 두 사람이 친하게 된 것은 1979년 중난하이에서 함께 비서 생활을 하면서부터이다.

쩡칭훙은 부총리 겸 국가계획위원회 주임인 위추리의 비서였고, 시진핑은 당 중앙군사위원회 비서장인 겅뱌오의 비서였다.

중난하이에서 2년 정도 근무한 뒤 두 사람이 함께 일한 적은 없다. 하지만 시진핑은 푸젠 성 성장 시절 푸젠 성에 있던 쩡칭훙의 어머니 덩류진의 친족을 잘 돌봐 주었고, 베이징을 방문할 때면 쩡칭훙을 방문했다.

시진핑은 쩡칭훙이 맡았던 자리를 그대로 물려받았다. 정치국 상무위원, 국가부주석, 중앙서기처 서기, 공산당 중앙당교 교장, 홍콩-마카오 업무조정 소조 조장을 겸임하게 되었다.

시진핑 측근 태자당 핵심 인사들 전면에 나서

중국공산당은 지난 9월 1일 리잔수(栗戰書 · 62) 당 중앙 판공청 부주임을 주임으로 승진 임명했다. 판공청은 한국의 대통령 비서실장 격이다.

허베이(河北) 성 핑산(平山) 출신인 리 주임은 특별한 가정 배경이 없지만 태자당의 숨은 핵심으로 통한다. 숙부인 리정퉁(栗政通 · 1949년 사망) 덕분이다. 리정퉁은 항일전쟁 당시 왕전(王震)이 지휘하는 팔로군(八路軍) 산하 독립 대대장으로 활약하다 26세에 전사했다.

이후 왕전은 인민해방군 부총참모장(1955년)과 국가부주석(1988년

144

~1993년) 재임 시 리정퉁의 가족들을 챙겼다. 말하자면 과거 충직한 부하의 식솔들을 챙긴 것이다.특히 리 주임이 1975년 공산당에 가입한 이후에는 인사 때마다 관심을 보였다. 이후 리 주임은 허베이(河北) 성 비서장(1993년~1997년), 산시(陝西) 성 시안(西安) 시 당서기(2002년), 구이저우(貴州) 성 당서기(2010년~2012년 7월)를 거치며 승승장구했다.

리잔수는 구이저우 성 당서기 재임기간 중 국영기업과 천연자원 관리 등에 대한 대대적인 개혁을 단행해 '태자당 내 개혁파'라는 별명을 얻었다. 시 부주석과 리 주임은 1980년대 초, 이웃한 허베이 성 정딩(正定) 현과 우지(無極) 현의 당서기를 각각 맡은 인연으로 정치적 우정을 쌓아 왔다.

태자당의 부상은 반대로 후진타오 주석 계열의 공청단의 추락을 알리는 징조였다. 후진타오 주석의 최측근으로 통했던 링지화(令計劃) 판공청 주임이 중앙통일전선공작부(통전부) 부장으로 자리를 옮겼다. 통전부는 대만 통일을 위한 국내외 공작과 정당, 당내외 지식인 관리를 맡고 있었다. 당내 주요 보직이지만 권력핵심부는 아니다.

링지화는 광둥 성 당서기와 정치국 상무위원 진입이 거론되었지만 2011년 3월, 아들의 음주교통사고 후 태자당 계열의 반대에 부딪혔다. 공청단의 또 다른 핵심인 두칭린(杜靑林 · 66) 전 통전부장이 이번 인사에서 기존 정치협상회의(정협) 부주석이라는 명예직 외에 주요 보직을 맡지 못한 것도 태자당의 부상을 알리는 신호로 해석된다.

다른 얘기지만 태자당이 움직인 것이 언론에 노출되기도 했다. 보시라이가 정치적 위기에 몰린 상황에서 덩샤오핑의 장녀가 2월 하순부터 중국 언론에 갑자기 등장했다. 충칭 시 공산당위원회 기관지 충칭르바오(重慶日報)는 19일 덩샤오핑의 장녀 덩린(鄧林 · 70)과의 특별 인터뷰를

1면에 게재했다. 화가이자 중국 회화학회 부회장인 덩린은 부친 서거 15주년을 맞아 쓰촨 성 광안(廣安) 현에 있는 부친의 생가에서 인터뷰를 했다. 2011년에는 덩샤오핑의 동생 덩컨(鄧墾) 전 충칭 시 부시장이 보시라이에게 "스스로 쉼 없이 가다듬고 두 손을 굳건히 하라."는 메시지를 보내 보시라이의 노선에 지지를 표시한 사실도 있다.

태자당의 이권 챙기기와 부작용

2012년 초순, 건조하고 추운 저녁 무렵, 베이징 차오양 구에 있는 주중 미국대사관 앞에 빨간색 페라리가 멈춰 섰다. 턱시도를 입은 앳된 젊은 청년 한 명이 잔뜩 폼을 잡는 얼굴로 내렸다. 그는 보과과(23)였다.

지난 3월, 영국인 살인사건에 이은 심복의 미국 총영사관 망명 사건으로 낙마한 전 충칭 시 서기 보시라이가 그의 아버지다. 2012년 초만 해도 차기 주석으로 내정된 시진핑 부주석도 어쩌지 못하는 위세를 떨친 인물이 보시라이였다. 정치국 상무위원 진입을 눈앞에 둔 잘 나갔던 인물이었다.

보과과는 당시 존 헌츠먼 미국 대사의 딸과 저녁식사를 하러 온 것이다. 스모그가 자욱한 회색 빛 도시 베이징의 싸늘한 풍경과는 전혀 어울리지 않는 호화로운 복장이었다. 2011년 한 해 동안 도시 근로자의 평균 수입 3,300달러였던 중국에서, 수십만 달러짜리 고급차는 분명 어울리지 않는 조합이었다. 이른바 떠오르는 권력 태자당 가족들의 모습이었다. 계층 간 격차가 더욱 심화되는 중국의 현실을 적나라하게 보여주는 단면이기도 했다. 소수 특권층 내지 공직자들의 부정부패와 권력 남용에 대해 일반 민중의 불만이 높아가고 있지만, 보과과 같은 특권층 자녀들은 이에 아랑곳하지 않는다.

통상 '태자당(Crown Prince Party)'이라고 불리는 당 지도자 자녀들의 집단은 이미 중국 권력의 한 축이 되었다.

언필칭 중국 언론들은, 사실상 국영 언론이 대부분이지만 중국공산당 지도부의 생활을 엄격한 사회주의적 가치에 따른다고 묘사한다. 그러나 이런 명분론은 실상과는 거리가 있다.

국영 은행, 대기업, 석유 기업 등 전 분야에 태자당 권력이 존재한다. 과거 혁명 원로였거나 권력자의 자손들은 땅 짚고 헤어치기식의 사업으로 큰돈을 벌고 사치를 즐긴다. 이들 가운데 정치에 뜻을 둔, 배경이 큰 거물들이 모인 혁명 원로 2세~3세 그룹을 태자당이라고 한다.

미국 브루킹스 연구소(Brookings Institution)의 중국 엘리트 정치부문 전문가 청 리는 "이런 추세는 아주 분명해지고 있다. 전에는 태자당이 잘 알려지지 않았지만, 이제는 정치적으로 아주 강력해졌고 이에 따라 소위 '홍색 귀족(Red Nobility)'의 정당성에 대한 심각한 우려가 생기고 있다. 중국 대중들은 특히 태자당이 정치적 권력과 경제적 부를 거머쥐는 것에 대해 분개하고 있다."고 했다.

예컨대 시진핑 부주석의 딸은 현재 하버드 학부생이며, 당서기의 아들 보과과 또한 하버드 케네디 공공정책 대학원에 재학 중이다.

중국 당국과 일반인들은 태자당과 그 세력들이 권력과 부를 세습하는 제도에 불만을 갖고 있지만 이를 제어할 마땅한 장치를 갖고 있지 못한 것이 현실이다. 중국공산당의 지원을 받는 이 특권층은 200~300개 가족과 그들을 추종하는 극소수 추종자들로 구성되며, 중국정부와 기업의 요직을 대물림한다. 이 집단은 점차 억만장자클럽으로 변하고 있다.

이들의 생각은 좀 특이하다. 혁명 원로 자제들은 자기 가족의 역사가 자신들에게 국가지배의 특권을 준다고 믿는다. 이런 태도는 공산당이 법보다 위에 있다는 생각으로 이어진다. 태자당이 경제 요직을 독식할 경우 경제성장의 혜택은 소수의 개인과 가족에게 분배된다. 사회주의 혁명을 완수하였기에 그 정도의 혜택은 문제없다는 보상 심리랄 수 있을 것이다.

태자당을 배경으로 성장하는 기업인집단은 사실상 부유한 금권 정치가로 변하고 있다. 중국의 자본가 계급은 공산주의 국가의 가장 강력한 방어벽이 되는 역설적인 현상을 나타내고 있는 것이다. 이는 정치개혁으로 나갈 수 없는 강력한 차단막이 될 수 있다.

중국기업 총수들은 개혁을 반기지 않는다. 이미 기득권층에 속해 각종 특혜와 이권에 개입돼 있기 때문이다. 공산당은 총수나 실질적인 오너들을 뽑았다. 권위주의 정부의 노골적이거나 암묵적인 동의를 받지 않고는 아무도 부자가 될 수 없는 작금 중국의 현실이다.

중국공산당 지지 세력 가운데 신흥 백만장자들과 전문 직업인들은 이렇게 형성되는 것이다. 민주화는 잠재적으로 수많은 경쟁자를 탄생시킬 것이므로 이런 특권층은 민주화에 관심이 없다.

중국이 민주개혁으로 나가리라고 믿는 것은 '순진한' 서구식 관점일 수 있다. 서구식대로라면 국민들이 배부르고 등이 따뜻해지면 정치 개혁을 요구한다는 것이 그간의 관행이었고 서구의 정치 역사였다. 그러나 이런 도식이 중국에는 통하지 않을 수 있다는 것이다.

권력층 집안의 재력과 이권 챙기기

권력층 집안들의 재력은 상상을 초월한다. 마치 전근대 시절 왕조 시대의 세도가들의 행태와 크게 다를 바 없다. '쿵푸 팬더'로 유명한 미국 영화사 드림웍스 애니메이션은 지난 2월, 상하이미디어그룹 등과 함께 상하이에 미·중 합작 영화제작소를 만든다는 계획을 밝혔다. 자본금 3억 3,000만 달러 가운데 45%는 드림웍스, 55%는 중국 측 부호가 갖는 조건이었다. 이 거래의 진짜 주인은 장쩌민(江澤民) 전 주석의 아들 장몐헝(江綿恒·61·중국과학원 부원장)이라고 한다.

원자바오 총리의 아들 원윈쑹(溫雲松·41)은 지난 2월 중순, 12개 위성을 보유하고 있는 아시아 최대 위성통신서비스업체 중국위성통신의 회장에 들어앉았다. 이 업체의 연 매출은 100억 위안(1조 8,000억 원)으로 중국 최대 위성통신업체로 우리의 스카이라이프 같은 업태이다. 또 원윈쑹이 30대 중반이던 2000년대 중반 참여한 '뉴 호라이즌'이라는 사모펀드로 수십억 위안의 이득을 챙긴 의혹을 받고 있다.

후진타오 주석의 아들 후하이펑(胡海峯) 역시 2010년까지 공항·해관·지하철역 등에 설치되는 엑스레이 검사 장비를 공급하는 칭화퉁팡(淸華同方)의 지주회사인 칭화홀딩스 사장을 지냈다.

정치국 상무위원으로 서열 2위 우방궈(吳邦國) 전국인민대표대회 상무위원장의 사위 펑샤오둥(馮紹東)은 미국 투자은행 메릴린치가 2006년 중국 최대은행인 공상은행(상장규모 225조 원)의 미국 증시 상장 주간사가 되도록 뒤를 봐주었다는 것이다.

리펑(李鵬) 전 총리 집안은 전력업을 장악하고 있는 것으로 알려졌다.

그의 딸 리샤오린(李小琳·51)은 중국전력국제유한공사 회장이다. 주룽지(朱鎔基) 전 총리의 아들 주윈라이(朱云來·55)도 국영 중국국제금융공사의 회장이다.

석유·에너지 분야의 대부로 꼽히는 쩡칭훙(曾慶紅) 전 국가부주석의 아들 쩡웨이(曾偉)는 2010년 호주 시드니 오페라하우스 근처에 3,000만 달러(351억 원)가 넘는 호화주택을 구입했다고 한다. 쩡창훙은 이른바 '석유방'의 대표 격으로 알려져 있다.

차기 권력자 시진핑 일가의 재산도 적지않은 것으로 알려져 있다.

지난 6월 30일자 블룸버그 통신은 시 부주석 일가는 대부분 시 부주석의 누나인 치차오차오(齊橋橋)와 남편 덩자구이(鄧家貴)가 갖고 있다고 전했다. 통신 보도에 따르면 자산 주요 항목은 ▲광둥 성 선전 투자회사 위안웨이(元偉) ▲자산규모 17억 3,000만 달러 상당의 '희토류 희귀금속 텅스텐 그룹' 지분 18% ▲홍콩에 고급빌라 등 7채의 5,500만 달러 상당 부동산 등이다. 치차오차오의 딸인 32살 장옌난(張燕南)도 2009년 투자한 IT 기업의 지분 가격이 40배로 뛰어 약 2,000만 달러의 자산을 갖고 있다고 한다.

시진핑과 부인, 딸의 재산은 오히려 전혀 드러나지 않았다. 하지만 형제들이 큰 이권이 달린 국가적 산업과 관련된 회사를 소유하고 경영하게 된 것이 시 부주석과 상관없다고 볼 수 없다.

2011년, 인터넷을 통해 중국 전직 부주석의 아들이자 전 인민해방군 장성의 손자가 호주에 항구가 보이는 대저택을 3,240만 달러에 구매했다는 사실이 알려지면서 여론이 들끓었다. 그는 이 오래된 대저택을 허물고 폭포와 연결된 수영장 2개가 딸린 새로운 빌라를 건설했다고 한다. 많은 태자당들이 합법적인 사업을 운영하지만, 여전히 국가 권력에

의해 장악되고 있는 경제시스템을 이용, 부당한 혜택을 누리고 있다는
인식이 팽배하다.

보시라이 사건은 공산당 최고위층이 어떤 방법으로 부를 축적하는
지 보여준다. 영국인 사업가 닐 헤이우드를 살해한 혐의로 재판에 넘겨
진 보의 두 번째 부인 구카이라이(谷開來)는 보시라이가 다롄(大連) 시장
에 부임한 1990년대 초부터 60억 달러의 재산을 해외로 빼돌린 것으로
파악되었다. 그녀는 재판에서 이러한 사실이 드러날까 봐 그 과정에서
도움을 준 헤이우드를 살해했다고 자백했다.

보시라이는 그 외에도 페이퍼컴퍼니를 통해 영국 런던의 고급 주택
을 구입했다.

심지어는 장쯔이(章子怡)가 한 번에 최고 1,000만 위안씩 받고 그에게
성접대를 했다는 소문도 있다.

지난 2월 해외에서 중국 부자들에 대한 연구를 하고 있는 후룬(胡潤)
보고서에 따르면 전인대 대의원 중 재산 상위 70명의 2011년 재산 총
액은 전년보다 15% 늘어난 5,658억 위안으로 집계됐다. 이는 미국
상·하원 위원은 물론 대법원, 대통령 재산 전부를 합친 75억 달러보
다 10배 이상 많은 규모다.

페이민신(裴敏欣) 미 클레어몬트 맥카나 대 교수는 "이익이 될 만한 떠
오르는 경제 분야에는 반드시 태자당(太子黨)이 줄을 서 있다."며 "중국 최
고 지도부가 개혁을 하려면 가장 먼저 자녀들의 문제에 부딪힐 것이라는
점에서 이는 중국 개혁이 직면한 최대 난제가 될 것"이라고 말했다.

완광화(玩光花) 아시아개발은행(ADB) 정책이코노미스트는 "우리는 중
국에서 벌어지고 있는 돈과 권력의 결합에 대해 매우 우려하고 있다."며

"이는 부패와 양극화를 공고화하고 더 심화시킬 것"이라고 경고한다.

중국공산당 기관지조차 비판 기사를 내보낸다.

인민일보는 작년 말, 한 여론 조사결과를 보도했다. 여론조사 응답자의 91%는 중국의 모든 부유 가정들이 정치적 배경이 있는 것으로 생각하고 있다는 것이다.

한 태자당은 자신과 동료들이 공산당의 혜택을 받았다는 인식에 반박한다. 혁명 원로의 손녀이자 패션 디자이너인 예밍지는 "실제 주요 정부 인사가족의 자녀들은 심하게 감시를 받는다. 이들 대부분이 심지어 부적절한 편애주의를 피하기 위해 신경을 정말 많이 쓴다."고 말했다.

마오쩌둥이 1949년 혁명을 성공한 이후 수십년 동안 중국공산당 관료의 자녀들은 대부분 눈에 띄지 않는 생활을 했고 일종의 성역에서 자랐다. 이들은 베이징 제4남자 고등학교(Beijing No. 4 Boys' High School) 등의 엘리트 학교에 다녔다. 보시라이 당서기와 현재 지도층 인사 일부도 이런 학교에서 공부했다.

상대적으로 어린 태자당들은 베이징에 있는 인민대회당 근방의 나이트클럽에 모여 페라리, 람보르기니, 마세라티 등의 고급차를 자랑한다. 베이징 자금성 근처에 있는 유명한 마오타이 클럽(Maotai Club)에서 시가와 중국술을 즐기며 사업 얘기를 하는 태자당들도 종종 목격된다.

일부 고위 공무원 자녀들의 별난 행동은 중국 내 인터넷에서, 특히 트위터 같은 마이크로 블로그 사용자 사이에 인기 있는 토픽이 되었다. 9월에 인터넷 사용자들은 한 장군의 15살 된 아들이 베이징에서 BMW 차량을 몰다가 다른 차와 충돌한 사건이 벌어졌다고 했다. 한 네티즌은 자신이 차에 탄 사람들을 폭행하고 구경꾼들에게 경찰에 신고하지 말라고 경고한 두 젊은이 중 한 명이었다는 사실을 공개했다.

공청단과 태자당의 전략적 연대

마오쩌둥을 축출하려고 무력 쿠데타를 계획하다 실패하고 비행기로 도주 도중 추락해 사망한 린뱌오 사건 이후 최대 정치 사건인 보시라이 스캔들은 최대 파벌인 공청단과 태자당 간의 파워게임으로 보는 시각이 일반적이다.

상하이방에 대항한 공청단과 태자당의 연합구도는 2002년 형성되었다. 중심인물은 태자당의 리더 격인 쩡칭훙이다. 쩡칭훙과 장쩌민 전 주석의 관계는 '바늘과 실'과 같은 관계랄 수 있다.

2002년 16차 전당대회에서 권력을 내놓기로 예정된 장쩌민이 당 중앙군사위 주석을 넘기지 않고 버티자 그의 최측근인 쩡칭훙의 행동에 이상 조짐이 나타났다. 그는 후진타오 주석과 밀접한 관계를 유지하며 밀착하게 된다. 쩡칭훙은 장쩌민 집권의 일등 공신이며 분신이다. 그런 그가 후진타오 계열과 손잡는 모습을 보인 것이다.

장쩌민은 국가주석 및 당 총서기에 올랐지만 집권 초기 권력을 장악하는 과정에서 애를 먹었다. 특히 당시 군부 최대의 실력자였던 양상쿤 세력이 결코 장을 인정하지 않은 것이다. 그런데 쩡칭훙이 양상쿤을 제거하는 데 결정적인 공을 세웠다. 그는 군대 내 태자당 인맥을 동원해 양상쿤 일파의 동향을 면밀히 파악해 장쩌민에 보고한 뒤 이를 빌미로 양을 숙청해버렸다.

또 당시 천시퉁 베이징 시장을 부패 혐의로 제거해 최대 라이 벌이었던 베이징방을 숙청함으로써 장쩌민 총서기의 권력 기반을 다지는 데에 공헌했다.

후진타오의 공청단과 태자당의 연합은 천량위 사건에서 표면화되었다.

2006년, 장쩌민 전 주석이 이끌던 상하이방의 차기 주자였던 천량위 상하이 서기를 제거하는 과정이었다. 천량위를 제거하는 과정에서 쩡칭훙은 후진타오를 지원했다. 당시 장쩌민은 자신의 후계자인 천량위의 체포에 대해 동의할 수밖에 없었지만 형사 처벌은 강력 반대했다. 그럼에도 2007년, 정치국 상무위원회는 천량위 기소를 의결했다. 상하이방으로 분류되는 우방궈, 자칭린, 리창춘 3명은 반대했고, 중립 내지 후 주석 계열의 원자바오, 우관정, 뤄간 3명은 찬성했다. 장쩌민계 쩡칭훙은 기권했다. 3 대 3인 상황에서 상무위 의장인 후진타오가 찬성해 천량위의 기소가 결정된 것이다.

공청단과 태자당의 협공으로 위기에 몰린 장 전 주석이 택한 카드는 태자당인 시진핑 당시 저장 성 당서기였다.

시진핑은 적절히 처신했다. 후 주석은 시진핑을 천량위 후임으로 임명했고, 그가 상하이 시 1인자로 재임한 7개월 4일 동안 보여준 모습은 후진타오에게 낙점받기 위해 전력을 다하는 기간이었다.

그 후 장쩌민과 쩡칭훙은 다시 밀착하게 되면서 상하이방과 태자당이 연합해 후진타오의 공산주의청년단파에 맞서게 된다.

찬량위, 시진핑, 보시라이의 비교

보시라이는 태자당 그룹 가운데 선두 그룹에 속하는 위세를 갖고 있었지만, 명분에서 밀렸다.

보시라이가 벌인 범죄와의 전쟁은 전임자인 공청단 출신 왕양 광둥 성 서기를 견제하고 정치국 중앙상무위원이 되기 위한 출세욕에서 추진되었다는 주장이 제기되었고, 보시라이의 정책은 대결과 투쟁의 연속적인 갈등을 초래했다.

보시라이는 '창홍타흑'이라는 말에서 드러나듯이 마오쩌둥 시대의 홍가를 부르고 사회주의 이념을 강조했다. 보시라이가 추진한 '충칭 모델'은 대화와 설득·양보를 중시하는 왕양의 '광뚱 모델'과 충돌했다.

특히 보시라이의 행보는 저장 성 서기와 상하이 서기 때 보인 시진핑의 행보와 확연히 구분된다는 평가다. 보시라이는 충칭 시에서 대결과 투쟁을 선동한 꼴이 되었다. 범죄와의 전쟁에서 조폭을 소탕하고 부패를 일소해 인민의 지지를 받기도 했지만, 만만찮은 후유증을 낳았다. 척결 대상이 대부분 과거 허궈창과 왕양 서기 때 인물이었고, 그때 혜택을 받았던 공무원과 기업인들이었다. 인민들의 원성이 터져 나오고 기업인들의 해외 도피 등 반작용을 초래한 것이다.

이에 비해 시진핑은 온건한 정책을 폈다. 그는 저장 성의 경제를 한 단계 올려놓는 수완을 발휘했다. 아울러 후진타오가 16차 당대회에서 제창한 새로운 정책에도 철저히 코드를 맞추었다. 당시 후진타오는 16차 당대회 이후 조화사회를 축으로 하는 '과학적 발전관'을 제시하면서 장쩌민의 그늘에서 벗어나려 했다.

시진핑은 이에 코드를 맞추어 조화로운 저장(和諧浙江)이라는 구호를 내놓았다. 그는 또 취임 후 6개월 동안 조사연구를 거듭한 끝에 후진타오의 과학적 발전관을 저장에 구체적으로 구현한 팔팔전략(八八戰略)을 수립했다.

시진핑의 노선은 천량위의 행보와 대비되면서 후진타오와 원자바오의 환심을 샀다. 시진핑은 방송을 통한 홍보뿐만 아니라 중국사회과학원을 동원해 학술적인 포장도 진행했다. 시진핑은 저장 성에서 후진타오의 노선을 구현하고 후진타오 정책의 장점을 최대한 살려 그의 후계자가 되는 기초를 다졌다.

천량위는 장쩌민의 후광 때문인지, 아니면 후진타오 주석을 견제하려는 장쩌민 전 주석의 지시로 움직였는지는 불분명하다. 천량위는 후진타오의 거시적 조정, 통제정책에 반대하는 노선을 취했고 결국 후진타오의 철퇴를 맞아 2006년 실각했고 그 자리를 시진핑이 차지하게 된 것이다.

시진핑은 상하이 당서기로 부임했을 때도 후진타오-원자바오 총리의 거시경제정책을 노골적으로 반대하던 천량위 세력을 타파했다. 천량위는 인민들의 원성이 높았던 주택 값 문제에서 아무런 조치도 취하지 않았다. 사사건건 중앙의 거시경제 정책을 저지하려는 데에만 골몰했던 것이다.

후진타오와 시진핑의 공통점

현재 중국 정치 역학상 공청단과 태자당이 다투는 국면이지만 후진타오와 시진핑의 공통적인 장점도 만만찮다.

후야오방은 마오쩌둥 사후 덩샤오핑의 지원을 받아 1977년 최고 지도부의 반열에 올랐다.

1980년, 시진핑의 아버지 시중쉰은 전인대 상무위원회 부위원장을 지낸 데 이어 1982년, 중앙정치국 위원으로 승진해 후야오방을 도왔다.

후야오방은 덩샤오핑 등 원로간부의 은퇴를 공공연하게 요구하는 등 정치개혁을 시도하였으나 1986년, 대규모 학생시위를 저지하지 못했다는 지적을 받아 보수 원로그룹의 탄핵을 받고 1987년 1월 실각했다. 당시 시중쉰만이 홀로 후야오방의 진보적인 정책과 노선을 지지한 것은 잘 알려진 사실이다.

강직하고 치우침이 없던 시중쉰도 1986년 중국공산당 제13차 전국대표대회에서 정치국 위원직에서 탈락했고, 전국인민대표대회의 부위원장이라는 한직으로 물러났다.

당시 시중쉰의 행보는 지금도 중국 정가에서 모범적 사례로 회자된다. 후야오방 사임 당시 시중쉰의 행보는 당내에서 광범위한 찬사를 얻었으며, 시진핑의 든든한 자원이 되었다. 특히 시중쉰과 후야오방의 친밀한 관계는 시진핑에게 행운을 가져다주었다. 후진타오는 후야오방의 지원을 받아 발탁되고 주석직에 오르는 행운을 잡을 수 있었기 때문이다.

후진타오는 후야오방의 천거로 공청단 중앙서기를 거쳐 1984년, 공청단 중앙위원회 제1서기에 임명되었다. 이를 발판 삼아 후진타오는 능력을 펼칠 수 있었고, 덩샤오핑의 눈에 들어 중국 최고 지도자 자리에 오를 수 있었다.

시진핑은 후야오방 계열로 그를 지지한 집안이고, 후진타오는 후야오방의 도움을 받은 인연이 있다. 또 시진핑과 후진타오는 청화 대 동문이라는 공통점이 있다. 시진핑과 후진타오가 현 정치 구도에서 각각 다른 진영에 속해 있지만, 개별적인 인연은 누구보다도 가깝다는 사실을 알 수 있다. 후 주석 입장에서는 시진핑이 아무리 장쩌민 계열이라고 해도 드러내놓고 시진핑을 반대할 수 없는 입장에 있다. 후진타오는 시진핑의 사람 됨됨이를 일찍 알아보고 있었다.

후진타오 시진핑의 권력 투쟁

2010년 10월 18일, 베이징 징시빙관(京西賓館)에서는 21세기 중국 지도자를 뽑는 중요한 의식이 있었다. 징시빈관은 중난하이나 인민대회당과 더불어 중요한 정치행사가 열리는 3대 장소다. 1978년, 덩샤오핑이 개혁개방 노선을 결정한 공산당 11기 중앙위원회 3차 전체회의가 열린 곳도 이곳이다. 32년 후인 이날 17차 중앙위 5차 전체회의(5중전회) 폐막일에 국가부주석 시진핑이 중앙군사위원회 부주석에 임명된 것이다.

정치 일정대로 2012년 11월, 18차 공산당대회에서 당 총서기에 선출된 시진핑은 2013년 3월 전국인민대표대회에서 국가주석에 선출된다.

향후 중국 정치판의 정국 흐름을 점치는 데 중요한 포인트는 후진타오의 출구전략이다. 이는 공산당 내부 파벌 투쟁이 어떻게 전개될 것인가와 직결된다.

중국공산당 60여 년 역사에서 최고지도자 선출은 격렬한 권력투쟁의 결과물이었다. 권력 투쟁에서 승리해 최고지도자로 군림한 마오쩌둥이나 덩샤오핑은 후계자 지명권이 있었다. 그러나 장쩌민이나 후진타오에게는 그런 경력이 없다. 기껏해야 찻잔 속 태풍에 불과한 소규모 다툼이 있었을 뿐이다.

시진핑은 절대 권력자가 지명한 권력이 아니다. 시진핑의 등극은 후진타오 국가주석과 장쩌민 전 국가주석 간 정치투쟁의 결과물이다. 후 주석의 지지를 받는 리커창 부총리의 최고지도자 진입을 막기 위해 장 전 주석 등이 내민 카드가 시진핑 총서기다.

따라서 향후 시진핑을 위시한 태자당 세력과 후 주석을 모체로 한 공청단 세력 간의 권력 투쟁이 나타날 가능성이 적지 않다.

후 주석은 새로 구성된 7명의 정치국 상무위원에 자신의 세력을 심어 섭정체제를 노렸으나, 자신 세력을 심는 데는 일단 실패했다는 분석이다.

지난해인 2012년 11월 18차 당대회에서 후주석은 리커창과 류윈산 등 2명만 진입시키는 데 그쳤다. 2012년 1~2월경 중국공산당 내부를 뜨겁게 달군 '보시라이 파동'도 정치국 상무위원 자리를 놓고 벌인 권력 게임이 외부로 삐져나온 사건이다. 후진타오 주석이 꼭 넣으려 했던 리위안차오 전 조직부장(18차 대회 이후 국가부주석에 임명)이나 후춘화 광둥성 서기는 상무위원에 진입에 실패했다. 그러나 후진타오는 서열 2위 리커창을 통해 자파 세력을 꾸준히 키우려 할 것이다. 시진핑에게 중앙군사위 주석 자리도 순순히 내어준 대신 군부 내 자파 세력을 심으려 할 것이다. 5년 후엔 자파 인물들을 상무위원에 진입시키려 할 것이다.

우선 리커창이다. 리는 랴오닝 성 출신의 대단한 노력파로 후 주석과는 호형호제하는 사이다. 총리직은 경제발전의 지속적인 발전을 위해 안정적인 정부 운용이 중요하다. 경제를 이끌 수 있는 능력을 따질 것이다.

이와 관련해 2월 초 홍콩의 명보에 실린 분석 기사는 흥미를 끈다. 칼럼니스트 쑨자예(孫嘉業)는 시진핑과 후진타오는 권력을 적절히 배분했다고 풀이했다. 다음은 기사 내용을 요약한 것이다.

시진핑 총서기가 2013년 1월 29일, 베이징 외곽 무장경찰부대를 시찰한 장면이 언론에 공개됐다. 그런데 시 서기는 군부 책임자 및 정법위원회 책임자를 대동한 채 사열을 받은 것이다. 이는 시진핑이 작년 11월 중순 18차 당대회에서 중앙군사위 주석직을 넘겨받아 군부를 장악한 데 이어 무장경찰, 공안, 검찰, 인민법원을 관장하는 정법위원회도 장악했다는 의미다. 17차 대회까지는 최고권력기관인 정치국 상무위원회가 정법위를 관장, 상무위원 중 한 명이 정법위 서기를 맡았으나, 18차 대회에선 상무위원이 맡지 않는 것으로 정리됐다. 시찰 당시 판창룽(范長龍), 쉬치량(許其亮) 중앙군사위 부주석, 멍젠주 중앙정법위 서기와 궈성쿤 공안부장 등이 수행했다. 과거 정법위 서기는 17대 상무위원회 서열 9위였던 저우융캉 등이 차지했으나 18대부터는 상무위원이 아닌 멍젠주가 책임자다. 상무위원이 아닌 멍젠주는 국가주석인 시진핑에게 보고할 의미가 있다.

17차까지 중앙정법위 서기는 정치국상무위원이 겸임했다. 이는 중앙군사위주석을 겸임하는 총서기의 권력을 간접적으로 약화시켰다. 지난 10년간 정법위를 주관한 서열 9위 저우융캉은 서열 1위였던 후진타오 총서기가 어쩌지 못했다. 저우융캉의 권한을 당 총서기가 관여하지 못했다. 그러나 18차 이후 당 총서기는 공안 · 검찰 · 법원 · 사회안정 업무를 직접 관할하게 된 것이다. 총서기는 군대와 무장경찰 통제권을 장악하게 됐다.

아울러 후 전 주석의 심복인 리위안차오가 외교분야의 실권자가 된

부분도 주목된다. 외교분야는 17기 상무위원 서열 6위였던 시진핑 총서기가 맡았던 분야다. 최근 리위안차오 국가부주석은 무라야마 도미이치(村山富市) 일본 전 총리와 만났다. 외교 분야의 주요 역할을 맡았다는 의미다. 3월 전인대 이후 그는 홍콩·마카오협조소조 부조장 및 중앙외사영도소조 부조장을 맡을 가능성이 있다.

결론적으로 18대와 17대의 권력분포를 비교해보면 시진핑은 저우융캉의 권력을 이어받았고, 류윈산은 언론·이데올로기를 관할하던 리창춘(李長春)의 역할 전부와 시진핑이 맡았던 당건설·조직권력을 계승했다. 상무위원 진입 경쟁에서 떨어진 리위안차오는 시진핑의 국가부주석 지위와 외교권력을 계승했다. 시진핑과 후준타오 전 주석의 권력분배란 이런 것이라고 쑨자예는 풀이한다.

2002년부터 2012년까지 이어온 후진타오 권력의 주안점은 장쩌민 색채를 빼는 작업이었다. 후 주석의 공청단파가 장의 상하이파를 약화시키는 작업이었는데, 절반의 성공으로 평가된다. 시진핑 시대에도 역시 이런 작업은 지속될 것이다. 즉 시진핑을 위시한 태자당이 후진타오 노선에 반대하는 기득권층과 손잡고 공청단파에 대항하는 구도가 전개될 것이다.

후진타오는 빈부 격차 해소와 농촌 중시, 서민 정책에 주력했다. 이 때문에 중산층 이상 기득권층은 후 주석에 반발하는 모양새다. 이는 태자당-기득권층이 공산당 세력과 대항하는 구도를 형성하는 요인이 되었다. 14세부터 28세까지 가입하는 공청단 즉 중국공산주의청년동맹은 1922년, 중국사회주의청년단으로 발족해 1957년, 현재의 명칭으로 개편되었고 2008년 현재 785만여 명을 헤아린다.

공청단은 후야오방, 후진타오 리커창 등의 청년 간부들의 등용문으로 활용되었다. 후 주석은 2007년 말 인사에서 당 인사를 맡는 조직부장에 쩡칭훙 전 국가부주석 사람인 허궈창(賀國强)에서 공청단파인 리위안차오로 바꾸었다. 공청단파는 조직관리 측면에서 뛰어난 수완을 보여 공산당 내 정치 파벌 중 가장 결속력이 뛰어나다는 평이다.

궁지에 몰린 태자당

충칭경변의 장본인인 보시라이에게 책임을 씌우는 일 역시 만만치 않다. 중국공산당 정치국원이자 4대 직할시인 충칭 시 서기인 보시라이는 귀족의 표본이다.

'8대 원로' 중 한 명인 보이보(薄一波)의 둘째 아들로 태어나 마오쩌둥의 문화대혁명 때는 붉은 완장을 차고 홍위병을 이끌었다.

출신성분은 차기 상무위원 후보군 가운데 가장 좋다는 평가다. 과거 숙청당한 천시통 전 베이징 당서기와 천량위(陳良宇) 전 상하이 당서기와는 체급 자체가 다르다. 1995년, 16년형을 받은 천시통 뒤에는 베이징방의 리펑이 있었고, 2006년 18년형을 받은 천량위 뒤에는 상하이방의 장쩌민이 있었다. 하지만 천시통과 천량위는 혁명원로의 자제가 아니라서 비교적 쉽게 제거되었다.

보시라이를 처벌할 경우 태자당이 집단적으로 반발할 가능성도 점쳐진다. 이미 "보시라이가 덩(鄧)씨 가문에 구명을 요청했다."는 얘기도 나온다. 덩씨는 덩샤오핑의 장남인 덩푸팡(鄧朴方)과 덩린, 덩난(鄧楠) 등을 일컫는다. 보시라이는 1992년, 덩샤오핑의 '남순강화(南巡講話)'를 수행한 덩난과 돈독한 관계를 갖고 있는 것으로 알려졌다.

덩샤오핑은 마오쩌둥이 후계자로 지명한 화궈펑(華國鋒)을 꺾고 집권할 때, 그를 도와준 혁명동지들의 노후를 보장해주는 불문율을 만들었다. 혁명원로들이 현직에서 물러나는 대신 반대급부를 준 것이다.

덕분에 공산당 고위간부의 자제들은 당정(黨政)기관과 국영기업의 주요 자리를 속속 꿰찼다. 당의 원로들 역시 정치적 안전은 물론이고 적지 않은 경제적 이익을 꾀할 수 있었다. 이어 덩샤오핑 집권 후 당의 연소화를 주장하며 '칠상팔하(七上八下 · 67세는 되고 68세는 안 됨)'의 불문율을 만들었음에도, 격한 반발이 없었다.

보시라이가 구명 요청을 타진한 것으로 알려진 덩푸팡은 그와 베이징 81소학교(초등학교) 동창이고 태자당의 상징이다.

태자당의 핵심은 문화대혁명 때 린뱌오와 4인방의 핍박을 받은 덩샤오핑과 보이보, 시중쉰 등 '8대 원로'의 자제들이다. 덩푸팡은 1968년 문화대혁명 때 홍위병의 고문에 못 이겨 창밖으로 투신자살을 기도하다 하반신 불구가 되었다.

하지만 덩샤오핑이 1978년 이후 실권을 장악하자 큰아들 덩푸팡 역시 승승장구했다. 장애인연합회 주석과 장애인복리기금회 이사장 등을 역임하며 막대한 기금을 쥐락펴락했다. 태자당 2, 3세들은 문화대혁명 때 핍박의 상징인 덩푸팡을 중심으로 결집했다.

덩푸팡은 1985년, 위창성 국가안전부 처장의 미국 망명사건 때도 막강한 영향력을 발휘했다. 태자당의 일원이던 위창성의 망명으로 CIA 내 40년간 암약한 고정간첩이 드러났고 이에 덩샤오핑은 격노했다. 그의 동생 위정성 당시 장애인복리기금회 이사장은 궁지에 몰렸다. 하지만 덩푸팡은 그의 측근인 위정성을 끝까지 지켜내 상하이 당서기에까지 올려놓았다. 하지만 덩푸팡을 위시한 태자당이 보시라이를 지켜줄 수 있을지는 미지수다. 지금까지 볼 때 태자당에서 보시라이의 구명을 포기했다는 관측이 많다.

총서기로 확정된 시진핑은 보시라이와 경쟁관계였지만 보가 '중공팔로(中共八老)'의 자제라는 점이 부담스럽다. 보시라이는 시진핑을 '진핑'이라고 부를 정도다. 둘의 부친인 보이보와 시중쉰은 덩샤오핑, 천윈, 리셴녠, 양상쿤 등과 함께 후야오방의 퇴진, 자오쯔양의 연금, 장쩌민의 발탁 등 당의 주요 인사문제를 실질적으로 주도했다.

보시라이 사건은 태자당에 대한 이미지가 극히 악화된 상황에서 터졌다. 더욱이 사건의 발단이 "왕리쥔이 보시라이의 아들 보과과(薄瓜瓜)의 영국 유학비용과 해외재산을 내사하면서부터"라는 얘기도 나오는 터다. 태자당 3세인 보과과는 보시라이와 그의 두 번째 부인 구카이라이(谷開來) 사이에 태어난 아들이다. 중학교 때부터 영국의 귀족학교에서 유학한 보과과는 옥스퍼드 대를 나왔고, 옥스퍼드 대 유학 시절 현지 여성들과 술집에서 문란하게 노는 사진이 인터넷을 도배해 그의 아버지 보시라이를 곤혹스럽게 했다.

시진핑과 보시라이의 노선 차이

보시라이가 태자당에 속하지만 중국 최고 지도부가 그의 조사에 동의한 것은 명분에서 밀렸기 때문이다. 보시라이가 벌인 범죄와의 전쟁은 전임자인 공청단 출신 왕양 광둥 성 서기를 견제하고 중앙상무위원이 되기 위한 출세욕에서 추진되었다는 주장이 설득력을 얻었고, 절차상의 문제점도 드러났다.

보시라이는 법과 원칙을 내세우고 사회주의 이념을 강조하는 충칭 모델을 주도했다. 그는 대화와 설득·양보를 중시하는 왕양의 광둥 모델과 충돌해 좌·우파 논쟁으로 비화되는 계기도 제공했다.

보시라이의 충칭 시에서 행보는 시진핑이 대권가도를 달리던 저장 성 서기와 상하이 서기 때 보인 모습과 확연히 구분된다. 시진핑은 저장의 경제를 발전시키면서도 후진타오가 16차 당대회에서 제창한 새로운 정책에 철저히 코드를 맞추었고 조화로운 저장(和諧浙江)이라는 구호를 내놓았다. 그는 또 취임 후 6개월 동안 조사연구를 거듭한 끝에 후진타오의 과학적 발전관을 저장에 구체적으로 구현한 '팔팔전략(八八戰略)'을 수립해 발표했다. 2004년, 경제과열로 인해 중앙은 전국에서 거시적 조정, 통제를 시작하자 이를 엄격히 집행했다.

거시적 조정, 통제정책에 반대하던 천량위 상하이 서기는 후진타오의 철퇴를 맞아 2006년 실각했고 그 자리를 시진핑이 차지하게 된 것이다.

시진핑은 부패척결운동을 공개적이고 대중적으로 벌여 '상하이방'의 치부를 만천하에 공개해 후진타오에게 확실한 환심을 샀다. 그는 천량위의 11명 동지가 사상 타락의 과정을 자백한 '탐욕의 해악'이라는 영상물을 제작해 각급 당정 관리들이 관람하도록 했다. 3개월 동안 이 영상물을 본 사람은 12만 명이 넘어섰는데, 그중에는 국가급 지도자가 3,000명에 달했고 부처급 지도자는 4만 명에 달했다.

시진핑이 상하이 1인자로서 7개월 4일 동안 보여준 모습은 권력의 정점에 있는 후진타오에게 황태자로 낙점받기 위한 '충성맹세'에 다름 아니었다.

이러한 처세는 후진타오도 마찬가지였다. 1988년 말, 티베트 자치구 당서기로 자리를 옮긴 그는 티베트인들이 대규모 시위를 벌이자 국무원에 계엄령 실시를 요구하고 직접 봉기진압을 지휘해 덩샤오핑과 당 중앙 지도자들에게 강인한 인상을 심는 데 성공했다. 덕분에 덩샤오핑의 낙점을 받아 1992년 중앙정치국 상무위원으로 중앙정치무대에 복귀했고, 2002년 제16차 전국대표대회에서 총서기에 선출되어 중국 최고 권력자로 올라설 수 있었다.

지금은 공청단과 태자당이 다투는 국면이지만 후진타오와 시진핑의 공통분모도 적지 않다. 후야오방은 마오쩌둥 사후 덩샤오핑의 지원을 받아 1977년 중국공산당 조직부장 등 요직을 맡으며 중국 최고지도부의 한 사람으로 떠올랐다. 1981년 6월 당 제11기 6회 중전회에서 문화대혁명에서의 마오쩌둥의 오류를 비난하고 중국공산당 중앙위원회주석에 선출되었고, 1982년 당 기구 개편으로 중앙서기처 총서기가 되었다

1980년, 시중쉰은 전인대 상무위원회 부위원장을 지냈고, 이어 중앙서기처의 상무서기를 맡았다. 그 후 다시 1982년의 중국공산당 12차 전국대표대회에서 중앙정치국으로 승진해 후야오방을 도와 통상업무를 처리했다.

후야오방은 덩샤오핑 등 원로간부의 은퇴를 공공연하게 요구하는 등 정치개혁을 시도하였으나 1986년 대규모 학생시위 이후 '자산계급 자유주의'를 저지하지 못했다는 이유로 보수적인 원로그룹의 역공을 받아

다음 해 1월 실각했다. 당시 시중쉰만이 홀로 후야오방을 지지했다.

이로 촉발된 불화가 근원이 되어 시중쉰도 1986년 이후 정치국원을 맡지 못했으며, 다음 해에 전국인민대표대회의 부위원장이라는 한직으로 물러나게 되었다.

후야오방 사임 당시 시중쉰이 보인 선비 같은 모습은 당내에서 광범위한 찬사를 얻었으며, 시진핑의 든든한 자원이 되었다. 특히 시중쉰과 후야오방의 친밀한 관계는 시진핑에게 행운을 가져다주었다. 후야오방은 후진타오를 발탁하고 지원한 후견인이었다.

문화대혁명 이전까지 공청단 업무를 주관한 후야오방은 후진타오가 명문 칭화 대 출신으로 명석한 두뇌를 가지고 있는 데다 무엇보다도 개혁개방정책 추진의 전위조직인 공청단 출신이라는 점이 마음에 들었다. 후진타오는 후야오방의 천거로 이듬해 공청단 중앙위원회 서기가 되었고 이후 전국청년연맹 제6기 주석을 거쳐 1984년, 공청단 중앙위원회 제1서기에 임명되었다. 후진타오는 그 후 덩샤오핑의 눈에 들어 중국 최고 지도자 자리에 오를 수 있었다.

시진핑은 후야오방 계열로 그를 지지한 집안이었고, 후진타오는 후야오방의 도움을 받은 인연이 있다.

최대 이권 집단 석유방과 정치판 인연

태자당의 가장 큰 자금줄은 석유 산업이다. 석유방은 석유업계에서 잔뼈가 굵은 인물들이 정계에 진입하면서 자연스레 형성되었다. 과거

대형 국영석유기업들의 이권에 관여하면서 형성된 자금력을 토대로 강한 정치력을 발휘했다. 대표적인 인물로는 쩡칭홍(曾慶紅) 전 국가부주석을 들 수 있다.

쩡칭홍 전 국가부주석은 지역을 기준으로 상하이방, 출생을 기준으로 태자당으로 분류되지만, 동시에 석유방의 수장이라고도 볼 수 있다. 쩡칭홍은 과거 석유산업에서 오랜 기간 근무해 산업에 풍부한 인맥을 보유하고 있었다.

중화인민공화국 성립 이후 제1대 석유방은 위추리(余秋里)와 캉스언(康世恩)을 꼽을 수 있다. 이들은 나란히 부총리까지 올라갔다. 쩡은 위추리의 비서였다. 제2대 석유방은 천진화(陳錦華) 전 정협부주석과 성화런(盛華仁) 전 전인대 부위원장을 꼽을 수 있다. 제3세대로는 중국해양석유의 총재를 역임한 웨이류청(衛留成) 하이난(海南) 성 서기와, 시노펙의 총재였으며 공업정보화부 부장을 지낸 리이중(李毅中)을 들 수 있다. 18기 정치국 상무위원에 진입한 장가오리도 3세대에 속한다.

석유계통 경력으로 쩡칭홍 국가부주석과 한층 가까워진 인물이 17기 때 중앙정법위원회 서기였던 저우융캉(周永康)이다.

저우융캉은 정계로 진출하기 전까지 주로 페트로차이나(중국석유천연가스) 유전에서 일했고 페트로차이나 회장까지 지냈다. 페트로차이나, 시노펙(중국석유화공), 중국해양석유의 수장들은 대부분이 쩡칭홍과 저우융캉 서기가 직·간접적으로 키운 인물들이다.

공업정보화부 부장을 지낸 리이중은 시노펙 이사장을 지냈으며 저우융캉과 대학 동기동창이다. 또 하이난 서기인 웨이류청 역시 중국해양석유 CEO로 있다가 하이난 성 성장으로 발탁돼, 고위 관료에 진입했다. 그는 쩡칭홍의 옛 직장 부하였던 인물이다.

현재 베이징 부서기로 있으며 제6세대 지도자 후보로 꼽히고 있는 왕안순(王安順) 역시 중국의 동북지역 유전에서 근무했던 석유방이다. 쩡칭훙이 국가부주석 재직 시 매우 신임하는 인물이며 현재는 북경의 치안 책임자로 있다.

랴오닝(遼寧) 성 조직부장에 이어 최근 푸젠 성 부성장으로 영입된 수쑤린(蘇樹林)은 시노펙 총경리(C대) 출신이다. 칭하이 성(靑海省) 부성장을 지내다 현재 페트로차이나 이사장으로 있는 장졔민(蔣潔敏) 역시 쩡칭훙을 정점으로 집중 육성된 인물이다.

17기 정치국 상무위원회 허궈창(賀國强) 중앙기율위원회 서기 역시 1980년부터 1986년까지 산둥화공석유공업청 수장을 지낸 사람으로 광의의 석유방에 속한다.

중국 정계 막후의 실력자인 쩡칭훙, 감사권과 사법권을 꽉 틀어쥐고 있는 허궈창과 저우융캉, 공업정보화 부장이었던 리이중, 자원 개발의 요충지 하이난 성 서기 웨이류청, 차차기 지도자로 꼽히는 수쑤린 푸젠 성 부성장, 베이징 치안총수인 왕안순 등은 같은 계보로 이어지는 석유방들로 분류된다.

6장
난제 산적한 중국 경제의 현안과 대안들

중국 경제의 버팀목은 풍부한 우수 노동력

1995년, 중국의 국민 총생산 즉 GDP는 5,000억 달러였다. 시간이 흘러 중국의 GDP는 지난 15년간 연평균 10%의 고속성장을 구가하면서 10배로 성장했다. 2010년 드디어 일본을 제치고 미국 다음의 자리를 차지했다. 중국 지도부는 2020년까지는 지난 10여 년과 마찬가지로 고도성장을 유지하려 노력하겠지만 시진핑 등 차기 지도자들은 이 같은 지속적인 고도성장이 어렵기 때문에 양보다는 질적 성장으로 전환할 가능성이 높다.

중국이 성장의 질을 높이는 것은 실로 중요한 문제가 아닐 수 없다. 2003년, 미국 투자그룹 골드만삭스는 2039년이면 중국이 세계 최대 경제 대국이 될 것이라고 내다보았다. 그러나 하버드 대 니알 퍼거슨은 이런 예측을 비웃은 사람 가운데 하나다. 퍼거슨은 골드만삭스의 예측은 가장 황당한 것이라며 과거 성장 패턴을 기준으로 향후 중국의 성장을 예측했을 뿐이라고 주장했다.

그러나 중국은 매년 7% 내외 성장률을 보여도 세계 최대 경제국이 될 것이다.

한 술 더 떠 영국의 이코노미스트는 2020년쯤 중국이 미국에 앞설 것이라고 예견했다. 하지만 이는 무리한 예상이란 평가가 많다. 매년 10%씩 꼬박꼬박 성장해야 2020년 미국을 따라잡을 수 있다. 이론적으로 불가능하다는 얘기다. 달러화에 대한 위안화의 절상 속도가 과거보다 훨씬 빨라진다면 이론적으로 가능할지는 모르나 위안화 절상이 그렇게 빨리 진행되지는 않을 것이다. 2010년 말, 미 달러화 기준으로 중국의 경제규모는 아직 미국의 3분의 1 수준에 불과하다.

중국의 이 같은 빠른 성장의 주요인은 물론 인구다. 중국정부는 1980년대 개혁 개방 경제를 채택, 급격한 경제적 변화를 촉발시켰다. 수천만 명의 노동력이 농촌에서 도시로 몰려들었고, 이것이 중국을 세계의 공장으로 변모시키는 데 중요한 역할을 했다.

견고한 질적 성장을 이루기 위해서는 생산성이 향상되는 거대한 노동인구다.

하지만 중국은 곧 인구 고령화 문제에 직면할 것이다. 이렇게 되면 일본, 이탈리아, 러시아와 함께 노동 생산성이 정점에 이를 것이다.

2011년 4월, 중국정부가 발표한 인구는 13억 4천만 명이다. 2000년 인구 조사보다 7000만 명이 증가했는데, 중국의 인구는 1990년~2000년까지 연간 1.1%씩 성장했지만, 2000년 이후에는 0.6%로 증가율이 둔화되었다. 그 원인은 한 자녀 정책 때문인데, 이는 젊은 연령의 인구를 급속히 줄인다는 점에서 심각한 문제를 유발할 수 있다.

반면 65세 이상 노년 인구는 20년 전의 두 배인 9%로 증가했다. 이런 추세라면 노동인구는 줄고 GDP 성장률도 하락할 것이다. 중국은 노동 인구 감소 추세에 다방면으로 대처할 것이다. 우선 대도시를 위시해 한 자녀 정책을 완화할 움직임을 보이고 있다. 현재 베이징과 상하이에서는 한 자녀 이상 가구가 일반화하고 있다.

그러나 선진국 사례에 비추어볼 때 중국은 인구의 20% 즉 3억 6,000만 명가량이 아직 도시로 이동할 여지가 있다. 현재 중국 인구의 50% 정도가 도시에 거주하고 앞으로도 20% 정도가 더 도시로 이주할 것이다. 아직 성장 여력이 있다는 의미다. 이는 미국의 전 인구가 도시로 이주하는 것과 맞먹는 규모다. 다시 말해 도시화는 GDP 성장에 긍정적인 효과를 가져다 줄 것이다.

도시화는 고등교육을 받은 중국인의 수가 빠르게 증가하고, 이는 중국의 지속적인 성장에 기여할 것이다. 세계에서 가장 성공적인 과학자와 엔지니어 그룹에 포함되는 중국인이 많아지는 것이 그 뚜렷한 증거다.

서방이 중국의 부상을 두려워하는 이유

중국에서 나오는 여러 가지 신호로 볼 때 중국의 성장률 둔화는 불가피하다. 얼마나 그리고 어느 정도 천천히 둔화할 것인가가 가장 큰 관심사다. 중국정부는 2012년부터 시작되는 12차 5개년 계획에서 실질 성장률 목표를 7%로 잡았다. 바오바 즉 경제성장의 마지노선은 8%를 못 미친 수준이다. 11차 5개년 계획에서는 7.5%로 잡았지만 실제 성장률은 11%에 육박했다. 12차 기간에도 과거처럼 목표치와 실제 성장률 사이에 큰 격차를 보이지 않을 것이다.

골드만삭스는 2010년 말, 위안화의 점진적인 절상을 감안해도 2050년 중국의 GDP는 70조 달러에 이를 것으로 추정한다. 1인당 GDP도 5만 달러로 2011년의 12.5배에 이를 것이다. 이 정도라면 세계에서 가장 많은 억만장자를 보유하는 나라가 될 것이다.

아직 중국 경제는 성장세가 둔화될 것이라는 조짐이 표면적으로 드러나지는 않고 있다.

세계 각국, 특히 서구가 중국이 세계 최대 경제대국이 되는 것에 불안해하는 이유는 무엇인가. 우선 정치적인 것이다. 대부분의 서방 국가들은 권위주의적 통치에 불신을 갖고 있다. 하지만 중국인들은 그렇게 생각하지 않는다. 중국이 궁극적으로 국민이 정부를 선택하는 민주주의 제도 국가가 될 것인지는 중요하지 않을 수도 있다. 그보다는 중국이 보다 개방적인 체제로 발전해 국민들에게 부에 상응하는 권리를 허용할 것인지가 중요하다.

서방 국가들이 중국의 부상을 우려하는 두 번째 이유는 중국이 국제 사회에서 경제에 걸맞은 책임을 지지 않으려 한다는 것이다. 중국의 지도자들은 국내 문제만 집착하고 국제적인 문제에는 별 관심을 보이지 않는다고 불평하는 것이다. 한 예로 중국이 아프리카에 진출하고 있지만, 이것이 진정 아프리카를 위한 것인지는 불분명하다.

미국 역시 20세기 전반 중국과 비슷한 입장을 취했으나 2차 대전 이후 껍질을 깨고 나왔다.

세 번째 이유는 중국의 이익이 서방 국가들에게는 손해를 의미한다고 믿고 있다는 점이다. 이에 중국은 패권을 추구하지 않는다고 공식적으로 세계에 공언할 필요가 있다. 그러나 아시아에서 군비 증강에 힘쓰는 것은 비단 중국만이 아니다. 미국이나 일본 역시 군비 증강에 박차를 가하는 것은 마찬가지다.

물론 중국이 GDP 측면에서 미국을 앞지르지 못할 가능성도 있다. 예로 1980년, 일본이 미국을 제치고 세계 최대 경제 대국이 될 것처럼 보였다.

일본 기업들은 세계를 재패했다. 일본 투자자들은 뉴욕의 록펠러센터를 사들이고, 경매 시장에서 최고가 미술품들을 사들였다. 하지만 곧 일본 경제는 거품이라는 사실이 드러났고 20년이라는 기나긴 잠에 들어가기 시작한 것이다.

1980년대 일본처럼 중국도 변동환율제 도입을 꺼리고 있다.

일본은 수출 기업들을 보호하기 위해 달러에 비해 엔화의 환율을 인위적으로 낮게 유지했다. 당시 미국은 일본이 엔화 절상을 하지 않으면 일본제품의 미국 진출을 저지하겠다고 위협했다. 이런 경험에 비추어 2005년까지 인위적으로 위안화 약세를 유지했던 중국도 비슷한 상황을 맞이할 수 있다.

미국의 제조업이 앞으로 몇 년 동안 근본적인 회복 조짐을 보여주지 않고 실업률이 높은 상황에서 중국이 견고한 성장세를 유지한다면, 미국은 중국 상품에 수입 금지 조치를 취할 수 있다.이렇게 되면 중국의 수출은 큰 타격을 받을 것이다.

중국과 일본이 비슷한 이유로 실패할 수 있다고 가정할 수 있지만, 단순 비교는 믿을 만한 것이 못 된다. 특히 일본과 중국은 많이 다르다. 2011년 3월 대지진 참사 이후 일본은 더 폐쇄적인 사회 모습을 보여주고 있다. 그러나 중국은 더 개방적이고 덜 형식적이다.

중국 관리들은 부동산 자산 거품을 우려하는 모습을 보였다. 1980년대 거의 모든 분야에 거품이 형성되고 있다는 사실을 부정하는 일본 관리들과는 천양지차다. 일본 대장성은 경제의 발목을 잡고 있는 자산 거품 문제를 부인했다. 반면 중국은 2000년, 은행 시스템 개선이 필요하다는 사실을 깨달았다. 중국이 은행 개혁에 나선 것은 당연했다.

조만간 난제에 부닥칠 부동산 거품

중국이 직면한 난제들은 심각하다. 쓰레기로 뒤덮인 강을 보았고, 베이징에서 대기오염 때문에 몇 일째 태양을 보지 못한 날들도 있었다. 중국을 바라보는 가장 주목되는 부정적인 시각은 지속 발전이 힘들 것이라는 점이다. 1980년대 일본이 그랬던 것처럼, 투자 지출이 너무 많고 투자대비 이익률이 적다는 것이다. 특히 중국의 공식 통계와 관련해 상당한 불신이 존재한다. 중국의 국민 계정은 공식적으로 보고된 것보다 훨씬 커 보이도록 자주 수정된다는 사실이다.

대부분 경제전문가들은 중국의 투자 관련 통계 수집 방식에 의구심을 갖고 있다. 중국정부의 통계 집계는 공식 투자의 규모를 과장하고 서비스 지출은 축소한다는 것이다. 이것이 사실이라면 GDP에서 차지하는 투자 비중은 공식적으로 과장되었다고 볼 수밖에 없다.

투자자들 사이에 떠도는 우려는 또한 경제 관련 통계를 조작하거나 현실을 왜곡시키려 한다는 것이다. 세계은행은 중국의 정치체제와 사회구조를 고려할 때 앞으로 10년 안에 과거에 집행된 투자에 대한 성공과 실패가 판가름 날 것으로 본다.

중국의 부동산 거품도 주된 관심사다. 미국의 유명한 헤지펀드 매니저인 짐 차노스는 대표적인 중국 경제 비관론자다. 그는 중국의 부동산 거품이 두바이의 1,000배 이상이라고 했다. 그러나 중국은 아직 도시화가 진행 중이다. 베이징 시내 공실률은 시간이 지날수록 낮아지고 모두 입주할 것이다. 앞으로 6~7년 지나면 도시화가 정체될 수 있다. 출산율이 낮아지고 농촌이 공동화되면 더 이상 도시로 인구가 유입되지 않을 것이기 때문이다. 그러기에는 아직 시간은 있다는 점이다.

2011년이 저물 무렵 홍콩의 최고 거부가 중국 산둥 성 부근 건물과 토지를 사들인다는 뉴스가 났다. 당시 중국의 부동산이 과도하게 거품론이 한창 일어날 때였다. 이 사람은 영국에서 홍콩이 반환될 때 홍콩 건물들을 헐값으로 사들여 최고의 부동산 부자가 된 화제의 인물이다. 이런 소문이 퍼지면서 부동산 거품론이 한창이던 당시 난데없이 집값 상승을 부추기는 요인이었던 셈이다.

중국에서 불평등 문제는 뜨거운 감자다. 대체로 경제성장과 무역 흑자의 이익을 일부가 편식하고 있는 데 따른 것이다. 소득의 불균형이라는 얘기다. 중국의 소득 불균형은 다른 나라에 비해 심각하다. 어쩌면 세계에서 가장 소득 불균형이 심한 지역이라고 해도 맞는 얘기다.

그럼에도 중국은 현재 안정적인 사회시스템으로 돌아가고 있다. 부동산은 민간 자산 중 가장 중요한 부분을 차지한다. 통상 상식적인 부동산 시장은 구매력에 의해 가격이 결정된다. 이는 집값과 소득의 비례를 이르는 말이다. 집값이 소득의 몇 배냐는 말인데, 미국은 연 수입의 4배 정도이고, 홍콩과 일본은 8배에 이른다.

안정된 사회의 부동산 시세는 연 소득의 8배 안팎이라고 본다. 그러나 지금 중국은 이 비율이 15배에서 20배에 이른다. 소득이 두 배로 오른다고 해도 여전히 집값이 높다는 것이다.

중국의 부동산 실수요자들은 부동산 시세가 계속 오르기를 바랄 것이다. 이런 바람은 부동산에 계속 투자한다는 의미다.

부동산 가격의 상승은 향후 국민 소득 성장보다 더 고공행진을 할 것이다. 통상적으로 수요보다 가격이 더 상승하면 이를 거품이라고 한다.

거품은 유동성이 충분하고 고도의 경제성장을 보일 때 쉽게 붕괴되는 속성이 있다. 중국의 풍부한 유동성은 대략 2002년 이후부터 시작되었다. 당시 위안화가 가치를 인위적으로 낮게 가져가면서 대량의 무역 흑자를 가져왔다. 중국의 유동성은 이로 인해 더욱 크게 늘어났다. 이런 스토리는 대략 1997년 전후 동남아에 발생한 바 있었다. 그러나 달러가 바닥을 치고 솟아오면서 거품은 곧 꺼지고 화폐는 붕괴되고 말았다. 인도네시아, 태국 등이 그랬다.

중국에서 부동산 가격이 오르는 이유는 달러가치 하락에 이은 풍부한 유동성 이외에, 이른바 회색수입이라는 것이 있다. 비합법적이며 투명하지 못한 검은 돈이라는 의미다. 이런 돈이 부동산으로 흘러들어 집값을 올리고 있는 것이다. 중국의 GDP는 2007년 기준으로 대략 24조 위안이며, 회색수입은 대략 10%로 추산한다.

높은 집값에 따라 초래되는 문제는 무엇인가. 중국 지방 정부의 수입은 주로 GDP와 재정 수입으로 대표된다. 부동산 개발은 이 두 가지를 동시에 성장시킨다. 부동산 가격이 오르는 가장 큰 원인이다.

질적 성장이 수반되지 않는 과도한 부동산 가격 상승은 거품을 초래하게 된다.

현재 중국 지방 정부의 평가는 GDP와 국민 소득 증가에 따라 매겨진다. 공산당 지방 책임자 즉 당서기들은 과열 경쟁을 하기 쉽다. 향후 2~3년간 자산 거품이 더욱 초래되는 이유가 된다. 중국에서 활동하는 경제컨설턴트 셰궈중(謝國忠)은 그의 저서 《중국이 말하지 않는 중국 경제의 진실》을 통해 2012년 거품이 터질 수도 있다고 예측한다.

중국은 양적 성장에 치중한 나머지 질적 성장에 그다지 관심을 두지 않고 있다. 대도시 지방정부들은 부동산을 경제 성장의 구세주쯤으로 여긴다.

중국 전역에 부동산 광풍이 불어 닥치고 땅과 집이 투기의 대상이 되는 배경에는 지방 정부들의 성장 지상주의가 원인이다. 지방정부가 재정수입을 확보하기 위해 땅값을 올리고 외부자본에 비싸게 매각하다 보니 땅값이 뛰고 주택 가격이 오르는 것이다.

뚜렷한 간판 산업이 없는 지방 정부들은 세수의 70~80%를 부동산에서 올리고 있다. 정상적인 생산 활동과 관계없이 재정수입이 늘어났는데도 지방정부들은 외자가 들어와 지역 경제가 활성화되었다고 선전을 해댄다.

중국사회에는 부동산 불패신화를 믿는 사람들이 많다. 도시화, 국제화 등이 진전됨에 따라 가격도 오르고 거래도 늘어날 것이라고 생각하는 것이다.

자원이 유한한 일본도 경제와 부동산이 20년 이상 장기간 성장세를 유지해왔다. 중국에서 부동산 시장이 본격 형성된 것은 10년밖에 안 되었다. 중국은 자원이 무궁하고 시장 수요도 강하다. 장기적으로 볼 때 중국 부동산 랠리는 지금 막 시작되었다고 볼 수 있다.

거품은 조만간 폭발할 것이다

거품은 현실에 대한 과장이다. 낮은 원가와 강력한 성장은 거품을 만들어내는 자양분이다.

거품을 유지하는 방법은 있다. 바로 위안화 절상이다. 과거 일본은

‘플라자 합의’ 이후 엔고로 인해 핫머니가 흘러들어 유동성을 풍부하게
할 수 있었다. 더불어 일본의 기술은 세계 최정상이다. 부분적으로 이
런 요인들이 엔고의 충격을 완화할 수 있었다. 그러나 중국기업들은 이
런 능력이 없으며 중국은 일본을 벤치마킹할 수도 없다. 중국은 오로지
낮은 땅값과 저임금 등 낮은 원가에 의지해 성장했기 때문이다. 그러나
앞으로 수출이 경제 성장을 촉진하는 시대는 정점을 찍고 내리막길로
들어섰다는 견해가 지배적이다. 내수 소비가 새로운 성장 엔진이 돼야
한다는 점이다. 이런 시스템 전환은 당연히 정치 경제적인 대변혁이 뒤
따라야 하지만 중국은 아직 시도조차 하지 못하고 있다.

지난 10년 동안 중국은 줄곧 내수 소비 촉진을 위해 노력했지만,
GDP에서 차지하는 내수 비율은 해마다 감소하고 있다. 신흥 중산층이
소비를 촉진하지 못하고 있다는 얘기다.

지난 10년 동안 중국은 엄청난 화이트칼라를 양산했다. 엔지니어 컨
설턴트, 회계사, 변호사, 은행가 등이 그들이다. 이들은 주택과 자동차
를 쉽게 구입하고 휴가를 즐겼다. 그러나 자산 가격 상승 속도가 수입
상승의 속도를 추월하면 미래가 불안해진다. 이는 곧 부동산에 뛰어들
도록 환경을 조성한다는 의미다. 일에 매진하는 사람이 아니라 투기꾼
들이 더 많아진다는 점을 의미한다. 수많은 회사와 사람들이 부동산 사
업에 경쟁적으로 뛰어드는 이유다. 향후 몇 년 동안 중국의 거품은 걷
잡을 수 없이 커질 것이다. 거품은 예외 없이 꺼지기 마련이다.

유례없는 달러 인플레이션 시대에 미국의 앞날 예측은 여기저기서
나오고 있다. 인플레 위기가 오면 미국 연방준비제도는 금리를 올릴 것
이고 결국 중국에서 자금이 빠져나갈 것이다. 아울러 인플레이션은 결
국 중국 부동산 거품을 붕괴시킬 것이다. 달러가 강세로 돌아서면 대체

로 개발도상국은 화폐위기를 겪게 되는 것이 그간의 교훈이었다. 20여 년 전 라틴아메리카에서 그랬고 10여 년 전 아시아와 러시아에서도 비슷한 상황이 벌어졌다.

인플레이션은 화폐 현상이다. 중국의 화폐 공급 증가율이 30%이고, GDP 성장률이 5%라고 가정하면 25% 차이는 반드시 인플레이션 현상으로 나타날 것이다. 중국에서는 2012년 인플레이션이 상당한 수준으로 나타날 것이라는 예측이 대세를 이룬다. 2012년을 비롯해 향후 1~2년 이내에 부동산 거품이 반드시 꺼질 것이라고 보는 것이다. 이유는 두 가지다. 위에 서술한 인플레이션이 첫째 이유이고, 두 번째는 자본 유출을 막기 위한 중국정부의 대항 조치이다.

미국의 연방준비제도는 인플레이션을 막기 위해 금리를 5% 이상 올릴 것이고, 중국은 금리 수단 등을 사용해 이에 대항하면 돈줄이 막히기 시작할 것이다. 결국 유동성에 문제가 생기면 은행들은 돈을 거둬들이게 된다. 거품이 붕괴된다는 의미다.

중국의 경제학자들은 체제 안정에 있어 실업보다 인플레를 훨씬 위협적인 요인으로 꼽고 있다. 살인적인 인플레는 지난 1940년대 말 막바지 내전에서 장개석의 국민당이 공산당에 패해 대륙에서 쫓겨난 원인 중의 하나로도 지목되고 있다.

당시 상황을 묘사한 한 소설에는 "책 한 권을 사려고 리어카 한 대 분량의 돈을 싣고 서점으로 향했다."는 주인공의 구술이 나온다. 고물가 인플레는 이처럼 체제를 뒤흔들기도 하고 나아가서는 천하의 대권까지 빼앗는 화근덩어리였다.

1989년 톈안먼 사태도 표면적으로 민주화 요구시위였지만 속내를 들여다보면 물가불안과 경제불안정이 내재되어 있었다.

중국은 여전히 경제 성장의 고삐를 크게 늦출 만큼 여유가 있는 상황이 아니다. 지난 2009년, 금융위기 회복을 위해 성장률을 9%를 잡았던 중국은 2010년 상반기 8%로 낮추었고 내년부터는 7% 성장을 목표로 삼고 통화 정책을 비롯해 거시경제를 운영해 나간다는 계획이다. 전문가들은 7% 성장을 목표한다고 인플레가 잡힐지도 의문이지만 과도한 긴축으로 경기가 급랭해 성장률이 6% 이하로 뚝 떨어지는 상황도 걱정이라고 지적한다.

경기 급강하는 곧바로 실업대란을 야기할 수 있다. 수출과 함께 성장의 한 축으로 부상 중인 소비가 위축되면 덩달아 투자와 고용도 부진해지고 자연히 경기는 악순환에 빠져들게 된다. 때문에 전문가들은 중국 당국이 추가적인 금리인상에 대해 극도로 신중을 기할 수밖에 없을 것이라는 관측을 내놓고 있다. 증폭되는 고물가 불안감을 해소하고 중국 경제가 안정 성장의 궤도에 진입할 수 있을지는 의문이다. 중국 지도부가 또다시 어려운 시험대에 올랐다.

무엇보다도 중국의 부유층이 폭발적으로 성장하고 있다는 점이다. 2009년 말 중국 인구의 5% 수준인 6,500만 명의 연간소득이 3만 5,000달러에 이르고 그 대부분이 주요 도시에 거주한다는 사실이다.

새롭게 등장한 중국의 부유층은 유럽이나 미국의 부유층에 비해 다양한 투자 상품에 접근하기가 용이하지 않다. 금융시장이 발달하지 못한 상황에서 부동산이 최고의 우선 투자 대상이라는 의미다.

중국정부는 부동산 시장 붕괴를 예방하기 위해 2001년~2007년에 미국정부가 취한 조치보다 더 확실하게 부동산 거품 방지 대책을 시행하고 있다.

2009년 이후 두 번째로 주택 구입을 위한 대출금 제한 조치를 취했고, 일부 대도시들은 부동산 투기꾼들에 대한 제재 조치를 취했다.

또 다른 문제는 중국 경제가 수출에 의존하고 있다는 점이다. 2007년에는 미국에 대한 수출이 GDP의 12%에 차지했다. 그리하여 중국은 점차 체질개선을 도모해왔다. 따라서 금융위기와 같은 외부의 충격에 약간 흔들리고 속도가 느려지기는 했지만 계속 성장을 구가할 수 있었다. 수출과 내수가 균형 잡힌 모습으로 체질 개선을 해왔다는 것이다.

2010년 중국이 수입한 상품과 서비스 규모는 2009년보다 4,000억 달러 증가한 1조 4,000억 달러에 이르렀다. 같은 해 미국의 수입 규모는 2조 3,000억 달러였다. 이런 추세라면 중국의 수입은 5년 안에 미국을 앞지를 것이다.

인플레이션과 버블에 대한 우려

향후 5년간 중국의 정책결정자들은 양적 성장보다는 질적 성장에 우선순위를 둘 것이다. 질적 성장은 전체 GDP에 대한 개인들의 소비 증가를 의미한다. 의료보험, 연금개선 조치, 도시 이주노동자들의 권리 향상, 대체에너지에 초점을 맞춘 에너지 효율의 증대 등이 포함된다.

2030년에는 소득이 현재의 6,000달러에서 2만 4,000달러로 4배 증가할 것이고, 부의 증가는 사회적인 변화를 동반하게 된다.

2011년 7월, 중국 남부에서 발생한 고속열차 충돌 사고는 상징적이다. 중국정부의 초기 대응은 질적 성장과 지속가능한 성장으로 들어섰음을 보여주는 것이다. 고속열차를 탄 중산층의 반발을 의식한 중국정부는 모든 것이 속도전으로 진행되는 것이 능사가 아니라는 교훈을 얻었을 것이다.

현재 중국은 세계에서 청정에너지 개발에 가장 적극적으로 나서는 국가다. 석유와 가스 연료 사용도 단계적으로 줄이는 정책을 시행하고 있다.

현재 중국에서 단기적으로 가장 중요한 정책은 인플레이션 억제 정책이다. 인플레를 잡지 못하면 중국 경제는 물가고에 부닥칠 수밖에 없다. 따라서 최근 중국 관리들은 과도한 경기부양책을 자제하고 통화 공급의 속도를 늦추며 물가상승을 억제하는 정책을 시행하고 있다. 인플레 억제가 실패하면 중국 중산층의 부는 순식간에 증발하는 현상을 경험할 것이다.

중국 지도부는 이런 현상을 제대로 인식하고 있으며, 8,000만 명의 당원을 거느린 중국공산당이 세계에서 가장 큰 정당이 아니라 상공회의소라는 지적을 하고 있다. 중국공산당은 일당독재임으로 경쟁상대가 없다는 것이다. 이는 매우 효율적으로 정책을 집행하며 이익을 추구한다는 사실로, 정부의 빠른 정책 결단력과 속도로 집행이 가능하다는 것이다. 일본이나 서구 같은 민주 국가에서는 불가능한 일이다.

중국 경제는 향후 세계 경제와 맞물려 돌아갈 것이다. 2008년, 글로벌 금융위기에 이어 2차 위기가 닥칠 것으로 보는 견해도 많다. 지난 2008년 1차 위기 때 도화선은 미국의 비우량 주택담보대출(서브프라임)이었다. 2차 위기의 도화선은 유로존이다. 유로존은 그리스와 아일랜드, 포르투갈에 이어 스페인에 구제 금융을 제공하며 문제를 해결하려

186

노력하고 있지만 근본적인 해결책을 찾지 못하고 있다.

스페인 위기가 가라앉을 것처럼 보이지만 스페인은 구제하기에는 규모가 너무 크고 부동산 버블 또한 심각하다. 스페인은 유럽에서 부동산 버블이 가장 심했다. 영국과 독일, 프랑스, 아일랜드 등 유럽 다른 국가들의 자금도 상당 규모 스페인의 부동산 버블에 투입되었다. 유로존은 조만간 남유럽 국가들에 끝도 없이 구제 금융을 제공하는 것보다 차라리 이들 국가의 채권이 디폴트되도록 내버려 두는 것이 오히려 낫다는 사실을 깨달을 것이다.

유로존 위기가 해결되지 않으면 결국 미국의 기업과 은행 시스템, 소비자들이 영향을 받아 경제가 위축되기 마련이고, 이미 둔화 조짐을 보이는 중국의 수출 산업은 타격을 받을 것이다.

이에 중국 경제가 경착륙하고 이 결과 중국의 부동산 버블과 상품 버블이 연달아 붕괴될 것으로 보인다. 아울러 중국에 상품을 수출해왔던 많은 신흥국 경제마저 무너뜨릴 것이다. 특히 한국은 수출이 전체 경제의 30% 이상을 차지하는데다 한국 최대의 수출 파트너가 중국이니만큼 중국 경제가 급강하할 때 가장 심각한 타격을 입을 것이다.

중국 경제는 지금 사상 최악의 버블을 안고 있다.

신흥국들은 주로 수출을 통해 성장 단계에 접어들어, 정부가 각종 인프라 건설을 통해 수출을 지원했다. 한국처럼 중국 역시 이 같은 경로를 밟았다. 문제는 중국이 필요보다 2배나 많은 과잉 투자를 했다는 점이다. 주택, 상업용 부동산, 생산 능력, 도로와 철도 등에 중국은 엄청난 규모로 과잉 투자해왔다. 시골에서 도시로 끊임없이 올라오는 노동 인구를 흡수하기 위해서라도 중국정부는 투자를 계속할 수밖에 없었고, 이는 사상 최악의 버블을 만들어냈다.

중국 소비의 60%는 소득 상위 10%가 차지하고 있다. 부동산 버블이 꺼지면 이들 고소득층이 가장 심각한 타격을 받아 소비를 급격하게 줄일 것이다. 많은 중국인들이 그동안 은행 금리가 너무 낮아 은행에 돈을 넣어두지 않고 부동산에 투자해왔다. 중국의 부동산 버블이 터지면 중국 은행권의 부실채권이 급증해 은행 시스템 또한 위험해질 것이다.

현재 중국의 핵심 병폐는 관료부패다. 특권을 쥔 간부(관리)가 기업과 결탁해 인민의 재산을 도둑질하는 형태가 만연한다. 공산당 일당제 아래서 공산당 간부의 부패를 견제할 수단이 없기 때문이다. 중국의 고민을 경제논리로 풀 때가 지났다는 말은 그래서 나온다. 중국 최고의 경제학자인 82세 고령의 우징롄(吳敬璉)이 "정치개혁 없이는 경제개혁도 없다."고 부르짖는 이유다.

중국에서 유행하는 말 중에 '피 묻은(帶血的) GDP'라는 것이 있다. 괄목할 만한 성장 뒤에는 인권의 희생이라는, 즉 수많은 인민의 피와 눈물이 고여 있다는 것이다. 지난 5일 원자바오 총리는 전국인민대표대회의 정부 업무보고에서 2012년 경제성장률 목표치를 7.5%로 낮춘다고 밝혔다. 8%를 지킨다는 전통적인 '바오바(保八)' 정책에서 후퇴한 것이다. 대신 정치개혁을 포함해 개혁만 60차례 이상 언급했다.

성장 속도를 늦추더라도 민주선거, 법치확립, 인권존중 등 중국의 민주화를 한 단계 더 진척시키자는 것이다. '고성장 저(低)인권'의 악순환에서 벗어나자는 각오다. 그래야 성장도 지속될 수 있다.

연착륙, 경착륙 따위의 한담을 논할 때가 아니다

이제까지 중국 경제와 관련한 다양한 문제들을 짚어보았다. 이제 차분히 정리할 단계이다.

현재 중국경제의 당면 문제는 연착륙이냐 경착륙이냐가 아니라는 점이다.

2012년 현재, 중국은 규모 면에서 미국 이외에는 경쟁자가 없을 정도다. 1978년-2009년, 즉 31년 동안의 연평균 성장률이 무려 9.9%였다. 통계를 보면 그 위세를 짐작하는 데는 무리가 없다.

2010년 당시 세계 2위였던 일본을 따라잡은 후에도 9%가 넘는 고속성장을 지속하고 있었다. 20년 내에 미국을 규모 면에서 앞선다는 주장이 나오는 것도 이상한 일이 아니다.

이처럼 30년간 지속된 중국의 고속경제성장은 사람들에게 중국경제 불패의 신화를 심어주기에 충분했다.

과거 중국경제가 꺾인다는 예측이 얼마 후 보기 좋게 빗나가는 경우가 몇 번 있었다. 웬만한 전문가들조차 중국경제에 대한 부정적인 전망을 내놓기를 꺼려한다.

일부 전문가들은 중국경제가 심상치 않다는 의견을 내놓고 있지만 대다수의 사람들은 중국경제가 이런저런 문제점을 극복하고 다시 제자리를 찾을 것이라 믿고 있다.

그러나 과연 그럴까? 그렇지 않다는 통계들이 속속 드러날 것이다.

예를 들어 저수지의 물을 논에 댄다고 하자. 수로가 직선으로 잘 정비돼 있으면 원하는 양의 물은 빠른 속도로 논에 다다를 수 있다. 그러나 애초 수로가 휘어지면 제약이 가해진다.

같은 논리를 중국경제에 적용해보자. 후진적인 경제를 성장시키기 위해 자원이 의도적으로 동원, 투입되는 방식은 개발도상국 전략의 특징이다. 그러나 바로 그런 자의적이고 과도한 국가개입은 기술발전의 부진, 불균형성장, 그리고 특히 금융 산업의 기형화 등의 모습을 띤 경제구조 왜곡 현상을 초래한다.

여기에 정치변수가 개입되어 권력이 경제구도를 뒷받침하는 모습을 띠게 되면 구조의 왜곡은 더욱 견고해진다. 상상을 초월하는 정경유착은 대표적인 예가 된다. 문제는 '구조'라는 말이 함의하듯 왜곡을 바로잡기가 매우 힘들다는 사실이다.

중국경제의 당면 문제는 경착륙 혹은 연착륙이 아니다. 이는 한담에 불과하다. 수로가 휜 현상, 즉 구조왜곡 현상이 바로잡히기 전에는 제대로 돌아가기 힘들다는 진단이다.

경착륙과 연착륙은 경제가 나빠졌다가 다시 좋아지는 현상을 의미하는 순환적인 뜻을 지니고 있다. 그러나 일단 경제구조의 왜곡이 심해지면, 경제는 추락하거나 꺾이게 될 뿐 다시 좋아지기는 어렵다는 의미다.

따라서 2012년 2분기 중국의 경제성장률이 7.6%를 기록하자 중국 정부가 마지노선으로 삼고 있는 '바오바', 즉 8%가 무너졌다고 경착륙 운운하는 것은 평면적인 진단에 불과하다.

마치 나무가 꺾인 다음 꺾인 부분이 원상태로 회복되는 것은 불가능하듯이 중국경제 또한 구조적인 한계에 봉착하여 꺾이게 된다는 지적이다. 일단 추락 국면에 들면 추락을 멈추는 것이 매우 힘들 것이라는 것으로, 경기가 좋아지면 다시 떠오를 수 있을 정도의 간단한 문제가 아니라는 얘기다.

지금까지 중국 경제는 기술, 제도의 개선이나 혁신 없이 '거대한 투입'만 있었다. 기술이 지속적으로 발전하지 않는 경우 산업 전체는 수확체감의 법칙에 걸린다는 사실이다.

지금 중국 경제는 이 벽을 넘는 것이 힘들어 보인다. 중국이 새로운 성장 동력을 찾지 못할 경우 중진국 위험에 빠질 수 있다. 경제성장은 노동력의 투입, 자본 투입, 효율성 제고 등 3대 요소로 이루어지는데 중국은 자본 투입에 점점 더 많은 것을 의존하고 있다. 당연한 결과로 효율성 제고가 없을 경우 급격한 성장 둔화에 빠질 수 있다.

중국의 경제성장 정책은 한국의 수출주도형 정책을 그대로 모방했다고 볼 수 있다. 물론 한국보다 30배 이상 크기에 단순 비교는 곤란하다. 하지만 넘쳐나는 노동력 이외에는 자본도 기술도 없었던 중국은 우선 화교자본을 끌어들여 급한 자본을 마련한 후, 선진국의 자본을 유입해 큰 기술이 필요 없는 단순한 제조업에 과감하게 쏟아 부었다.

때마침 중국이 날아오를 무렵의 산업시스템은 '생산의 국제적 재조직'이 이루어지고 있는 시기였다. 선진국 대기업들은 단순 노동력으로 가능한 일들을 해외의 노동력이 저렴한 국가로 돌릴 수 있었다. 그 덕분에 중국은 일용잡화와 같은 저가품의 생산뿐만 아니라 첨단상품의 수출에도 참여할 수 있었다.

이렇게 세계의 공장으로 일어선 중국의 경쟁력은 당연히 엄청난 규모라 할 수 있다.

중국은 '인민과 기업의 돈을 쥐어짜서 경제를 돌리고 있다.'는 비판의 소리가 많다. 4대 국유은행은 중국 전체 금융자산의 70%를 넘었다. 이들 은행은 중국의 기업들에게 직접 자금을 대출해주며 이자율은 매우 싸다.

사회보장제도가 완비되어 있지 않기에 노후대책은 아예 없는 반면, 주식 및 다른 금융제도는 딱히 가지고 있지 못한 중국인들은 거의 반강제적으로 아주 낮은 금리에도 불구하고 중국의 국유은행에 예금을 할 수밖에 없었다. 이러한 저리의 저축은 저리의 투자가 되어 중국기업들에게 보조금을 주는 것이나 마찬가지의 효과를 불렀다.

문제는 거대 투입경제가 어느 수준까지는 폭발적인 성장을 불러오지만, 한계에 이르면 수확체감으로 이어진다는 것이다. 중국경제가 지금 직면하고 있는 문제가 바로 경제 전체의 '수확체감의 법칙'이라는 점이다.

세종연구소 김기수 박사가 이 점을 제대로 지적했다. 그는 "엄청난 경제규모를 돌리기 위해 황당한 투자가 줄을 잇고 있는 것은 물론, 달릴 자동차가 없는 고속도로나 교량에 엄청난 규모의 철근과 콘크리트가 투입되는 것 또한 이득이 변변치 않은 투자의 좋은 예"라고 지적한다.

다시 말해 '과잉생산'의 덫에 빠진 것이다. 국유은행 총대출의 95%가 국유기업으로 흘러 들어가고 있지만 국유기업의 생산성 역시 대단히 낮다. 이익을 중심으로 평가되지 않는 국유기업에 과잉 자본이 쏠리고, 그렇게 해서 부실해진 국유기업에 또다시 국유은행의 엄청난 대출 자금이 쏟아지는 형국이다. 그 결과 부실채권이 어마어마한 규모로 쌓이고 있는 것이다.

이것이 중국 경제가 당면한 산업구조 왜곡 현상이다.

또 하나 중국경제의 심각한 왜곡 현상은 금융 산업이다.

우선 중국은 국민들에게 전략적으로 중요하다고 선정된 기업에 자금을 투입하기 위해 저축을 유도한다. 그리고 사회보장제도를 제대로 갖춰주지 않았기 때문에 중국인들은 노후를 위해서라도 저축해야 한다. 대안이 없는 상태에서 반강제적으로 이루어지는 저축으로 예금 이자율도 높게 책정할 필요가 없다. 이렇게 모은 저리의 자금을 특히 국유기업에 대규모로 대출하기 때문에 은행은 당연히 국가의 시책에 따를 수밖에 없다.

문제는 손쉽게 돈을 얻어 쓰는 경우 치열하게 이익을 내야 할 동인이 사라진다는 것이다. 결국 수익의 핵심 동인인 기술개발 역시 부진할 것이고, 생산성이 떨어지면서 기업도 부실화되고, 그것을 덮기 위해 은행은 더 많은 돈을 투자해야만 한다.

이는 기업의 생산성과 관련된 왜곡현상인데, 금융 산업 자체는 다시 왜곡된다.

중국은 기초적인 1차 금융 구조이기 때문에 직접금융, 즉 주식 혹은 채권시장이 발달할 수가 없다. 직접금융이 발달하려면 수익률을 놓고 은행들끼리 경쟁해야 한다. 그렇게 되면 예금 이자율이 올라갈 수밖에 없으므로 중국정부는 직접금융시장의 발전을 의도적으로 억제하고 있다. 수익성이 좋은 다양한 보험 상품이 있는 경우에도 중국인들의 예금은 줄어들 것이므로 그것 또한 중국정부에게는 달갑지 않을 것이다.

이는 중국정부가 자본시장을 개방하지 못하는 이유이다. 가장 큰 문제는 산업과 금융 전체의 수익률이 점차 하락한다는 사실이다. 다시 말해 기형적인 산업을 뒷받침하기 위해 금융시장을 왜곡시켰고, 그 결과 투입 대비 수익성이 줄어들면서 경제성장이 꺾인다는 논리다.

결과적으로 현상의 피해는 장기적으로 국민들의 몫으로 돌아간다는 것이다.

특히 2000년 이후 GDP 성장률은 대단히 높았지만, 그와는 달리 국민의 가처분 소득 증가율은 이에 한참 못 미치는 현상이다. 이는 일반 국민의 희생을 보여주고 있다. 그렇다면 중국국민은 언제까지 이를 감수해야 할 것인가.

외환시장, 노동시장 등 경제의 거의 전 분야가 위와 비슷하게 왜곡돼 있다고 보면 된다.

수출에 목을 매다 보니 정부의 과도한 개입을 통해 위완화의 저평가를 유도해야만 한다. 이는 다시 국내금융 산업에 압박이 가해진다. 노동시장 역시 농촌에는 풍부한 노동력이 있으나 이를 활용할 제도적 장치는 마련되지 않고 있다. 호구제와 같은 봉건 공산주의 잔재가 남아 있는 현실은 노동시장이 왜곡될 수밖에 없는 현실을 보여준다.

과연 중국공산당 정부가 현명하게 이런 문제를 헤쳐 나가 다시 경제 활성화를 유도할 수 있을까. 전문가들은 현재 중국의 문제를 해결하기 위한 개선책으로 '위안화 평가 절상', '이자 결정의 자유화', '임금의 더 빠른 인상', '국유기업의 민영화' 등을 중국정부가 취해야 할 정책 대안으로 거론한다.

중국공산당의 한계

공산당 일당 지배 구조의 현재 상황이 개선될 가능성은 거의 없다는 견해가 지배적이다.

'위안화 평가 절상'의 경우만 해도 그렇다. 말이 쉽지 위안화 가치를 올리는 것이 얼마나 어려운가. 수출이 감소하는 것을 감내해야 하고 저성장이 뒤를 잇게 된다. 당연히 실업문제가 발생할 것이고, 사회적 동요 현상이 뒤따를 것이다.

이는 공산당이 도저히 받아들일 수 없는 사안이다. 소비 촉진을 위해 저축률을 낮추면 대출이 줄어들어 성장이 저하된다. 그렇다고 금융시장을 개방해 효율성을 높이면, 중국인들의 저축이 다른 곳으로 흐르면서 기업에 대한 대출이 줄고 이자율 역시 올라가 기업의 채산성이 악화된다.

한마디로 고성장을 포기하고 지금의 경제구조 전체를 손보기 전에는 더 이상의 발전이 불가능하다는 점이다.

정치 분야의 후진성은 더욱 큰 골칫거리다. 상상을 초월한 정경유착과 부패 역시 중국경제를 옥죄고 있다. 공산당이 지배하는 중국의 정치 세력은 정쟁과 권력 쟁탈에 매몰돼 경제 개선을 할 여력이 없다는 사실이다. 왜곡된 구조가 바로잡힐 가능성이 거의 없는 가장 큰 이유다.

중국의 저렴한 노임과 토지비용은 다른 국가들이 감히 흉내조차 못 낼 수준이다. 중국의 노동집약 산업을 육성하는 조건은 이미 완비된 셈이었다. 때문에 노동집약 산업을 운영하는 것이 불가능했던 국가의 기업들이 중국에 투자하는 것은 이상한 일이 아니었다. 자본, 노동, 토지, 그리고 기술, 즉 기계가 완비된 가운데, 이것을 조합하는 경영 및 행정 능력에 이상이 없다면 물품을 생산하는 것은 어려움이 없다.

중국 경제 석학 량셴핑 홍콩 대 교수의 비유는 적절하다.

"열심히 도로를 닦아봤자, 도로 위를 달릴 자동차가 중국에는 있는가. 달릴 자동차가 없는 고속도로는 과잉 생산에 불과하다. 고속도로 건설에 필요한 철강재와 시멘트를 구입하겠다는 정부의 발표 덕분에 시장은 과잉 생산된 2억 톤의 철강재와 5억 톤에 달하는 시멘트를 소화할 수 있었다. 하지만 고속도로를 완성한 뒤에는 어떤 상황이 펼쳐졌을까. 고속도로를 씽씽 달려줄 자동차가 없으니 또 하나의 잉여자원이 생산된 것에 불과했다. 이렇게 되면 관련업종은 또다시 '과잉 생산'의 함정에 빠지는 악순환이 반복된다. 그렇다면 지금 중국에는 인프라 사업을 대체할 새로운 경제성장 동력원이 있는가. 애석하게도 없다. 이는 2008년 (총투자 대비) 57%를 차지했던 철근 콘크리트 소비가 2009년에 이르러 67%로 증가한 반면, (일반인의) 소비는 (GDP 대비 35%) 29%로 줄어든 현실이 증명한다."

여기서 중국 국민이 못살게 되는 구체적인 메커니즘이 밝혀진다. 량 교수의 말이다.

"결론적으로 인프라 건설에 투입될 자금을 서민에게 주어 그들을 부유하게 만들어야 한다. (이것을 달성하기 위해서는) 기업이 더 많은 수익을 낼 수 있도록 정부가 적극 도와줘야 한다. 기업이 많은 수익을 얻으면 임금이 올라갈 것이고, 궁극적으로는 중국 서민들의 주머니 또한 두둑해질 것이기 때문이다. 이렇게 차근차근 서민들의 소비를 뒷받침하면 내수 역시 자연스레 성장하지 않을까. (여기서 중요한 것은) 기업의 이윤을 소비로 전환하는 방식만이 (장기적인 관점에서) 중국경제를 이끌어갈 수 있는 방안이라는 사실이다. 그러나 뒤집어 보면 일이 그렇게 안 되고 있는 것이 중국의 현실이다. 다른 국가에서는 소비가 GDP의 무려 70~80%를 차지하는 데 반해 중국은 35%를 넘기지 못하는 이유이기도 하다. 이 정도면 중국정부가 국민에게 어떤 희생을 강요하고 있는지는 분명해진다. 그 결과 경제의 가장 큰 목표인 소비자 후생 증진과는 별 상관없이 경제가 운영되면서, 중국경제가 어떻게 왜곡되는지를 파악하는 데도 무리는 없다. 아울러 치솟는 임금은 향후 감당하기 힘든 현실적 난제가 될 것이다."

1990년 이후 태어난 젊은이들에게 큰 도시에서의 생활이 개인적인 만족을 추구하는 형태로 가는 것만은 분명하다. 젊은이들 모두는 1가구 1자녀 정책이 시행된 후 태어났다.

어려서부터 집에서 귀한 태자 혹은 공주 대접을 받아서인지, 지금의 상황에 불만이 있는 경우 이를 외부로 표출하는 데도 거리낌이 없다. 이들에게 희생을 기대할 수 있을까. 한마디로 더 이상의 희생은 참을 수 없다는 것이다.

중국 특유의 정경유착은 경제의 발목을 잡는 암적 요소이다. 2010년, 폭로 인터넷 사이트인 위키리크스(WikiLeaks)가 숨겨진 사실을 처음 보도한 후, 점차 모습을 드러내게 된다.

후진타오, 원자바오 등 중국의 핵심 권력자, 즉 정치국 상무위원 9인이 사업을 어떻게 분배, 지배하고 있었는지가 밝혀졌다. 인터넷 사업, 보석, 베이징 부동산 개발, 석유, 전력, 그리고 금융 등이 사실상 이들을 비롯한 최고위층의 손아귀에 있다는 것이 위키리크스 폭로의 핵심이다

2012년 초, 보시라이 사건이 터지면서 중국 지도층의 부패 상황이 다시 한 번 밝혀졌다. 보시라이 사건으로 불거진 비리는 2년 전 위키리크스의 보도와 비교해 더 자세했다. 권력이 돈에 개입되는 구체적인 메커니즘이 드러난 것이다.

미국의 불룸버그 통신은 시진핑을 포함한 일가친척의 재산이 무려 4억 달러(한화 약 4,600억 원)라고 평가한 적이 있다.

2004년 저장 성(浙江省) 당위원회 서기였던 시진핑 자신이 중국 전역에 반부패 운동을 전개하면서, 배우자와 자녀, 친척, 친구들을 확실히 단속하고 권력을 축재의 수단으로 사용하지 말도록 서약할 것을 주문

했다는 보도도 있었지만, 사실 여부는 확인할 수 없다.

중국 경제 발목을 잡는 요인들

1993년에 노벨 경제학상을 받은 로버트 포겔 미 시카고 대 교수는 "2040년에 중국이 전 세계 생산량의 40%를 차지해 14%에 그칠 미국을 압도할 것"이라고 했다. 미래학자 존 나이스비트도 저서 《메가트렌드 차이나》에서 "중국은 미래에 단순한 세계의 공장이 아닌 세계를 지배할 기술 혁신자로 탈바꿈할 것"이라고 낙관했다.

랑셴핑 교수가 최근 서울에서 펴낸 《누가 중국경제를 죽이는가》는 이런 중국 대망론에 찬물을 끼얹으면서 정면 반박했다. 랑셴핑은 세계를 호령하는 중국 경제는 허상이라면서 제발 자중하고 겸손해지라고 충고했다. 2020년 전후 미국을 추월하겠다고 기염을 토하는 중국공산당에 대해서도 얼토당토않은 선전선동술이라고 일갈한다.

그는 "저렴하고 우수한 품질의 '메이드 인 차이나'를 만들어내기 위해 얼마나 많은 중국인이 얼마나 많은 피땀을 흘렸을지, 그리고 환경을 얼마나 많이 파괴했을지 생각해보라. 그런데도 중국은 존중받기는커녕 걸핏하면 세계 각국으로부터 무역제재를 당하고 있다. 거대한 내수 시장을 가진 중국이 지난 30여 년 동안 어렵사리 길러낸 몇몇 기업 중에 세계로부터 진심 어린 존경을 받는 곳이 단 한 곳도 없다는 사실은 서글픈 일이다. 게다가 중국인 스스로 존경할 만하다고 인정하는 기업 역시 손에 꼽을 정도다. 그 까닭은 무엇인가."라고 반문한다.

그는 돈 버는 데만 급급한 습성, 무턱대고 문을 닫아걸고 바깥세상은 제대로 이해하지도 못하면서 큰소리치는 현실, 세계가 중국을 어떻게 생각하고 있는지 모르는 답답함 군상들이라고 비난하기도 했다.

량셴핑은 제갈량을 예로 들기도 한다.

"지금도 수억의 중국인들이 신으로 추앙해 마지않는 제갈량은 정말 위대한 전략가라고 할 수 있을까. 제갈량은 추운 겨울에 불가능성이 거의 없는 동풍의 힘을 빌려 적벽대전에서 대승을 거두었다. 만일 그가 바라던 대로 동풍이 불지 않았다면 수만 명 병사들의 귀중한 목숨은 수장되었을 것이다. 이것이 적벽대전의 전말이다. 적벽대전은 '혹시나 하는 마음', 요행심에 기댄 '저확률 사건'에 불과하다."

이런 요행심, 저확률 게임 등이 중국 경제의 근간이라고 했다. 특히 인륜, 상도덕 등은 내팽개친 채 오로지 돈 버는 데 혈안이 되어 있는 것이 지금 중국기업들이라고 비판하면서 오래가지 못할 것이라고 비관한다.

량셴핑은 "서양인의 피는 종교로부터 주어진 책임감에서 비롯된 것이다. 그러나 중국인의 피는 자아를 중심으로 이루어졌다. 자신만 위하는 환경에서 그들의 발언은 지극히 자연스러운 것이다. 그러나 기업가의 책임은 곧 인륜이고 도덕이다. 기업가들은 돈을 지불할 충분한 능력이 있지만 자선활동을 해서는 안 된다고 이야기한다. 자선은 자신과는 아무런 관계도 없는 '남의 일'이기 때문이다. 기업가들은 더 많은 돈을 벌기 위해 생산을 확대하려고 한다. 그렇게 해서 번 돈을 누구에게 주려고 하는 것일까. 바로 중국인 그 자신에게다."라고 했다.

벼랑 끝으로 달려가는 것 같은 중국 경제의 허실을 전하고 있다. 량셴핑은 특히 거대한 정신 개혁 없이는 중국기업은 절대 존경받을 수 없다고 했다.

삼성전자 시안에 세계 최대 낸드플래시 공장 설립

"이건희가 시진핑에게 큰 선물을 주었다는 말이 파다합니다."

삼성전자 이사회는 지난 4월 2일, 중국 산시 성 시안 시 고신기술(하이테크)산업개발구에 10나노급 낸드플래시 반도체 공장을 짓기로 최종 결정했다. 삼성전자는 2011년 12월, 지식경제부에 반도체 공장 건설 허가신청을 냈고, 지식경제부는 지난 1월 반도체 기술의 중국 유출과 같은 일각의 지적에도 불구하고 신청을 승인했다. 삼성전자는 오는 2013년 말부터 스마트폰, 태블릿PC 등 IT 기기에 장착되는 10나노급 낸드플래시를 시안에서 생산할 예정이다. 1차로 반도체 생산라인 건설에 23억 달러(2조 6,000억 원)를 투입하고, 이어 47억 달러(5조 3,000억 원)를 추가로 투자하기로 했다. 총 70억 달러(7조 9,000억 원) 규모로 삼성전자의 해외 반도체 단일 투자로는 역대 최대다.

산시 성(陝西省)의 성도인 시안은 당초 베이징, 충칭, 쑤저우, 선전과 함께 삼성전자 반도체 공장 유치를 두고 치열한 물밑경쟁을 벌였다. 시안은 모래바람, 교통물류, 산업용수, 인력수급 등 모든 면에서 다른 중국 내 경쟁자에 비해 불리할 것으로 예측되었다. 삼성은 이 같은 관측을 깨고 시안을 반도체공장 입지로 최종 선정했다.

삼성전자의 중국 서부지역 투자는 이번이 처음이다. 삼성전자는 한국과의 거리, 인력수급 등을 고려해 톈진, 웨이하이(威海), 쑤저우, 후이

200

저우(惠州), 선전과 같은 연해지방에서만 줄곧 생산거점을 운영해 왔다. 시안은 한국과 3시간 거리로 매일 오가는 항공편도 없고 수운(水運)을 이용할 수 있는 가까운 항구도 없다.

이에 정치적 배경이 있는 것 아니냐는 얘기가 나왔고 그 키워드로 '시진핑(習近平) 국가주석' 내정자가 떠올랐다. 산시 성은 시진핑과 떼려야 뗄 수 없다. 시진핑은 베이징에서 태어났으나 부친의 원적을 따라 자신을 '산시 성 푸핑 사람'이라고 말한다. 산시 성 웨이난(渭南) 시 푸핑(富平) 현은 그의 부친 시중쉰(習仲勳) 부총리가 태어난 곳이다. 푸핑은 시안과 1시간 남짓 거리로 사실상 단일 생활권이다.

시중쉰은 산시 성에서 공산당 유격대를 지휘하며 산간닝(산시 · 간쑤 · 닝샤) 소비에트 혁명위원회 주석을 지냈다. 두 딸인 차오차오(橋橋)와 안안(安安)도 산시 성에서 낳았다. 시중쉰은 서북지역의 당정군을 통솔하는 서북국 서기를 지내 한때 '서북왕(西北王)'으로도 군림했다. 시중쉰이 문화대혁명 때 홍위병(紅衛兵)의 박해를 당한 곳도 산시 성이다.

시중쉰의 둘째 아들인 시진핑이 문화대혁명 때 하방(下放)당한 곳도 산시 성 양자허(梁家河) 생산대대다. 시진핑은 산시에서 7년간 육체노동을 한 사실을 정치적 자산으로 삼았다. 푸젠(福建) 성장과 저장(浙江) 성 당서기를 지낼 때도 지역기업인의 산시지역 학교 후원 등을 유도하며 "산시는 나의 뿌리고, 옌안은 나의 혼"이라고 강조했다.

시진핑 부주석의 이런 연고로 인해, '삼성전자가 중국의 차기 지도자에게 주는 즉위 선물로 시안에 반도체 공장을 짓는다.'라는 얘기가 나오는 것도 무리가 아니다.

삼성전자는 2003년부터 중앙당교의 중청반(中靑班) 회원들을 한국으로 초청해 구미 사업장을 보여주는 등 시진핑과 '관시(關係 · 인맥)' 구축에 힘써왔다.

시진핑은 부주석 당시 중앙당교 교장도 겸했다. 이 같은 관계로 삼성전자는 2010년에 베이징 인민대회당에서 이건희 회장의 외아들인 이재용 삼성전자 최고운용책임자(COO)와 시진핑 부주석이 면담하는 자리를 만들어냈다.

시안에 낸드플래시 생산라인이 들어서면 이곳은 삼성전자에는 미국 텍사스 주의 오스틴 공장에 이어 두 번째 반도체 해외생산 거점이 된다. 시안에 반도체 공장이 설립되면 직접 고용 인원만 5만 명에 달하고, 부품협력업체 300여 곳도 함께 입주한다. 보시라이(薄熙來) 전 충칭 시 당서기도 삼성전자 유치에 적극적이었다고 한다. 충칭과 쓰촨 성 청뚜(成都)에는 애플의 아이폰과 아이패드를 위탁생산하는 폭스콘 공장이 있다. 세계 최대의 노트북 생산지인 충칭에는 휴렛팩커드(HP), 에이서(ACER), 아수스(ASUS)가 생산라인을 운영하고 있다.

청뚜에도 IBM, 인텔, 모토로라, 노키아, 마이크로소프트(MS)가 진출해 있다. 세계 최대 낸드플래시 공급업체인 삼성전자가 충칭에 공장을 세우면 이들 IT 기업과 공급망(서플라이 체인)을 형성하기가 쉬워진다.

더욱이 장강(長江)을 끼고 있는 충칭은 연중 건조한 시안보다 산업용수 확보가 훨씬 쉽다. 보시라이는 랴오닝 성장, 상무부장 시절부터 한국기업 유치에 수완을 보였다. 이런 조건으로 한때 가장 삼성전자 유치지로 유력했던 충칭이 보시라이의 전격 경질로 인해 무산되었다는 후문이다.

7장

기축통화 노리는 위안화 파워

위안화 환율

위안화의 달러당 환율은 21세기 경제 판도를 판가름할 가장 중요한 포인트이다. 위안화와 함께 유로화 역시 달러화에 필적할 만한 대항마이지만, 취약한 기반으로 생명력이 왔다 갔다 하는 운명에 처해질 공산이 높다. 인구 3억 600만 명에 13조 달러를 웃도는 재화와 서비스를 생산하는 유럽연합은 그리스에 이어 스페인, 이탈리아 등의 재정 불안으로 흔들리고 있다. 대체적으로 유럽연합은 오래가지 못할 것이라는 전망이다.

위안화 가치는 중국의 경제력에 비해 저평가돼 있다. 중국은 경제성장의 핵심인 수출산업의 경쟁력을 유지하기 위해 저평가를 고수할 것이다. 자국 화폐 위안화를 일종의 덤핑 상품으로 취급한다는 지적도 끈질기게 나온다. 무엇보다도 새 중국 지도부는 위안화의 환율에 민감하게 반응해왔다.

그간 위안화의 평가 절상 얘기만 나와도 세계 금융 시장은 요동쳤다.

사실 중국의 위안화는 2005년 7월 환율 조정 이후 2010년까지 21%나 평가 절상되었다. 그러나 미국은 더 절상하라는 요구를 줄기차게 하고 있다. 미국은 언필칭 불공정무역국 내지 환율조작국으로 비난하면서 슈퍼 301조를 들먹이고는 한다. 슈퍼 301조가 발동되면 모든 중국산 수입품은 미국에서 27.5%의 관세를 물도록 계획되어 있다. 이는 반대로 중국은 위안화 가치를 27.5%로 절상해야 한다는 의미다.

중국 언론은 몇 년 전 위안화 압력 테스트라는 것을 보도했다. 중국의 자체 조사결과 노동집약적인 산업의 이윤이 3%로 나왔다고 했다.

중국은 노동집약적 제조업이 전체의 80% 이상 차지한다. 3%를 어디서 든지 까먹으면 경쟁력이 사라진다는 의미다. 만약 위안화의 평가 절상이 3~5% 내지 그 이상 된다면 중국의 노동집약 제조업은 큰 충격을 받을 것이다. 이렇게 되면 주장(珠江) 삼각주에 있는 광저우, 홍콩, 마카오를 잇는 삼각지대, 즉 중국의 성장 동력 역할을 하는 많은 공장은 문을 닫아야 한다는 얘기다. 위안화 환율이 곧 중국 경제의 생사가 걸린 주요 이슈라는 것이다.

중국이 화폐 불안 국가였다는 사실은 잘 알려져 있지 않다. 그러나 과거 100여 년의 역사를 돌아보면 이해가 된다. 19세기 후반부터 중국은 몇 차례 인플레이션으로 주기적인 혼란을 겪었다. 과거 중국의 화폐는 현기증을 일으킬 정도로 빠른 속도로 교체되었다. 태어난 지 채 10년도 되지 않고 사라져버린 화폐가 있다. 이에 중국인들은 인플레이션 노이로제에 걸려 있을 정도다.

1998년부터 현실화된 아시아 외환위기는 중국이 엄격하게 외환을 관리하는 계기를 주었고, 일종의 구실을 만들어 주었다. 아시아 외환위기는 중국과 모든 아시아 각국에게 위기가 오면 반드시 자국 화폐를 방어할 수 있어야 한다는 교훈을 주었다. 자국 화폐의 운명에 대한 통제권이 없다면 엄청난 수모와 치욕을 겪을 수도 있다.

1998년에 벌어진 인도네시아에서의 사건은 상징적이다. 한국 역시 자국 화폐를 방어할 수 없어 말할 수 없는 고통을 겪었다.

인구 2억 6,000만 명의 인도네시아는 그때까지 마력적인 달러 유입으로 주식 시장이 천정부지로 치솟고 있었다. 그러나 느닷없이 외국인 주식 투자자들이 빠져나가면서 달러 역시 썰물처럼 빠져나가고, 루피아 가치는 간데없이 추락하고 말았다. 이런 고통은 같은 외환위기를 겪은 한국에도 똑같이 적용되었다.

그러나 중국과 인도네시아는 환경이 다르다. 현재 위안화는 지나치게 저평가돼 있는 반면, 루피아화는 과대평가되었다. 중국공산당은 무엇보다도 공산당 일당 독재라는 정치적 핸디캡을 상쇄해야 한다. 특히 화폐 가치는 전 세계적으로 문제다. 큰손들이 움직이면 한국이나 인도네시아 정도 크기의 나라 경제는 간단히 절단 낼 수 있다는 사실을 경험했다.

중국 역시 현대 경제의 근간인 화폐 동향을 예의주시하고 있다. 새로운 중국 지도부는 자력으로 위안화를 지킬 수 있는 장치를 실질적으로 확보해야 한다는 것을 충분히 느끼고 있다.

화폐 투기꾼들의 장난은 어느 나라나 골칫덩어리다. 화폐의 극적인 가치하락(한국이나 인도네시아)이나, 또는 급속한 가치 상승은 어느 나라나 심각한 경제적 타격을 가한다.

조지 소로스를 비롯한 대형 투기꾼들은 호시탐탐 노리고 있다. 현대 자본주의 경제의 모순이며, 서구 대자본가들의 경제 농간이라고 할 수 있을 것이다. 이들은 경제 불균형이 조장되는 곳에서 투기 술책이 먹혀들 수 있다는 사실을 보여주었다. 현재 아무도 위안화가 균형 있게 평가되고 있다고 생각하지 않는다. 따라서 언제든 국제 투기꾼들의 공격 대상으로 변할 수 있다. 이런 사실을 중국정부도 충분히 인식하고 있을 것이다. 중국은 국제적인 화폐 투기꾼들을 계속 주시하고 감시해야 한다.

달러 가치를 놓고 줄다리기

화폐 가치 변동이 중국정부의 중요 공격 무기로 될 가능성도 없지 않다.

군사 분야뿐만 아니라 경제적인 분야에서도 중국은 미국을 누르고 G1 슈퍼파워로서 위상을 차지한다는 야심만만한 계획을 짜고 있다. 물론 국내의 정치 사회적인 문제가 컨트롤 가능한 경우로 한정된다.

시진핑 역시 이런 인식에서는 누구에게도 뒤지지 않는다.

2001년 세계무역기구(WTO)에 가입한 중국은 보호관세나 그 밖의 다른 것, 즉 중국 마음대로 무역에 개입할 수 없도록 되어 있다. 공정 무역의 규칙을 위반할 수 없다는 의미다. 물론 모든 국가적 통계나 시스템이 공유되고 객관적일 때 통하는 얘기다.

지난 30년 동안 세계 각국 중에서 덩치가 큰 어느 나라도 중국만큼 급속한 성장을 이룬 나라는 없었다. 1970년대 말, 중국은 덩샤오핑의 개혁개방 이후 경제는 무려 16배나 성장했고, 톈안먼 사태 직후인 1990년부터 따져도 14배나 성장했다.

그러나 중국은 갑작스럽게 경제가 무너지는 경우를 왕왕 경험했다. 지난 1,000년 동안을 살펴보건대 경제가 활력을 보이다가도 혼란해지는 경우다.

현 단계에서 중국 경제가 붕괴할 수 있는 원인을 꼽는다면 인플레이션과 실업률 상승, 민족 간 갈등, 주택 버블의 붕괴 등이다. 특히 실업 문제는 중국에서 가장 경계하는 아킬레스건이다. 중국은 과도한 인구 외에도 남초 현상이 두드러진다.

갓 태어난 여자아이를 죽이는 영아 살해 풍습은 악성 문화다. '한 자녀 갖기' 정책에 따른 성감별 후 여아일 경우 죽이는 것이다, 중국 인구로 따져 현재 2,400만 명 정도 남자가 더 많다.

새로운 중국을 건설하는 지도부 입장에서 볼 때 과도한 남초 현상과 사회 불균형, 대규모 실업 등으로 인한 사회 불안정은 미국의 군사적 위협보다 더 큰 위협일 수 있다.

따라서 중국지도부의 최대 관심사는 일자리 창출을 위한 투자를 비롯한 사회 안정이다. 중국은 이런 일자리 창출을 위한 투자금을 전적으로 통화준비금에 의존하고 있다.

그런데 미국이 인플레이션을 일으켜 중국 준비금의 가치를 떨어뜨린다면 얘기가 달라진다.

다시 말해 달러의 교환 가치를 인위적으로 떨어뜨린다면 미국으로서는 중국 경제를 흔들 수 있는 정책 수단이 될 것이다. 이는 중국의 부가 미국으로 이동하는 격이 된다. 당연히 중국으로서는 위협적 요소다.

중국이 사회 안정을 유지하는 방법 중 하나는 준비금의 실질 가치를 유지하는 것이다. 중국은 달러의 인플레이션 즉 달러 가치의 하락을 용인하지 않을 것이다. 이런 기조로 중국 당국은 수차례 미국에 경고하고 나섰다.

2011년, 미 연방준비제도이사회는 달러를 무제한 공급하는 양적완화 정책을 발표했고, 중국 입장에서는 미국이 먼저 달러 가치를 하락시킨다고 의심할 수 있다.

아직 미국과 서유럽, 일본이 경제적 주도권을 쥐고 있는데, 이들은 중국의 기축 통화 변경 요구를 묵살해왔다. 중국은 유구한 역사와 문화를 갖고 떠오르는 경제 패권국이지만, 미국은 아직 중국을 미국 국채를 사주는 최대 고객 내지, 현금인출기 정도로 인식하고 있다. 그러나 정권 교체기에 있는 중국은 이런 현황에 대해 제대로 대처하지 못하고 있다.

중국의 현금 준비금 다각화 전략

그러면 이에 대비한 중국의 통화전쟁 전략은 무엇일까.

세계 금융과 중국의 연결 고리는 미국 국채다.

중국은 채권 보유량을 밝히지 않기 때문에 정확한 미 재무부 발행의 미국 채권 보유량이 어느 정도인지 확실치 않다. 미국도 정확하게 공표 하지는 않고 있다. 일부는 패니매와 프레디맥 등 미 정부 투자 기관이 대행해 발행한다. 중국의 달러 준비금 중 대부분은 미 정부 발행의 채 권, 어음, 증권이다. 미국 재무부가 발행한 액수로 따져볼 때 중국은 1조 달러 규모의 미 재무부 채권과, 정부 투자 기관 채권까지 합해 총 1조 7,000억 달러의 채권을 보유 중인 것으로 추정된다. 중국은 가장 안전 자산으로 미국채를 선호하고 있으며, 무역 거래로 인한 이익금을 미국 채 매입에 써왔다.

만일 미국이 인위적으로 인플레를 발생시킨다면 중국은 미 재무부 채권을 무더기로 팔아넘길 수 있다. 그러면 미국 금리는 급등하고 주택 등 부동산 값은 떨어지며, 미국 주식 시장과 채권 시장이 요동칠 것이 다. 금융 혼란이 재연될 수 있다.

그러나 이런 예측들은 대부분 빗나갈 것이다.

그 이유 중 첫째는 중국이 보유한 미 재무부 채권은 너무 많기 때문
에 헐값에 팔아넘기지 않을 것이다.

두 번째로, 중국이 채권을 팔아넘길 것이라는 소문만 돌아도 채권 값
은 무너져 내리고, 그 손실은 고스란히 중국의 부담으로 돌아올 것이
다. 사실상 중국이 재무부 채권을 내다 판다는 것은 경제적으로 자살
행위라는 것이다.

위의 두 가지 논리는 또한 안이한 중국 측 시각이라는 주장도 있다.
중국은 훨씬 값싼 방법으로 미국에 막대한 피해를 주는 수단을 얼마든
지 있다는 강구할 수 있다.

미국 채권은 3개월에서 30년까지 다양하다. 중국은 채권을 팔지 않
거나 총보유액을 줄이지 않고도 20~30년 장기 채권에서 3~6개월짜
리 등의 단기 상품으로 옮긴다는 전략이다. 이는 중국이 시장의 충격을
덜 받고 미국에게 타격을 입히는 방법이다.

세 번째 중국은 달러 표시 채권에서 벗어나 현금 준비금 포지션을 다
각화하는 방법이다. 채권을 팔 필요도 없이 새로운 방향으로 채권을 배
치하면 된다.

중국은 현재 보유 중인 재무부 채권 보유량을 그대로 유지하면서, 매
년 무역 흑자로 수천억 달러씩 벌어들이는 돈을 다른 수단으로 배치하
는 방법을 사용할 수 있다. 중국은 무역흑자로 생긴 어마어마한 현금을
미국 채권이 아닌 자원 등의 상품에 투자하는 방법도 적극 고려 중이
다. 말하자면 자산 보유의 다각화라고 할 수 있다.

금과 석유, 구리 이외에 밀가루, 옥수수, 설탕, 커피 등을 수확할 수
있는 농지를 구입하는 것이다. 생수를 생산하는 담수호를 통째로 사는
방법도 있다.

중국이 2004년~2009년까지 금 보유고를 은밀히 2배로 늘린 일은 채권 다각화의 일환이다. 중국의 금 매입은 공공연한 비밀이다. 중국은 국부펀드인 외환관리국(SAFE)을 통해 은밀히 금을 사들인 뒤 이를 나중에 발표했다. 시간을 두고 순차적으로 금을 사들였기 때문에 시장에서도 이를 거의 눈치채지 못했다. 이런 영향 때문인지 실제 금값은 2005년 온스당 700달러 수준에서 2009년에는 1,200~1,500달러까지 치솟았다.

중국의 현금 준비금 다각화가 진전될수록 중국은 서방의 경제적 공격에 대처할 수단을 다수 갖게 된다. 또 만일 러시아가 석유와 천연가스 대금을 달러로 받지 않고 다른 통화 내지 현물로 받겠다고 선언한다면 또 다른 국면이 펼쳐질 것이다. 달러 가치에 변화를 줄 수 있다는 점이다.

중국의 금융 대처법

1980년대 중반 일본의 상황이 지금의 중국과 비슷했다. 일본은 미국에 대해 엄청난 무역흑자를 기록하고 있었다. 일본은 당시 미국의 엔화 절상 압력에 몰려 있었고 결국 항복하고 말았다. 다만 중국과 일본은 경제 규모와 내수 시장 규모에서 차이가 있어 평면적인 비교는 어렵다.

서독의 경우도 일본과 비슷한 경험을 했다. 과거 20여 년 동안 빠른 경제성장과 무역 거래에서 대단한 흑자를 기록했으나 일본처럼 '플라자 합의'라는 걸림돌에 걸렸다. '플라자 합의' 이후 마르크화는 달러

대비 70.5%나 올랐다. 서독은 대외무역에서 심각한 타격을 입었던 것이다.

그러나 서독은 경기 부양책을 실시하지 않았다. 서독은 통일 독일 이후에도 경제성장 모델을 재조정하는 데 온 힘을 기울였다. 예컨대 제조업 위주의 직업을 영양, 간호, 금융, 서비스, 정보통신 등으로 다변화했다. 특히 독일은 중소기업 정책을 펼쳐 중소기업을 통한 새로운 성장모델을 찾았다.

따라서 가계 소득 증대와 고용 증대라는 일거양득의 효과를 거두어 오늘날 독일 경제 부흥의 발판을 마련할 수 있었다. 이 결과 1990년대 독일은 매년 3~5% 안팎의 안정적인 성장 궤도에 접어들 수 있었다.

중국의 새 지도부는 내수 확대를 부르짖고 있다. 내수확대라는 국제시장 의존도를 줄여 무역흑자를 줄이는 것이다. 내수확대는 결국 국내 경제를 활성화하여 경제의 자급자족 능력을 높이는 길이다.

현재 중국은 얼마나 더 오랫동안 고도성장의 길을 지속할지 갈림길에 있다.

2008년 금융위기와 중국의 현 경제 상황에 비추어볼 때 경제성장률을 최소한 7% 내외로 조정해야 한다는 것이 중론이다. 만일 6% 수준으로 성장률이 하락할 경우 7,000만 명에 이르는 농공민이 실직하고 사회불안정의 요인이 될 수 있다.

중국기업의 경우 대부분 저렴한 토지와 인건비에 의존하기 때문에 고성장을 지속해야 한다. 이런 기업 형태는 현금 흐름이 원활하고 투자 회수 속도가 빠르면서 시장 상황이 좋을 때 수익을 낸다.

기술 진보와 생산성 향상에 주력하지 않으면 성장률 둔화와 함께 순식간에 추락할 여지가 있다.

중국의 새 지도부는 6~7%의 경제 성장을 지속하는 방법을 찾아야 한다. 기업 발전 모델의 새로운 패러다임을 개발해야 한다는 의미다. 금융 기술과 서비스 분야에서 새로운 성장 모델을 도출해야 하는 것이다.

중국의 위안화 절상은 사회 안정에 미치는 영향이 크다. 사실 군대를 움직이는 것보다 충격이 더 크다고 할 수 있다. 또한 위안화 절상은 수출 부진을 초래할 수 있다. 국내 내수가 충분치 않는 상황에서 수출 부진은 연안지역의 공장 가동을 줄일 것이다. 그러면 실업자가 늘고 사회가 불안해진다.

새 지도부는 중국의 내수가 성장 동력으로 자리 잡을 때까지 10% 이상의 수출 성장이 유지되어야 한다. 중국사회의 안정이 위안화 가치 유지와 수출 신장에 달려있음을 알 수 있다.

미국은 재정 및 무역 적자를 해결하기 위해 중국의 위안화 가치 절상을 줄기차게 요구할 것이다. 1985년, 일본의 엔화 절상을 요구한 플라자 합의 때를 연상시킨다. 당시 미국의 대일 무역 적자가 1,218억 달러였다.

2011년 말, 미국이 입은 대중(對中) 무역적자는 2,208억 달러(2010년 말 통계)였다. 미국 의회가 여론에 못 이겨 중국을 환율조작국으로 지정하고 중국제품에 대해 수입상품 과징금을 징수해도, 중국으로서는 할 말이 없다.

중국 지도부도 위안화 가치를 점진적인 절상 쪽으로 검토 중이지만, 언제 행동으로 옮겨질지는 알 수 없다. 절상한다고 해도 큰 폭은 아닐 것이다. 자국 산업 보호가 먼저이기 때문이다. 위안화가 절상되면 수입

물품의 가격이 떨어져 중국인의 소비가 늘어날 것이지만, 수출로 먹고
사는 대다수 중국기업들의 타격은 불가피하다.

위안화 기축 통화 전략으로 난국 돌파는 가능할까

　　최근 중국에서는 새로운 기류가 엿보인다. 위안화의 인위적 가치 상
승을 긍정 검토한다는 것이다. 2012년 미-중 전략대화에서도 미국은
중국에 위안화 절상을 요구했다. 그런데 그간 완강히 반대했던 중국 측
에 변화 움직임이 감지되고 있다. 위안화의 가치 절상과 거래 자유화에
극히 민감하게 반응하던 중국이 2012년 중반부터 위안화 환율 변동 폭
을 확대한 것이다. 하루 변동 폭을 0.5%에서 1.0%로 늘렸다. 2007년
이후 5년 만에 변동 폭을 확대한 것이다.

　　이에 대해 중국 당국은 리스크 관리 능력 등이 개선되어 여건이 되었
다고 설명하고 있다. 표면적인 이유이다. 특히 중국 인민은행은 위안화
로 물건 값을 치루는 무역 결제 시스템을 독자적으로 구축하는 중이다.
이러면 연간 2조 위안에 달하는 위안화 결제 시장이 활성화할 수 있다.

　　세계 금융업계는 촉각을 곤두세우면서 중국 당국의 속내가 무엇인
지 해석이 분분했다. 중국 전문가 그룹은 외환 시장의 역할 확대로 실
물 경제에 보탬이 될 것이라고 풀이했다. 위안화 가치 절상을 요구하며
치열하게 샅바싸움을 벌여왔던 미국도 속으로는 긍정적으로 주시하고
있다.

　　이런 중국 당국의 움직임은 최근 몇 년 사이 중국 수출 주도형 경제

가 둔화되고 있는 거시적 펀더멘털 약화가 그 배경이라는 풀이다.

중국은 그간 수출 타격을 우려해 위안화 절상에 반대해 왔지만, 이젠 굳이 그럴 필요 없이 새로운 전략을 준비하고 있는지 모른다.

중국이 위안화 절상을 긍정적으로 검토하는 이유는 우선 국제적 환경 변화다. 위안화 절상 여부에 관계없이 미국, 유럽 경기는 향후 몇 년간 회복국면으로 가기 어렵다. 이는 중국의 수출 주도형 성장을 어렵게 만드는 요인이기도 하다. 수출로 성장을 지속하기 어려운 국제적 환경이 조성되고 있는 것이다. 다시 말해 소비와 내수 기반을 다져 적정 성장을 유지하는 것이 보다 현실적이라는 판단을 했음직하다.

미국의 절상 요구를 어느 정도 받아주는 척하면서, 수입가를 낮추어 내수 기반을 다지자는 것이다. 위안화 가치가 오르면 중국민의 구매력을 높여주고 실질소득도 높이는 효과가 있다. 위안화 가치가 오르면 수출 기업에는 부담이지만, 수입 물가가 떨어지고 기업의 원재료 비용 부담이 줄어드는 것이다.

따라서 당연히 내수기업에 큰 힘이 되고 원자재 수입 비용에 민감한 가공무역, 소비재 제조 중소기업에는 힘이 된다.

이는 국내 소득 불균형으로 경제 양극화 심화에 따른 사회 불안 해소에 도움이 된다. 비록 선언적 의미가 있더라도 시진핑 정권으로서도 상당히 정치적인 힘을 갖게 할 수 있다.

두 번째로 국제 전략적 시각이다.

중국은 이미 미국과 함께 G2의 책임을 져야 할 입장에 처해 있다. 유럽연합과 미국이 국내 경기 둔화로 힘을 못 쓰고 있는 사이 글로벌 강자로 등극할 시점이라는 점이다. 최근 중국은 해외 자원 특히 우량 기업의 적대적 인수합병, 지분 확보에 주력하고 있다. 그만큼 위안화를

216

절상한 것만큼 우량 기업을 싸게 사는 것이다. 경제적 영향력 확대 등 보이지 않는 전략적 이익이 상당하다.

중국이 위안화 가치 절상을 전략적으로 적극 검토하는 것은, 위안화를 기축 통화로 등극시키기 위한 준비로 볼 수 있다. 화폐 주도권을 쥐고 있으면 세계 경제적 패권을 쥘 수 있다. 미국의 '팍스아메리카나'도 브레튼우즈 협정 이후, 즉 미 달러가 석유 대금으로 결제되기 시작한 이후 열렸다. 바로 국제 기축통화로 통용되는 시점이 그 시기였던 것이다. 세계 경제가 조정기이고 유럽이 어려워 유로화가 흔들리는 현재가 적기라고 본 것일 수 있다. 중국 당국은 유로화를 대신해 위안화를 달러화에 맞서 내세울 수 있는 적기라고 판단했을 수 있다.

8장
중국과 미국, 대결인가 상호 보완인가

센카쿠 열도 다툼은 중·미 대결의 전초전

타이완에서 북동쪽으로 약 190km, 오키나와에서 서남쪽으로 약 400km. 중국에서는 댜오위다오(조어도), 일본에서는 센카쿠(尖角)라 부르는 곳이 있다. 이런 5개의 섬과 3개의 암초로 이루어진 열도를 놓고 중국과 일본이 으르렁거리고 있다.

일본이 실효 지배하고 있는 이 섬들의 국제 역학적 위치는 독도나 사할린과 또 다른 차원이다. 독도나 사할린은 남의 손에 있지만 이 열도는 일본 수중에 있다. 일본이 결사적 태도를 취하는 배경이다.

애초 이 열도는 청나라 땅이었다. 일본은 청일전쟁 중인 1895년 1월, 댜오위다오를 오키나와 현에 편입시켜 자국 영토로 둔갑시켰다. 당시 국력이 다한 청은 일본의 강탈을 문제 삼을 여력도 의지도 없었다. 일본은 독도 역시 강탈해갔다. 1696년 숙종 연간 이래 독도 출입을 하지 않았던 일본은 조선의 망국 직전인 1905년, 독도를 자국령으로 강제 편입시켰다. 조선이 외세에 짓눌려 힘이 없을 때 독도를 자국 땅으로 만든 것이다.

일본이 부속 도서에 관심을 갖게 된 것은 이른바 '대동아공영권'을 내세워 아시아 침탈 야욕 때문이었다. 당시 초대 조선 총독이었던 이토오 히로부미는 일본의 아시아 경영의 입안자였다. 일본으로서는 100년 앞을 내다본 선견지명의 인물로 비쳤지만, 여타 아시아 국가들에게는 침략의 원흉이었다. 도서를 지배하면 재해권은 물론, 해당 국가에 진출하는 전초기지를 만들 수 있다. 일본의 도서 침탈은 영국이나 스페인 등 16~18세기 세계 바다를 주유하던 제국주의 국가들의 행태를 답습

한 꼴이었다.

한국과 중국 등 동아시아 국가들이 기운을 회복한 1945년 이후 이들 지역은 대부분 일본의 지배에서 해방되었다.

그런데 해방의 흐름을 타지 못한 것이 센카쿠 열도였다. 오키나와도 마찬가지다. 1890년대 일본에 강제 병합된 오키나와는 독립 왕국으로 발전하지 못하고 일본의 지배하에 놓이게 된다.

주요 원인은 미국의 친일적 태도 때문이었다. 오늘날 영토 분쟁의 단초는 미국이 제공한 꼴이다.

댜오위다오(센카쿠)와 오키나와는 일본 패망과 함께 미국의 점령지가 되었다. 위 두 곳은 1951년, 태평양전쟁 보상 문제를 마무리 짓는 샌프란시스코 강화조약에 의해 미국령에 편입되었다. 그러나 1967년 6월, 댜오위다오 주변에 석유 매장 보도가 나온 뒤, 중국과 타이완이 이곳에 대해 영유권을 들고 나오면서 국제적 주목을 받게 된다.

현재 타이완은 센카쿠를 타이완의 부속 도서였다는 점을 근거로, 중국은 타이완이 청나라 푸젠 성 소속이었다는 점을 근거로, 일본은 1백 년 이상 오키나와 현에 속했었다는 점을 근거로 각각 영유권을 주장하고 있다.

그러나 당시 미국은 일본 손을 들어주었다. 1971년 6월, 미국이 오키나와를 일본에 반환하면서 이 열도를 덤으로 일본에 넘겼다. 미국이 타이완에 줄 수 있는데도 주지 않은 것은 국가적 이익 때문이었다. 반환 작업은 극비리에 진행되었고, 중국이나 타이완 등 다른 국가들은 낌새조차 알아채지 못했다.

리처드 닉슨 대통령과 사토 에이사쿠 총리가 반환조약 당사자였다. 일본은 미국의 충실한 아시아 동맹국으로 자리매김한 순간이었다.

일본이 과거 역사 청산을 제대로 못 한 것은 미국의 아시아 전략 때문이라는 논리가 가능하다. 미국은 일본을 소련과 함께 미래 어느 순간 떠오를 중국에 대항하는 아시아의 철저한 동맹국으로 만들 심산이었다. 일본을 이용하기 위해 최대 전범인 일본 천황에 대한 단죄를 하지 못한 것이다.

미국은 타이완보다는 일본이 훨씬 크고 이용가치가 많은 국가로 여겼다. 2차 대전 당시 프랭클린 루스벨트와 중국 국민당의 쟝제스 총통은 동맹국으로서 친밀했으나 이는 옛날 얘기에 불과했다. 이미 미국은 타이완의 가치를 낮게 보고 있었다. 1971년 10월, 타이완은 유엔 안보리 상임이사국 지위에서 밀려났고 중공이 그 자리를 차지했다.

만일 이 열도를 미국이 일본에 주지 않았다면 이미 몇십 년 전에 중국이나 대만의 수중에 들어갔을 것이며, 분쟁은 애초부터 생기지 않았을 것이다.

일본은 1945년 패망 이후 식민지를 거의 다 잃었는데도 댜오위다오와 오키나와를 미국의 도움으로 여전히 점유하고 있는 것이다. 앞으로도 일본이 댜오위다오를 지키느냐 여부는 미국의 힘에 달려 있다는 점이다.

중국이 미국을 겨냥하고 있는 것은 이런 데서 연유하는 바가 크다고 할 것이다.

실제 중국은 유엔 등에서 댜오위다오 영유권 문제와 관련해 미국을 비난하고 있는 것이 이런 배경 때문이다.

앞으로 50여 년 이후에는 미국의 태평양 지배권이 약해질수록 일본이 댜오위다오를 지키는 데 힘겨울 것이다. 중국은 댜오위다오의 영유권을 계속 주장할 것이다. 언젠가 일본으로부터 양보를 받아낼 공산이 크다. 만일 미국이 태평양에서 힘이 빠지면 그렇게 될 것이다.

역으로 중국은 무력으로 섬의 지배권을 확보하려 들지는 않을 것이다. 미국과의 대결에서 자신감이 없으면 댜오위댜오 문제를 극단으로 몰고 가지는 않을 것이기 때문이다. 아직 미국에 대적할 힘은 가지지 못했다고 스스로 느끼고 있는 중국이다.

미국은 향후 일본에 대해 중국을 지나치게 자극하지 않도록 조정하는 데 관심을 기울일 것이다. 댜오위댜오 문제로 충돌이 생기면 이는 곧바로 중국과의 군사적 충돌을 야기할 수 있기 때문이다.

어쨌든 중국은 국내 문제가 복잡해지고 민족주의 감정에 불을 붙일 정치적 필요가 생길 때면 수시로 댜오위댜오 문제를 들고 나올 것이다. 순전히 중국 국내 정치적 불만을 외부로 돌려 무마하는 전략인데, 어느 나라나 써먹는 정치적 수법이다. 수세에 몰린 이명박 대통령이 독도를 방문해 존재감을 드러낸 것도 유사한 경우다. 일본의 노다 요시히코 역시 총선거를 앞두고 정치적 지지율이 바닥을 헤매는 시기에 이명박 대통령의 독도 방문이라는 호재를 만난 것이다. 일본 내 우익세력의 지지를 받아 단박에 정치적 위상이 높아진 것은 물론이다.

중국은 정권 교체기 국내적 불만을 외부로 돌리고는 한다. 특히 언론 매체를 동원해 미국을 공격하고는 했다. 이번에도 중국은 관영 매체를 동원했다.

중국공산당 기관지 인민일보 9월 20일 칼럼을 보자. 중국명 댜오위댜오 문제와 관련해 미국의 책임을 따졌다. 요지는 이렇다.

"미-일 안보조약이 냉전의 산물임을 인식해야 한다. 누구든 댜오위댜오 문제에서 '한 쪽 편'을 들려 하면 본전도 못 찾을 것이다."

미국에 대해 개입하지 말라는 경고인 셈이다.

중국 항공모함 바랴그 호

국가주석 자리를 예약한 시진핑 부주석은 전날인 19일 리언 파네타 미국 국방장관을 만나 "일본의 댜오위다오 매입은 웃기는 일"이라면서, 미국을 향해 "댜오위다오 영유권 분쟁에 개입하지 말라."고 단단히 못 박았다.

중국은 이미 센카쿠 문제가 불거질 즈음 전략 구상을 완성했던 것으로 보인다.

중국의 전략은 미국이 미-일 안보조약을 근거로 열도 분쟁에 개입하는 것을 차단하고 일거에 국면 전환을 노렸다. 버락 오바마 미 행정부는 2년여 전부터 '아시아·태평양 귀환'을 선언한 이후, 아시아 전략을 중시해왔다. 유럽보다는 아시아에 힘을 기울이겠다는 의미였다. 인도, 미얀마, 베트남 등 중국을 둘러싼 제반 국가들과 연대 내지 유대를 꾀하고 있는 것은 이런 맥락이다.

이런 정황에서 수세에 몰려 있던 중국은 센카쿠 문제가 역전의 계기를 만들 수 있다고 판단한 것이다. 중국이 전례 없이 강하게 나온 것은 수세에 몰리는 국면을 공세로 전환하는 전략적 효과를 노린 것이다.

아울러 중국은 그간 남중국해의 경우 여러 아시아 국가들의 미국 중심의 포위망을 부담스러워했다. 그러던 차에 중국은 이시하라 도쿄 도지사의 국유화 시도와 일본의 강공에 맞서 반전 '기회'를 포착한 셈이다. 그런 측면에서 극우파 이시하라는 장기적 국익에 해를 끼친 인물로 기록될 수도 있다. 중국은 미국의 중국 포위망을 타개하는 방안을 다각도로 모색해오던 차였다.

중국은 시시때때로 남중국 주변 국가들을 만나 화해적 제스처를 보내고 있다. 최근 남중국해에서 베트남과 첨예 대립했던 중국은 화해 제스처를 보냈다. 다방면에서 갈등을 야기하는 것은 불리하기 때문일 것이다.

향후 사사건건 미국과 중국은 남중국해를 포함한 북태평양에서 부딪칠 것이다.

미·중 갈등은 영국·독일 갈등의 재판

향후 예상되는 미·중 갈등은 과거 영국·독일과의 갈등을 통해 유추해볼 수 있다. 헨리 키신저 전 미 국무장관은 이에 대한 적절한 분석을 냈다. 그가 쓴 《On China》에서 유려한 외교적 감각을 통해 영국과 독일의 관계를 풀이한다.

그는 먼저 아시아에서 미·중 갈등은 1차 세계 대전 직전의 유럽과 같은 상황에 직면할 것으로 보고, 서로 으르렁대는 블록이 형성되었다고 본다.

그럼 독일과 영국의 갈등 구조가 어떻게 이루어졌는지 들여다보자.

키신저는 저서에서 다음과 같은 의문을 제기하고 답을 제시했다.

"1차 세계대전을 초래한 원인이 독일의 부상에 의한 것인가, 아니면 독일의 특정한 정책에 의한 것인가. 1차 대전을 일으킨 독일의 진짜 목표는 무엇이었나? 독일의 정치 헤게모니와 해양 대국을 추구하는 욕구가 주변국의 독립과 영국의 존재까지 위협했는가."

키신저는 1907년 영국 외무성 고위 관리 에어 크로의 분석을 인용해 답을 제시했다. 크로의 분석이다.

"당시 할 수 있는 한 가장 강력한 해군을 건설하는 것이 독일에게는 현명한 일이 될 것이 틀림없다. 일단 독일이 해군력의 우위를 달성하고 나면, 영제국과는 양립할 수 없게 될 것이다."

독일 정부가 겉으로 표명한 것이 무엇이든 관계없다. 결과는 '계획적인 범행 의사'를 갖고 여타 세계에 대한 끔찍한 위협으로 나타났다. 온건한 외교 정책은 결코 독일의 진심이 아니다. 헤게모니를 위한 의도적인 계획 속으로 언제든지 녹아들 수 있다."

이런 분석을 오늘날과 비교해본다면 미·중 간의 대결 국면을 풀이할 수 있다.

키신저는 미국과 중국은 국민 국가가 아니라고 본다. 그보다는 문화적 정체성의 대륙적 표현이라고 했다. 두 나라 모두 자신감에 차 있다. 시간적으로 차이가 있을지라도 경제적·정치적 업적은 두 나라 모두 우쭐할 수 있다. 꺾이지 않는 에너지와 자신감의 충만함은 비전을 찾게

했는데, 그것은 역사적 보편성이다.

미국과 중국은 1, 2차 대전 직전의 독일과 영국 관계와 비교할 수 있을까. 키신저의 견해는 양쪽 모두 헤게모니를 쥐려 한다는 의도 즉, 계획적 범행의 의도가 있다고 본다.

서방측은 중국의 부상에 매우 강경한 태도를 보인다. 미국이나 서방측에서 보면 중국의 성공적인 부상은 결코 미국의 입지와 결코 양립할 수 없다. 중국과 어떤 형태로든지 협력하면 중국에게 능력을 키울 공간을 허락할 것이다. 중국에게 시간을 주는 것은 결국 위기에 이를 수 있다. 언젠가 중국은 '능력 감추기'를 그만둘 것이다. 미국은 중국이 능력 감추기를 그만둔 것으로 상정하고 행동해야 한다는 점이다.

이른바 비민주사회를 다루는 미국의 궁극적 목표는 정권 교체다. 중국과의 평화는 전략의 문제라기보다는 중국 통치의 변화라는 것이다.

이런 점은 중국의 승리주의자들 역시 똑같이 적용한다. 민족주의 색채가 농후한 류밍푸(劉明福) 중국 국방대학 교수의 '중국몽(中國夢)'이 대표적이다. 류밍푸의 견해로 볼 때, 중국이 아무리 평화로운 공약을 내건다 할지라도 중·미관계는 애당초 갈등이 내재되어 있다. 중국과 미국과의 경기는 마라톤 경기요 세기의 결투다. 류밍푸는 "중국이 21세기 세계 최고가 되지 못한다면, 최고의 강대국이 되지 못한다면, 중국은 낙오자가 될 수밖에 없을 것이다."고 했다.

류밍푸는 포스트 미국 시대를 준비하는 차원에서 대국 사유를 전개해야 한다고 주장한다. 그는 미국 굴기(崛起), 소련 굴기(崛起)의 시대가 막을 내리고 바야흐로 중국 굴기의 시대가 왔다고 주장했다. 미국 모델과 소련 모델이 해결하지 못한 문제를 잘 살펴 동방 모델, 즉 중국 모델을 구축해야 한다고 주장했다. 또한 패권적이고 획일적인 미국의 가치와 정책에 맞서야 한다는 것이다.

류밍푸의 대국사유는 더 이상 미국이나 서방 선진 국가를 학습의 대상이나 참조의 모델로 보지 않는다. 서방의 이념, 가치, 제도 등은 중국적인 것에 의해 대체되어야 할 부정적 대상일 뿐이라는 것이다.

이에 대해 키신저는 이렇게 풀이한다.

현 상황으로 볼 때 중국과 미국은 확대일로의 긴장 상황으로 쉽사리 빠져들 수 있다. 중국은 미국의 파워를 가능한 한 국경에서 멀리 밀어내려 할 것이다. 국제외교에서도 미국의 무게를 감소시키려고 안간힘을 쓸 것이다. 미국은 미국대로 주변국을 규합해 중국의 우위적 형세를 누르려 할 것이다.

미국은 압도적인 군사력에 초점을 맞춘다. 조만간 미·중 어느 한 쪽이 판단착오였는지 결론이 날 수 있다. 키신저는 "문제는 미국과 중국이 서로에게 무엇을 요구할 수 있느냐로 귀결될 것"이라고 주장한다. 키신저 견해는 결국 두 나라의 협력 상생이다.

키신저의 지적은 우선 미국으로 향했다. 미국은 이른바 민주 국가 블록을 기반으로 해 아시아에서 새로운 판을 짜려고 한다면 실패한다고 지적했다. 아시아 국가들 대부분 중국과의 교역이 없으면 안 될 경제적 파트너라는 점이 우선 그 이유 가운데 하나다.

키신저는 그의 저서 《On China》에서 향후 중·미관계를 공진화(共進化)라고 이름 붙이고, 두 나라 모두 가능한 한 협력해야 한다고 했다. 이는 갈등을 최소화하기 위해 상호 관계를 서로 조정한다는 의미다. 어느 한 쪽이 다른 쪽의 목표를 다 지지하는 법도 없고, 양측의 이해가 모두 일치한다고 추정할 필요도 없다. 다만 상호 보완적 이해를 찾아내고 발전시킨다는 것이다.

키신저의 견해는 북핵 문제에 적용하면 더 들어맞을 것 같다. 예컨대 한반도 문제를 동북아의 전반적인 개념의 한 부분으로 접근하는 것이다. 북한이 핵무기 보유를 유지한다면 동아시아 및 중동 전역에 핵이 확산될 사태가 빚어질 것이다. 따라서 동북아시아를 위해 합의된 평화적 질서의 테두리 안에서 핵 확산 이슈에 대처해야 한다는 것이다. 거대한 평화의 프레임워크를 만들어 그 안에서 북핵 문제를 풀어야 한다는 의미다.

현재 중국의 우려는 미국이 중국을 억제하려고 노력한다는 점이다. 반대로 미국의 걱정은 중국이 아시아에서 미국을 몰아내려 한다는 것이다. 이런 견해가 서로 평행선을 달리는 중이다.

키신저의 견해는 한국이나 다른 주변국 입장에서 볼 때 제국주의적일 수 있지만, 검토할 만한 측면도 있다. 그러나 키신저의 견해는 패권주의일 수밖에 없는 한계가 있다. 아시아의 미래는 중국과 미국이 어떻게 미래를 그리느냐에 달려 있다는 것이 그것이다.

태평양에서 미국 패권 시대는 끝나가고 있다

중국과 미국은 정치와 경제가 동시에 맞물려 간다는 것이 공통적 견해다. 정치와 경제를 따로 떼어놓고 볼 수 없는 것이 지금의 중국과 미국의 관계이다. 키신저가 말한 공진화가 그것이다. 중국의 경제성장이 왜 미국에게 이익이 되는지는 키신저의 견해를 보면 이해할 수 있다.

키신저는 중국의 성장으로 미국은 한낱 중국 제품의 소비 시장이자 대중국 대출자로 전락해버렸다고 생각한다. 중국의 급부상은 서구의 몰락, 특히 미국의 쇠퇴를 의미한다고 생각하는 사람도 적지 않다.

그러나 미국 MIT 중국 전문가 에드워드 S. 스타인펠드(EDWARD S. STEINFELD)는 그렇지 않다고 주장한다. 그는 2011년 초에 발행한 저서 《Play our game》에서 오히려 중국의 경제성장은 미국에게 이익이 된다고 주장한다. 중국이 서구가 정한 규칙에 따라 게임을 하고 있기 때문이라는 것으로, 덩샤오핑은 국가의 현대화라는 오랜 꿈을 실현하기 위해 서구의 경제 질서에 자신을 통합했다는 것이다.

중국은 여러 측면에서 국내경제 체제와 제도의 구조조정을 외국 기업과 외국의 법률 규제 기관에 아웃소싱했다.

통상적으로 1978년 12월, 덩샤오핑이 '개혁개방' 정책을 추진하면서 개혁개방이 시작되었다고 보고 있지만, 스타인펠드는 진정한 변화의 출발점은 이로부터 약 10년이 지난 톈안먼 사건 직후의 몇 년 동안이라고 주장한다. 그는 특히 경제적인 변화와 정치적인 변화가 맞물려 일어났다고 주장한다. 중국은 여전히 자유민주주의 국가가 아니지만, 그 사실 하나 때문에 중국에서 일어난 다른 모든 변화를 간과해서는 안 된다는 것이 저자의 입장이다.

더욱 중요한 점은 중국의 변화가 중국뿐만 아니라 서구 선진국들에게도 이익이 된다는 사실이다. 중국 덕분에 미국은 기술 혁신을 추진하고 상업적인 창의력을 발휘할 수 있었다. 중국이 제조업으로 특화하자 미국뿐만 아니라 서구 유럽의 국가들과 일본은 지식 산업과 신기술 개발에 집중할 수 있었다는 것이다.

미국을 비롯해 유럽, 일본, 한국 등이 앞으로 무엇을 하든 어떠한 방식으로든 중국과 연관된다는 것이 자명하다.

중국의 공산당과 정부는 권력을 유지한다는 목표를 위해 조직적으로 움직인다. 지도층 엘리트들이 자신의 이익을 위해 국가를 통치한다는 것은 숨길 수 없는 사실이다.

중국공산당은 과거 결단코 반대했던 제도, 개념, 인재를 수용했다. 이는 자신을 보호하기 위한 이유였을 가능성이 크다. 역사학자인 벤저민 슈워츠는 과거 중국의 개혁은 단순히 요새의 바깥쪽 벽이 무너진 것이 아니라 내부 성역의 문이 활짝 열린 것에 가깝다고 비유한 바 있다. 중국정부는 자신을 보호하기 위해 서구와의 제도적인 조화를 통해 성장을 추구했다. 그러는 과정에서 기득권을 장악하고 있는 사람들의 구성과 이해관계가 변했다.

동아시아에서 벌어지는 군비경쟁

군사적 행동은 최상의 정치적 행동이라고 했다. 국제관계에서 힘의 우위를 유지하는 것은 곧 국제 정치판에서 운신의 폭을 높이는 효과가 있다. 이는 과거 역사를 통해 수없이 경험해본 터이다. 미국이 전 세계 군비에 예산 총액의 40% 이상을 쓰고, 경제가 어려운 가운데서도 군비 예산을 대폭 줄이지 않는 이유는 이런 데 있다. 군비가 축소되는 순간 미국의 국제 정치적 영향력은 줄어들 것이다.

이런 미국의 움직임을 가장 주시하고 있는 것이 중국이다. 가능한 한 태평양 지역에서 미국을 멀리 내쫓으려는 것이 중국의 속내라는 것은 모두가 아는 사실이다.

초보적이지만 중국도 태평양 해군전력을 증강시키고 있다. 항공모함 보유가 그것이다. 2012년 9월 25일, 중국의 첫 항공모함인 랴오닝 호가 취역했다고 공표했다. 중국의 항공모함시대가 시작되었다고 보는 것이다. 동북아시아에서는 처음으로 전투기를 탑재한 정규 항공모함이 등장하게 된 것이다.

일본은 이미 2차 대전에 항공모함을 운용해 본 경험이 있으나 지금은 보유하고 있지 않다.

중국이 항공모함을 보유했다고 어깨에 힘을 주고 있으나, 아직 깡통이라는 평이 많다.

실제 작전 능력은 미지수이다. 랴오닝 호는 1998년 우크라이나로부터 들여온 쿠즈네초프급 '바랴크 호'를 모방해 만들었다. 갑판 길이 302m에 항공기 60여 대와 병사 2,000여 명을 싣고 최대속력 29노트(시속 53㎞)로 움직인다. 특히 항모에 탑재할 접이식 날개를 가진 '젠-15' 전투기는 러시아 '수호이-33'을 기본 틀로 중국이 독자적으로 개발했다. 랴오닝 함은 북해함대로 배치될 가능성이 거론되고 있다. 만약 그렇게 되면 젠-15의 작전반경(700㎞)을 고려할 때 한반도 전체가 랴오닝 함의 작전반경 안에 포함된다.

중국은 2015년까지 4만 8천~6만 4천 톤급의 핵 추진 항공모함 2척을 자체 건조할 예정이라고 발표했다. 중국 해군의 2단계 발전 전략을 완성한다는 전략이다. 오는 2021년부터 시작될 제3단계에서 중국은 명실 공히 해양대국으로 서겠다는 해양대국화 전략을 추진하고 있는 것이다.

중국의 랴오닝 항공모함이 실제 전력으로 투입하기에는 상당한 시일이 걸릴 것이다. 중국이 항모를 외교·안보분야의 실전에 쓰기에는 몇 가지 결함이 있다고 미국 외교안보 전문지 포린폴리시는 지적했다. 우선 항모가 실질적인 힘을 가지려면 '선단(船團)'을 꾸려야 한다는 것이다.

11척의 항모를 운용하는 미국 상황에 대입할 경우 하나의 선단을 구성하는 데 65~70대의 전투기, 최소 1척의 순양함과 최소 2척의 구축함, 호위용 잠수함, 수송선 등이 팀을 이루어야 한다는 것이다.

또 항모 1척당 운항 인력 및 전투기 승무원 5천 명을 포함해 7천 500명의 인력이 필요하다. 이는 결국 시진핑 등 새 지도부가 천문학적 비용을 항모에 쏟아 부을 수 있을지 의문시되는 문제다.

미국 회계감사원의 가장 최근 자료인 1993년 통계를 보면 항모 전단을 운용하는데 연간 15억 달러의 경비가 든다. 고유가 시대인 지금은 그 비용이 30억 달러 이상으로 늘어났을 것으로 추정된다.

비록 이제 겨우 항모 1척을 보유한 중국의 경우 훨씬 적은 액수가 들겠지만 침체 내지 정체 국면에 접어들기 시작한 중국 경제상황을 생각하면 예산운용에 적지 않은 부담이 될 수 있다.

또 하나 항모를 능수능란하게 운용하기 위해 훈련하는 과정에서 불가피하게 발생할 인명 희생을 감내할 수 있느냐의 문제다. 미국 해군이 항모에 대규모로 전투기를 배치하기 시작한 1949년부터 1988년까지 훈련 등의 과정에서 항공기 승무원 약 8천 500명이 사망했고, 항공기 1만 2천 대를 잃었다.

중국정부가 여론통제 및 감시에 능하다고는 하지만 소셜네트워킹서비스(SNS)가 일상화된 중국에서 훈련 중 발생한 인명 희생이 비밀로 남기는 어려워 보인다.

또 악천후 속에서도 항모의 복잡한 항해 시스템과 항공기들을 동시에, 그것도 높은 신뢰도로 운용할 수 있느냐에 대한 것이다.

아울러 항모에 대한 육·해·공·수중 공격을 막아낼 역량을 갖추는 것도 문제다.

거대한 몸체 때문에 적의 공격에 쉽게 노출될 수 있는 항모의 특성을 감안할 때 잠수함에 의한 공격 등 취약한 부분에 방어력을 갖추기 위해서는 상당한 훈련이 필요하다.

또 어떤 상황에서든 항모 1척을 상시적으로 실전에 투입하려면 최소 항모 3척을 구비해야 한다고 한다. 그것은 항모 2척을 더 건조해야 함은 물론 선단을 꾸릴 전함과 잠수함 등을 추가로 획득해야 한다는 뜻이다. 역시 엄청난 규모의 군비를 수반하는 일이다.

마지막으로 중국의 문민 권력과 군부가 항모를 적재적소에 활용하는 결정을 내릴 수 있을 것이냐의 문제를 들면서 이것이 최대 난제가 될 것이라고 내다보았다.

문제는 앞으로 첨예한 갈등을 야기할 수 있다는 지적이 많다. 최근 중국은 남·동중국해에서 동남아 국가 및 일본과 갈등하는 과정에서 이미 소프트파워 보다는 무력의 우위에 의존하는 이미지를 구축했다. 중국이 항모 카드를 활용할 경우 주변국과의 갈등이 첨예해질 수 있다는 것이다.

중국의 해양대국화의 목적

중국은 왜 해양대국화 전략 추진에 박차를 가하는가에 대한 이론의 여지는 없다.

중국 경제의 지속적이고 안정적인 성장은 통치의 정당성을 제공하는 가장 주요한 요인이다. 이는 중국 사회 전반의 지배 이데올로기 역할을 한다. 경제 성장을 위해서는 무엇보다도 에너지 및 천연자원의 안정적인 보급이 필수적이며, 이미 중국은 원유를 비롯한 자원의 안정적 보급을 위해 해양수송로를 확보하고 주변 영해를 수호해 왔다.

중국은 세계 제1위의 석유 수입국이기도 하다.

특히 주목되는 것은 중국의 해군력 증강의 최우선 목적은 미 해군의 접근 저지다. 중국의 7개 위성을 해양감시용으로 운용하면서 미 해군 및 공군의 접근을 가능한 한 지연시키는 것이 기본 목표이다. 미 항공모함의 대만 해협 진입을 저지하는 것은 국지적 당면 목표이기도 하다.

미국 역시 해양패권의 유지는 사활적인 문제다. 중국의 해양대국화와 군사력 증강은 미국 패권에 대한 도전으로 받아들일 수밖에 없다.

미국의 중국 포위·견제 전략이 2012년부터 부쩍 강화되었다. 미국은 2012년 1월 5일, 중국의 도전을 꺾기 위한 군사적 태세를 갖추겠다는 의지를 분명하게 드러낸, 새 국방전략 지침을 발표했다.

새 국방전략 지침의 집중 대상 지역은 아시아 태평양 지역이고, 집중 대상 국가는 중국이다. 잠수함과 스텔스 폭격기, 미사일방어체제, 우주 전력을 결합한 합동작전으로 중국의 방어선을 뚫겠다는 것이 지침의 핵심이다.

미국은 2020년까지 미 해군 함정의 69%와 전체 항공모함 11척 가운데 6척을 아·태 지역에 배치하겠다고 선언했다. 지난 7월 미국과 일본, 호주가 남중국해에서 연합군사훈련을 벌인 것도 처음 있는 일이었다.

일본 방위성도 센카쿠 열도의 방위 강화를 위해 공격용 상륙 장갑차를 도입하기로 하는가 하면, '헌법 해석'을 고치거나 아예 헌법 개정을 해 일본의 군사대국화를 본격적으로 추진하자는 주장이 거세게 나오고 있다. 미국과 일본은 오키나와에서 대만, 필리핀 등으로 이어지는 '제1열도선'을 긋고 중국 포위망을 옥죄는 꼴이다.

중국은 냉전 이후 내륙의 안정된 안보상황을 기반으로 국력을 해양으로 확대하는 것이 목적이다. 중국식 용어로 '해양 굴기'다. 남중국해 영유권 확보가 우선 태평양 진출에 앞서 중국은 현재 에너지와 무역통로 확보를 위해 남중국해에서의 영유권 확보에 중점을 두고 있다. 남중국해는 전 세계 어업 획득량의 15%를 차지할 만큼 어족자원이 풍부하다. 중국과 필리핀 간 분쟁 해역인 스프래틀리 제도(난사군도) 해역에는 원유 230~300억 톤과 5,600만m³의 천연가스가 매장되어 있다고 알려져 있다.

특히 해상교통로(SLOC, sea line of communication)로서 전략적 가치도 커 남중국해는 더 큰 주목을 받고 있다. 중국 전체 무역량의 60%가 이 해역을 통해 이루어지고 있다. 말라카 해협과 남중국해 해상 통항이 차단되면 중국으로서는 큰 타격이 아닐 수 없다. 원유와 급증하는 물류 수요 등 원활한 교통이 절박한 이유가 된다. 1405년 명나라의 환관이자 전략가였던 정화(鄭和)가 동남아시아와 인도, 중동일대를 항해하고 정복 사업을 벌인 것도 과거부터 해상교통로의 중요성을 인식하고 있었다는 증거들이다.

남중국해역은 약 350만㎢로 약 250여 개의 작은 섬과 스프래틀리 제도, 파라셀 제도(시사군도), 프라타스 제도(둥사군도)와 3개의 군도로 구성돼 있다. 특히 중국이 스프래틀리 제도 가운데 실효 지배 중인 곳은 6개의 암초(reef)뿐이다.

중국은 1992년 2월, 영해법을 공표하고 남중국해 부속 도서에 대한 영유권을 주장하기 시작했지만, 아무래도 설득력이 약하다. 필리핀 또는 베트남 등과 분쟁 문제로 대립하는 해역이기도 하다. 특히 남중국해는 미국의 중국 봉쇄 벨트 차단을 위한 교두보 역할을 수행해야 한다.

말라카 해협과 남중국해는 연 60여 만 척이 통항해 미국과 중국, 일본 등의 태평양 제국들이 촉각을 곤두세우는 해역이다. 만일 중국이 이곳을 통제하는 사태라도 발생한다면 선박들은 1,000마일 이상 우회해야 한다.

9장

북한은 중국의 입술이자 새로운 성장동력

장성택 중국 공식 방문

2012년 8월 13일, 북한의 장성택 국방위원회 부위원장 겸 노동당 행정부장이 베이징을 방문했다. 김정일 국방위원장 사망으로부터 8개월여 만이다. 그는 김정은 국방위원회 제1비서의 고모부로 정권 실세다. 형식상 김정은 '대리인' 자격으로 베이징을 찾았지만 그는 주북한 중국 대사를 대동한 채 중국 내 한반도 요인들을 만났다. 융숭한 국가원수급 대접이 아닐 수 없었다.

홍콩의 밍바오(明報)는 '북한의 섭정왕 장성택이 방중했다.'고 보도했다. 중국 특유의 외교술인 융숭한 대접으로 상대방의 마음을 사로잡는 법 그대로다. 장성택 역시 이를 모를 리 없는 영리하고 교활한 정치인이다.

장성택의 방중 목적은 표면상 나진·선봉 경제특구와 황금평 공동개발 협의 및 김정은 방중 시기를 협의하는 것 등이다. 하지만 속내는 그게 아니다. 경화가 시급하고 식량 원조 등을 이끌어내려는 것이다.

나진·선봉 경제특구와 황금평 공동개발 협의도 소홀히 한 것은 아니다. 이미 중국은 나진·선봉지구 항만을 100년간 쓸 수 있도록 북한의 허가를 받아놓았다. 대표단에는 장성택을 비롯하여 김영일 노동당 국제부장과 김성남 부부장, 이광근 합영투자위원회 위원장, 김형준 외무성 부상 등 북한의 대외정책을 총괄 지휘하는 실질적 지도그룹과 대외 경제 전문가들이 두루 포진했다.

북한 중국 간의 경제 밀착의 정도가 한층 심화되어 가는 국면이다. 쉽게 말해 북한이 중국 경제에 종속되는 비율이 점차 높아간다는 의미다. 남한이 이명박 정부 들어 북한을 홀대하는 사이에 북한은 중국 쪽으로 점점 기울어져 간 형국이다.

세 차례 접촉에서 두 나라는 2011년 6월, 대대적인 착공식을 하고도 진척이 없는 황금평 개발을 촉진하기 위한 방안을 집중 논의하고 나선·황금평특구 개발에 합의했다. 앞으로도 양국의 속셈이 달라 성과가 어떻게 나타날지는 미지수다. 그동안 두 나라는 나선·황금평 개발을 의욕적으로 시작했지만 상호 이해관계가 엇갈리면서 답보상태에서 벗어나지 못했다.

북한은 황금평과 나선지구 공동개발을 통해 중국 측 투자를 이끌어내려 했다. 그러나 중국은 그게 아니다. 보다 큰 전략적 차원을 고려하는 것 같다.

북한은 외자 유치 창구인 합영투자위원회의 베이징 사무소까지 열고 중국 쪽 투자를 끌어들이려고 노력하고 있으나 중국기업의 반응은 시큰둥하다. 우선적으로 중국의 국영기업들이 깃발을 들어야 한다. 그러기 위해서는 중국공산당이 그리는 대북 정책에 대한 전망이 분명해야 한다.

하지만 핵을 갖고 있는 북한에 대해 중국공산당이 곱게 볼 리 없을 것이다. 북한이 헌법에 핵 보유를 명기한 상황에서 중국기업들이 불안정한 북한 사회에 선뜻 투자하기를 꺼려하는 것이다.

특히 북한 쪽의 투자 분위기 유도 전략도 어설프다. 최근 랴오닝 성에 본사를 둔 시양그룹(西洋集團)이 북한에 2억 4천만 위안을 투자했다가 북한 당국의 일방적인 계약 파기로 한 푼도 건지지 못한 채 쫓겨난 사실이 드러나면서 중국기업들의 대북 투자 분위기는 싸늘하기만 하다.

장성택의 이번 방중 목적에는 정치·외교적 의미도 내포돼 있다.

2011년 12월, 김정일 사망 이후 김정은의 권력승계를 마무리하고 외형상 리영호 전 군총참모장 숙청 등 내부 권력 투쟁을 마친 북한은, 장성택의 중국 방문을 통해 체제의 건재함을 과시하고 경제 개방을 위한 사전 점검 차원이라는 것이다.

북한이 변화하고 있는 징후는 곳곳에서 드러난다. 김대중 정부에서 대북 전략을 전담했던 임동원 전 통일부 장관은 '한반도 평화포럼' 강연을 통해 "북한 내부에서도 변화의 움직임이 보인다. 최룡해 인민군 총정치국장 임명이 대표적인 사례"라고 말했다.

최룡해 총정치국장은 순수 당관료 인사다. 이런 인사를 군의 핵심에 앉힌 것은 곧 당 기능을 정상화하겠다는 북한 지도부의 의지가 반영되었다고 보아야 한다는 것이다. 임 전 장관은 "물론 김정은 정권이 선군정치를 폐기하겠다는 것은 아니다. 하지만 기존에 군이 앞섰던 지도체제를 변화시켜 당에 의해 군을 지배하려는 의도를 보인 것은 분명하다."고 했다.

장성택은 이번 방중을 통해 김정은 제1비서의 첫 공식 중국 방문을 위한 정지작업을 벌였다.

지난 8월 초, 왕자루이 중국공산당 대외연락부장이 평양에서 김정은을 면담한 직후 장성택이 베이징을 찾았다는 점에서 그러하다. 특히 과거 왕자루이 부장의 평양 방문 후 김정일의 중국 방문이 실행되었다는 점에서 장성택의 방중 행보도 그런 맥락으로 이해할 수 있다.

그런데 중국 쪽 반응이 시원찮다. 장성택 동향에 대해 중국 언론은 냉랭한 반응을 보였다. 북한 조선중앙 통신이 장성택의 중국방문 사실을 대대적으로 보도한 것과는 달리 중국 관영 언론들은 짤막한 방중 사실만 전하는 등 소극적이었다.

북·중 관계는 특수한 동맹

천펑쥔(陳峰君) 베이징 대 교수가 2012년 7월 초순 내일신문에 기고한 칼럼을 보면 북·중 관계를 가늠할 수 있다. 그의 주장 가운데 요지는 이렇다.

"중국과 북한의 관계는 한국을 포함한 모든 나라 군사동맹과는 다른 특수한 관계를 가지고 있다. 한국 언론은 북·중관계를 줄곧 혈맹이라는 두 글자로 개괄하고 있다. 이것은 반드시 시정해야 하는 잘못된 인식이거나 편견이다.

북·중 동맹조약은 냉전의 산물이다. 냉전이 종식된 지 오래되지만 한반도 냉전 국면은 여전히 존재한다. 특히 한미군사동맹 및 주한미군은 북한을 겨냥하고 있으며 한반도는 때때로 전운이 감돈다. 한국과 달리 북한은 구소련 해체와 중국 국내정책 변화로 의탁할 곳이 사라졌다. 안보에 큰 위협을 받게 된 것이다. 중국은 지정전략상 북한의 중요성과 동북아 안정에 대한 북한 역할을 인정한다. 그런 기초 아래 유일하게 군사적 관계인 '중조우호조합작조약(中朝友好互助合作條約) 즉, 중조우호협력조약을 유지하고 있다.

이 조약은 두 개 역할을 할 뿐이다. 하나는 한국과 미국을 견제하고 억제하는 것이다. 만약 전쟁이 일어나 한·미가 북한을 전면적으로 공격하게 될 때 중국은 이에 의거해 군사행동을 취할 것이다. 둘째로 북한을 견제하기 위한 것이다. 만약 북한 국내에 의외의 사태나 동요가 발생한다면 중국이 자동 개입하는 근거를 터놓는 것이다.

미국이 전 세계 전략 중심을 아태지역으로 옮기면서 중국을 포위하려 하고 있다. 현시점에서 한반도의 전략적 지위는 두말할 것 없이 더욱더 높아지고 있다. 한반도는 미·중 게임에서 중요한 진지 중 하나가 될 전망이다.

중국과 북한 관계는 한미군사동맹과는 다르다. 중국은 북한에 한 명의 병사도, 군사기지도 없다. 중국은 북한에 어떠한 첨단무기도 판매하지 않았으며 한 차례의 군사훈련도 하지 않았다. 이것은 한미군사동맹 관계의 여러 가지 표현형식과 뚜렷한 대조를 보이고 있다.

북·중관계는 조약은 있으나 동맹은 아니다. 세계에서 특수한 사례라 할 수 있다. 이런 의미에서 볼 때 북중군사맹약은 일찍이 유명무실하게 된 것이다. 중국이 북한에 어떤 행동을 취한다 해도 국제사회의 인정이나 유엔의 권한부여 아래 할 것이다.

중·미와 한·중은 이미 과거의 적대관계가 아니다. 중·미는 비록 구조적인 갈등을 안고 있으며 대결 성격도 가지고 있지만 지금 함께 협력관계를 구축하고 있다. 협력은 중·미관계의 주류이다. 한·중관계는 수교 20년 동안 더욱 가까워지고 있으며 이제는 전면적인 전략적 협력동반자관계로 상승했다. 한·중관계가 비록 대미, 남북관계에서 영향을 받지만 양국의 우호국면은 근본적인 역전을 하지 않을 것이다. 냉전의 역사가 다시 되풀이될 가능성은 기본적으로 존재하지 않는다.

중국의 대북 영향력과 역할은 여러 가지 제한성이 있다. 북한 지도자들은 중국에 대해 줄곧 경계심을 가지고 있다. 지난 수년간 북한에는 많은 사건이 발생했지만 북한은 사전에 중국과 어떠한 소통도 하지 않았다."

중국과 북한의 이견은 핵문제 협상에서도 여실히 드러난다. 중국이 주중대사 지재룡을 불러 몇차례 핵실험을 하지 말 것을 경고하면서도

달랬다. 그러나 지 대사는 호통을 치면서 중국을 오히려 윽박질렀다는
내용이 지난 2월 초순 전 세계 언론에 대서특필됐다. 이런 보도에 대해
어디까지 사실인지는 분명치않다.

하지만 최소한 핵실험을 놓고 북한이 중국의 의도대로 움직이지 않
는 것은 사실이다. 군사문제에 관한 한 미국의 의지대로 움직이는 남한
을 보고, 북한이 언필칭 '미국의 개'라고 비난하는 속내를 어느 정도 알
수 있을 것 같다.

북한과 중국이 핵문제로 만나 베이징의 중국 외교부 청사에서 고성
이 오갔다는 보도에 대해선 이견이 많다. 베이징 외교가에서는 '그건
아니다.'는 반응이 우세하다. 북·중 '불협화음'을 어떻게 풀이해야 할
까. 중국 측 시각에서 바라보는 게 객관적이다. 지난해 12월 24일 김정
은이 후진타오의 70세 생일을 맞아 축전을 보낸 것을 보면 북중 관계
는 원만했다는 평이다. 북한이 핵실험 카드를 꺼내들기 전까지는 말이
다. 하지만 중국의 대북 인식이 변하고 있다고 보기는 어렵다.

중국은 이번 북핵실험 저지에 상당한 공을 들여왔다. 이번 북핵실험
은 중국 측에서 볼 때 타이밍이 좋지 않다. 일본과는 센카쿠 열도를 둘
러싼 영유권 갈등을 빚고 있다. 미국의 경우 두 번째 임기를 시작한 오
바마 행정부의 '아시아 회귀' 전략을 약화시켜야 할 때다. 중국의 이런
대외 전략이 북핵 때문에 악영향을 받을 수 있다는 우려를 하고 있다.

중국 측은 이번 핵실험의 목표가 김정은의 군부 내 영향력을 굳히는
'국내용'으로 풀이한다. 김정은이 이 단계에서 핵실험을 포기할 경우
북한 군부로부터 '사대주의에 굴복했다'는 비난을 받을 수 있다. 그런
만큼 이번 핵실험은 설득이 어렵다는 얘기다. 권력 기반이 약한 김정은
체제가 핵실험을 강행하면 군부 지지를 얻어 취약한 지도력을 커버할

수 있다.

일면 중국의 강경해보이는 대북 행보는 대북정책의 전면적인 변화를 의미하는 게 아니다. 북한이 핵실험을 강행하면 중국은 유엔 안보리 제재에 동참하고 북·중 관계는 일정기간 냉각기에 들어갈 것이다. 하지만 어느 정도 시간이 흐르면 북·중 관계는 정상화될 수밖에 없다. 북한의 대중국 의존도에서 또는, 중국의 북한의 전략적 필요성에서 북중 양측의 이해관계는 합치할 수밖에 없다.

북·중 권력자 시진핑과 김정은

북한과 중국의 후계 낙점 과정을 동렬선상에 놓고 비교할 수는 없다. 그러나 공교롭게도 두 나라는 거의 동 시기에 후계체제 구축 작업을 시작했다. 중국은 2012년 시진핑 체제로 전환하고 북한은 김정일 사망으로 당초 일정보다 일찍 세대교체가 이루어졌다.

김정일 위원장은 2010년 9월 28일, 당대표자회에서 3남 김정은을 후계자로 올리는 행사를 성대히 열었다. 말이 당대표자회의이지 사실상 김정은의 책봉식이나 다름없다.

감히 27살의 김정은과 57세의 시진핑 부주석을 비교할 수는 없으나 둘 모두 한 국가의 지도자로 입지를 다지고 있다. 북한은 완전 폐쇄된 3대 세습 절차 과정에 따라 후계자를 낙점했다. 중국도 폐쇄된 공산당 내부 합의에 따른 것이기는 하지만 나름대로 법적 절차와 제한 민주적 절차를 거쳐 거대 중국을 이끄는 차기 지도자를 선출했다.

북한과 중국의 차기 지도부 관련성을 이해하기 위해서는 중국의 권력 구조에 대해 서술할 필요가 있다.

2010년 10월 18일, 중국공산당은 17차 중앙위원회 제5차 전체회의(17기 5중전회)에서 시진핑 국가부주석을 당 중앙군사위원회 부주석으로 선출했다. 시진핑이 중앙군사위 부주석에 오른 것은 차기 주석으로 낙점되었다는 것을 의미했다.

북한에서건 중국에서건 군부 장악이 모든 권력의 핵심이기 때문이다.

후진타오는 2002년, 국가주석과 당 총서기에 오르기 3년 전인 1999년에 대권의 보증수표인 중국공산당 중앙군사위 부주석에 등극했다. 공산혁명 시절 마오쩌둥은 언필칭 모든 권력은 총구에서 나온다고 했다.

이에 비해 시진핑은 차기 권력 교체기(2012년)를 앞두고 다소 늦게 후계로 확정되었다. 2009년 4중전회에서 시 국가부주석이 당 중앙군사위 부주석 자리에 오르지 못하면서 약간 차질이 생겼다.

시진핑은 한참 어린아이와 같은 김정은과 마주칠 기회가 여러 차례 있었을 것이다.

김정은은 사망 직전에 이른 아버지 김정일로부터 중국 지도부를 어떻게 다루어야 할지를 놓고 배웠을 것이다. 물론 20대 후반의 어린 나이인지라 세상 이치 특히 중국 문제에 대한 조언을 이해할 수 있었을지는 미지수이다.

2010년 9·28 당대표자회 때 중국 사절단이 왔을 당시 김정일 위원장은 아들 정은을 데리고 회담에 임했다. 일본 언론들은 이 자리에서 김정은은 단지 한마디 "김정은입니다. 잘 부탁합니다."라는 말만 했다고 전했다. 차기 지도자치고는 수동적이며, 말이 너무 없다고 한국과 일본 언론들은 수군거렸다.

　김정은은 장래에 중국 지도부와 북한의 국가 장래를 놓고 몇 차례 힘
겨루기를 해야 할 것이다.

　다시 말해 북한의 위상을 어떻게 설정할 것이냐는 문제다. 중국 측에
서 볼 때 북한은 일종의 외방 역할 내지 위성국 형태이다. 불원간 한반
도 통일이 이루어질 경우 중국으로서는 한국을 안고 있는 미국과 국경
을 맞대야 할 상황이기에 통일에 찬성할 이유는 별로 없다. 한반도 통
일이 가져오는 경제적 이점도 있지만, 국제정치 전략적으로 북한이 보
다 중요하기 때문이다. 중국은 미국이 개입하는 한 한반도 통일을 결단
코 반대한다.

　김정은은 중국의 외방 역할에 머무를 것인가, 아니면 북한이 미국과
수교하면서 홀로서기를 시도할 것인가를 결정해야 할 것이다. 아버지
김정일 위원장은 이런 점에 근거해 국력을 키우려 했으나 경제정책 실
패와 무리한 핵게임으로 인해 사실상 국력 신장 노력이 실패했다. 아들
대에 이르러 이런 북한의 한계를 얼마나 극복할지 두고 볼 일이다.

중국의 대북한 시각의 단면

　중국의 시진핑 총서기를 위시한 지도부는 한반도 정세를 현상 유지
하는 쪽으로 방향을 잡고 있다.

　새로 구성된 정치국 상무위원들은 특히 남한을 이해하는 인사들이
많다. 이들은 한국의 정치와 기업 사정에 밝다. 북한은 물론 남한 쪽 사
정에 밝다는 것은 그만큼 한반도의 지정학적 가치를 이해하고 있다는

의미다.

시진핑 총서기는 역대 중국 최고 지도자 중 한국과 인연이 가장 많은 것으로 평가받는다. 그는 저장(浙江) 성 서기로 있던 2005년 7월, 공산당 대표단을 이끌고 한국을 첫 방문했다. 그는 개인 간 우정과 의리로 인연을 맺는 것으로 잘 알려져 있다.

박준영 전남지사가 2012년 4월, 경협 문제로 베이징을 방문했을 당시 그는 오랜 친구(老朋友)를 만났다며 반가워했다고 한다. 시 부주석이 2005년 처음 한국을 방문했을 때 전남도와 자매결연을 맺고 박 지사와 인연을 맺은 것으로 알려졌다.

리커창 역시 남·북한의 현실을 가장 객관적으로 바라볼 수 있는 지도자로 풀이된다. 그는 남한을 방문하기 전에 먼저 평양을 방문해 남북한 양쪽의 이해도를 높였다고 한다.

특히 장더장 부총리는 정치국 상무위원 중 유일하게 한국말을 구사하는 지도자로 전해진다. 그는 한반도 문제와 관련해 상당한 영향력을 행사할 것으로 예상된다. 그는 김일성대학에 유학해 공부했으며, 그런 인연으로 김정일 위원장이 중국을 찾을 때마다 지근거리에서 수행했다고 한다. 베이징의 한 외교소식통은 "향후 한반도 문제와 관련, 장 부총리가 북한 입장을 대변할 가능성에 대해 주시하고 있다."고 말했다. 이 밖에도 언론 이념을 총괄하는 서열 5위 류윈산 서열 7위 장가오리 톈진 시 서기도 이런저런 인연이 많다,

이제 북·중 관계는 김정은·시진핑 체제로 재편됐다. 1942년생 동갑내기였던 김정일 국방위원장과 후진타오 주석 간에 이어진 10여 년간의 파트너십은 막을 내렸다.

앞으로 시진핑은 김정은과 장성택 등 북한 지도부와 새로운 관계 설

정을 위한 모색기에 들어갈 것이다. '김정일·후진타오 시대'와 달리 '김정은·시진핑 시대'가 31년의 나이 차이를 극복하면서 북·중 관계가 제대로 작동할지 관심이다.

시진핑과 김정은은 성장 배경에서 너무 다르다. 이런 배경이 중국과 북한을 통치하는 데 어떻게 작용할지 미리 예단할 수는 없다.

시진핑은 아버지 시중쉰이 1962년 반혁명세력으로 몰리면서 문화대혁명 기간 동안 농촌에서 노동을 했다. 청년기부터 고난을 참고 견디며 인내하는 습관이 몸에 뱄을 터이다. 그러면서 갖은 역경을 이겨내고 정상의 자리에 오른 시진핑은 상당한 내공을 갖춘 인물일 것이다.

반면 김정은은 청소년기를 스위스 베른의 국제학교에 유학했다. 해외 문물을 체험했다고는 하지만 유복한 환경에서 어려움과 고생을 모르고 성장했다. 아버지 김정일 위원장이 2~3년 내 급격히 건강이 나빠지면서 김정은에게 후계 수업을 받게 한 것이 무리일지도 모른다.

어쨌든 김정은에게 현장 경험이 없다는 단점이 될 것이다. 이런 점에서 고모부 장성택이 북한 체제의 실질적 운영자이자 후견인이 되어 김정은을 보좌하고 있지만, 김정은이 40대에 가까워지면서 권력의 속성을 깨닫게 될 즈음에는 어떤 상황이 전개될지 예단할 수 없다.

시진핑은 25년간 지방 일선에서 차곡차곡 행정 경험을 쌓으면서 정상에 올랐지만, 김정은은 아버지로부터 주어진 자리다. 반면 시진핑은 82년 3월 허베이(河北) 성 정딩(正定) 현 부서기를 시작으로, 2007년 상하이 당서기를 거쳐 그해 10월 부주석 자리에 올랐다.

김정은은 2008년 8월 김정일이 뇌졸중으로 쓰러진 이후 후계 수업을 집중적으로 받았다. 공식석상 데뷔는 2011년 9월이었다. 행정이나 지도 경험은 시진핑과는 비교대상이 될 수 없다. 요체는 과연 시진핑이 한반도 운영 능력을 발휘해 김정은을 중국식 개혁·개방으로 이끌어낼지가 관건이다.

중국은 북한을 경제 중진국으로 끌어올려 든든한 중국의 동북아 우방으로 이끌어낸다는 목표를 갖고 있으나 북한 체제가 중국의 뜻대로 호응할지는 미지수다. 북한이 중국의 손을 잡고 경제적으로 어느 정도 힘을 펴게 되는 시점에서, 중국의 뜻대로 움직여줄지도 미지수다. 이 점에서 중국의 신임 지도부는 사실상 확신하지 못하고 있다.

그러나 장성택을 필두로 한 북한의 체제가 점진적인 개방 체제로 이행할 것이라는 데에는 이견이 없다.

북한의 체제 안정을 바라는 중국은 김정일 사망 후 김정은 체제 지지를 선언했다. 새파란 애송이 지도자 김정은을 초대한다는 의사까지 즉각 밝혔다. 조속한 북한 체제 안정을 바라는 중국의 속내가 읽혀진다.

김정은의 조기 방중 실현 가능성은 높다. 김정일은 후계자이던 1983년, 중국을 단독 방문한 바 있다. 시진핑은 2008년 6월 북한을 방문했었다.

중국이 바라는 대로 다행히 김정은 체제가 안정을 찾았다는 분석이 여러 곳에서 나왔다. 남한쪽도 북한 김정은 체제가 안정을 찾고 있다고 보는 것 같다.

2012년 11월 8일, 김관진 국방부 장관은 주요 언론사 간부들을 대상으로 국방정책을 설명하는 자리에서 "북한은 3차 핵실험 준비를 많이 해놓았고 정치적 판단에 의해 (핵 실험을) 결정할 것"이라면서 "앞으로 장거리미사일 발사실험을 할 것"이라고 말했다. 김정은 체제의 안정성에 대해 "현재 시점에서 평가해볼 때 북한의 권력승계는 비교적 안정되게 되었다.”고 평가했다.

김 장관은 “김정일이 갑자기 사망하고 스물여덟 살 난 아들이 승계하는 과정에서 권력행사가 가능할지, 체제는 유지될지에 대해 대비했다.”면서 “(현재는) 김정은이 통치력을 발휘하기 시작했다는 평가를 한다.”고 말했다.

김 장관은 김정은 체제의 불안 요소로 경제문제를 꼽으면서 “장성택이 중국도 다녀오고 북한은 여러 가지 시도를 하고 있지만 성과가 금방 나타날지, 또 북한의 체제상 경제개선 조치 혜택이 북한 주민들에게 바로 돌아갈지 아주 불확실하다.”고 말했다. 이어 “현영철 총참모장의 계급이 강등된 것은 군부를 통제하고 다스리는 방안으로 이런 조치를 취한 것인데, 이를 보면 북한이 체제 유지에 여러 가지 고민을 하고 있는 것으로 보인다.”고 덧붙였다.

이는 김정은 장성택을 위시한 북한 지도부의 통치력이 힘을 발휘하고 있다는 것을 에둘러 표현한 것으로 보인다.

중국은 북한 변화의 추동력이다

임동원 전 통일부 장관은 북한이 변화하게 된 계기로 2009년 시작된 북한과 중국 간의 관계 변화가 결정적이었다고 주장했다. 다음은 2012년 11월 서울서 열린 한반도 평화포럼에서 밝힌 임 전 장관의 발표 요지다.

“2009년 4월 5일, 북한은 광명성 2호 발사를 강행했다. 이후 유엔 안보리의 대북제재가 강화되면서 북한은 5월 25일 핵실험을 감행했다.

유엔은 이에 6월 12일 안보리 대북제재 결의안 1874호를 통과시켰다.

이러한 과정을 거치며 중국은 북한에 대한 정책을 재검토했다. 이때 중국이 결정한 내용은 한반도는 비핵화 지대로 남아 있어야 한다는 것과, 북핵 문제는 미국과 북한 간 적대 관계의 산물이었기 때문에 미국이 책임지고 해결해야 하고 동시에 중국은 미국의 해결 노력을 돕겠다는 점, 그리고 중국과 북한의 전통적 우호협력관계를 확대·발전시킴으로써 핵 문제를 비롯한 북한의 산적한 문제들을 해결한다는 것이다."

임 전 장관은 중국의 결정에 대해 중국이 자국의 경제 발전을 위해서도 주변의 평화와 안정이 필요했기 때문이라고 분석했다. 그는 또 중국의 영향력을 확대하기 위해서도 북한의 개혁개방을 지원하는 것이 필요했을 것이라고 설명했다. 이어 임 전 장관은 "중국은 북·미 대화를 지원하면서 한반도가 비핵화의 과정으로 진입할 수 있을 것이라고 내다보았다."고 덧붙였다.

중국은 북한과의 전통적 관계를 확대시키고 있다. 특히 나진·선봉 및 압록강 하류의 위화도와 황금평 등 양국 접경지대에서 경제 협력관계를 강화, 발전시키고 있다. 임 전 장관은 이러한 중국의 움직임에 대해 북한을 중국에 개방시키려는 의도가 있다고 분석했다. 북한이 중국에 대해 경제적으로 개방조치를 취해 중국의 시장경제 원리에 따르게 될 수밖에 없게 된다는 것이다.

임 전 장관은 "중국은 훈춘과 나진·선봉지역을 대상으로 도로, 항만 구역을 일체화하는 프로젝트를 진행하고 있다. 나선항(나진·선봉)이 훈춘과 도문의 외항처럼 활용될 수 있다."고 말했다.

임 전 장관은 이 프로젝트가 중국이 동북 3성 진흥계획의 핵심으로 훈춘과 도문을 개발하고 있는데, 이들 내륙지역의 발전을 위해 바다로 진출할 수 있는 항구가 필요하기 때문이라고 분석했다.

그는 "중국이 차항출해(借港出海: 항구를 빌려서 바다로 나간다)를 실현하기 위해 나선항의 부두를 확보한 것"이라며 "부두 3개를 투자하여 개발하고 있고 청진항에도 2개의 부두를 확보할 예정이다."라고 말했다.

이뿐만 아니라 중국은 단둥과 신의주 사이의 연계개발 프로젝트를 진행하고 있다. 대표적인 것이 황금평과 위화도 개발인데, 임 전 장관은 이것이 단둥에 있는 9개의 산업 공단과 연계시켜서 발전시키려는 계획인 것 같다고 설명했다. 또 그는 신의주와 단둥을 잇는 신(新)압록강대교, 만포 쪽에 건설되는 새로운 육교 등 접경지대의 여러 곳에서 철도 및 도로가 연결되고 물류 교역이 이루어지고 있다고 했다.

임 전 장관은 북한이 중국에 속박되는 것은 아닌가 하는 우려가 있었다고 언급했다. 그러나 그는 "양국의 경협이 북한의 경제 개선에 기여하고 중국이 북한을 개혁개방으로 유도하는 긍정적인 효과도 기대할 수 있다."고 말했다. 중국이 북한 변화에 추동력이 되어주고 있다는 것이다.

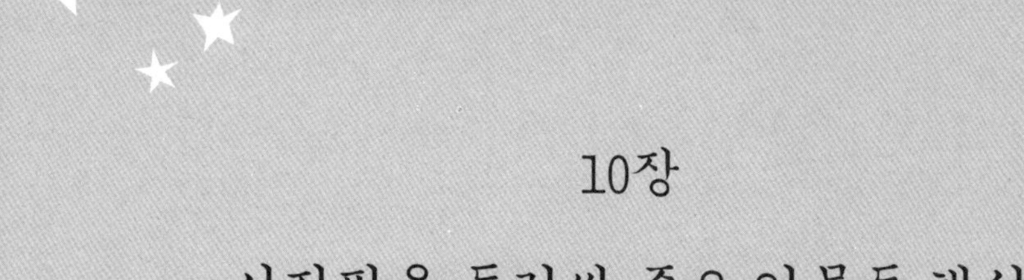

10장

시진핑을 둘러싼 주요 인물들 해설

리커창 총리(내정)—당 서열 2위

전임 후진타오 주석이 후원자였던 리커창은 2인자로 머물게 되었다. 3월 전인대 선출 직후 총리직에 취임한다.

리커창과 시진핑은 50대 초중반으로 개혁개방 시기에 대학에 입학하고 사회에 진출한 '문화대혁명 이후 세대'라는 점이다.

리커창은 대단한 노력파로 알려져 있다. '신초(愼初 · 시작할 때처럼 신중하고), 신미(愼微 · 작은 일에도 신중하며), 신독(愼獨 · 혼자 있을 때도 삼가고 경계하며), 신욕(愼欲 · 물욕을 내지 않는다)'을 생활신조로 삼는 의지력이 강한 인물로 알려져 있다. 그만큼 그는 자신을 잘 제어하고 관리할 줄 아는 사람이다. 성실하게 일하는 자세에서 그를 따라올 사람이 없지만, 그렇다고 남을 혹사하며 부려먹는 스타일도 아니다.

주변에서는, 리커창은 젊었을 적의 원자바오를 연상케 한다고 말한다. 리커창은 서민과 대화를 즐긴다는 것이 주변 평가다. 2004년 겨울부터 시작한 '판잣집 주민들에게 집 지어주기' 정책도 빈민촌 현장에서 바로 결정했다고 한다. 부친상을 당했을 때 현지 관리들이 보낸 선물을 완곡하게 거절했으며, 보통 사람과 다를 바 없이 간소하게 장례를 치렀다고 해서 평판이 자자했다고 한다.

리커창과 베이징 대학 법률학과에서 동문수학했던 베이징 대학의 장밍안(姜明安) 법학과 교수는 "리커창은 동료들과 관계가 좋았고 사상도 매우 분방했다."고 말한다.

23세라는 비교적 많은 나이에 베이징 대학 법학과에 들어간 리커창

리커창

은 학생회장 즉, 주석에 당선되었으며, 졸업할 때는 법률학과의 성적 우수생 4명에 포함되었다. 대학 공청단에서 일하던 그는 당시 공청단을 관장하던 후치리(胡啓立) 당시 중앙서기처 서기에게 발탁돼 공청단 중앙에 들어갔다.

38세 때에는 중앙서기처 제1서기에 올라 최연소로 부장급(장관급) 인사가 될 만큼 능력을 발휘했다. 1997년, 리커창은 '5세대 주자' 가운데 처음으로 15기 중앙위원에 당선되어 차세대 지도자군 반열에 오른다.

리커창과 후진타오와의 관계는 잘 알려져 있다. 공청단의 후보서기와 서기로 재직했던 1983년~1985년 3년간 리커창은 후진타오 주석과 함께 일했다. 안후이 성 지시(績溪) 현 출신인 후 주석과 동향인 그는 후 주석과의 인연으로 이후 권력에 한 발 한 발 접근하는 기회를 잡는다.

리커창은 행정가로서의 능력도 출중한 것으로 전해진다. 1998년, 허난 성 당부서기로 시작해 2004년 당서기를 끝으로 허난 성을 떠날 때까지 6년간 재직하면서 낙후된 허난 성을 '농공(農工) 혼합경제'로 바꾸어놓았다. 리커창이 허난 성에서 시작한 것이 바로 '중원 굴기(中原堀起)'다. 2004년, 중앙정부가 제기한 '중부(中部) 굴기'의 원류가 바로 허난 성의 '중원 굴기'다. 그는 1998년, 31개 성 가운데 21위를 기록했던 허난 성의 1인당 국내총생산(GDP)을 6년 만인 2004년 16위로 올려놓았다.

앞서 설명한 판잣집 개량 사업은 리커창의 주요 업적에 꼽힌다. 2004년 12월, 랴오닝 성 당서기에 부임한 뒤에는 푸순(撫順) 시의 34만

5,000호 판잣집에 대한 주택개량사업으
로 120만 명에게 집을 지어주었다. 동북
진흥계획으로 동북 3성의 낙후 이미지를
벗고 공업지역으로 도약한 것은 순전히
리커창의 능력이었다. 최근에는 단일 외
자유치 규모로는 역대 최고인 인텔 반도
체 공장을 다롄에 유치했다.

리커창 부인

　그는 후 주석과 같은 '퇀파이(團派)' 세
력이지만 결코 보탬만 되지 않는다는 분석도 있다. 퇀파이 출신은 '3다
3소(三多三少)'의 장단점을 가진다는 평가가 많다. 즉 행정 관련 인사는
많지만 재경(財經) 인사가 적다는 것으로, 지방 지도자 출신은 많지만
중앙 요직 경험자는 적다는 뜻이다. 아울러 학력이 높지만 현장 실무
경력이 적다는 것이다.

　하지만 리커창은 본인의 노력으로 1995년, 경제학 박사 학위를 취득
했다. 그의 논문 '중국 경제의 삼원(三元) 구조'는 중국 경제학계의 '최
고 논문상'인 '쑨예팡(孫冶方) 경제과학상'을 받았다. 다른 공산당 간부
들처럼 적당히 학위를 받은 것이 아니라는 의미다.

　그럼에도 리커창에게 약점은 있다. 후 주석의 최측근이라는 점이 상
하이방(上海幇)과 태자당으로부터 공격받는 빌미가 될 수 있다. 중국의
속담 가운데 '머리 내민 새가 먼저 총을 맞는다(槍打出頭鳥)'는 말이 있
다. 중국공산당 정치판에서는 개인의 능력보다는 다양한 집단의 요구
를 합리적으로 조정하는 능력이 중요한 지도자의 덕목으로 꼽힌다.

　이런 점이 리커창에게 불리한 요인일 수 있다. 계파에서 자유롭지 못
한 리커창에게 약점일 수 있다는 것이다. 시진핑이 비록 리커창보다는

중앙 정계에 늦게 진입했지만, 계파에서 보다 자유로운 입장도 최고지
도자에 오르는 데 도움이 된 것이다.

리커창의 부인은 영어에 능통한 서우두징지마오이(首都經濟貿易) 대학
영문과 교수인 청훙(程虹·55)이다. 시진핑의 부인인 펑리위안과 달리
리커창의 부인은 조용한 학자 타입이다. 청훙은 리커창보다 두 살 아래
로 허난(하남) 성 정저우(鄭州) 출신이다.

문화혁명이 종결된 이후 1977년, 뤄양(洛陽) 외국어학원에서 영어를
배운 청훙은 명문 칭화 대학에서 석사, 중국사회과학원에서 문학박사
학위를 취득했다. 이후 미국 브라운 대학에서 교환교수로 재직했지만,
학문적 깊이는 아직 알려져 있지 않다. 청훙은 당에서 좋은 자리를 권
유하지만, 애초 정치적 성향이 아니어서 거절한 것으로 전해진다. 딸이
한 명 있으며 베이징 대학을 졸업했고 미국에서 유학 중이다.

리커창의 부친 리펑싼(李奉三)은 지방 정부의 중급 간부로 일했으며
항일 무장투쟁 시절 공산혁명에 투신했다. 모친 차오리쥔(曺麗俊)은 안
후이 성 펑양 현 출신으로, 리펑싼이 펑양 현 현장으로 있을 때 결혼했
다. 이들 사이에서 리샤오칭(李曉晴)과 리커창, 리커밍(李克明) 등 2남 1녀
가 태어났다. 리커창의 누나 리샤오칭은 국무원 국유자산감독관리위원
회(國資委)의 안후이 성 정보센터의 주임이며, 남동생 리커밍은 국가연
초전매국 부국장이다.

리커창의 처가 식구들 역시 공청단 간부였거나 가까운 집안이다. 리
커창의 장인 청진루이(程金瑞)는 1963년 10월, 허난 성 공청단 부서기까
지 올라 퇴직했다. 장모 류이칭(劉益淸)은 신화사 허난 분사 기자였다.
1980년 5월, 중국공산당 중앙선전부가 신화사에 위탁해 창간한 잡지

'반웨탄(半月談)'의 총편집실 부주임까지 지냈다.

다음은 리커창의 주요 약력이다.

· 한족

· 1955년 7월생

· 현 국무원 상임 부총리

· 차기 국무원 총리 내정

· 부인 청훙(程虹 · 1957년생)과 1녀

· 안후이(安徽) 성 딩위안(定遠) 현 출신

· 1974~1976년 안후이 성 펑양(鳳陽)현 다이먀오(大廟) 공사 둥링(東陵) 대대 당 지부 지식청년

· 1976~1978년 안후이 성 펑양 현 다이먀오 공사 둥링 대대 당 지부 서기

· 1978~1982년 베이징(北京) 대학 법학과, 학교 학생회 책임자

· 1982~1983년 베이징 대학 공청단 서기

· 1983~1985년 공청단 중앙학교 부부장 겸 전국 학련(學聯) 비서장, 공청단 중앙서기처 후보 서기

· 1985~1993년 공청단 중앙서기처 서기 겸 전국 청련(靑聯) 부주석

· 1988~1994년 베이징 대학 경제학원 경제학 석사, 박사

· 1991년 9월~11월 중앙당교 공부

· 1993~1998년 공청단 중앙서기처 제1서기 겸 중국청년정치학원 원장

· 1998~1999년 허난(河南) 성 당부서기, 대리성장

· 1999~2002년 허난 성 당부서기, 성장

· 2002~2003년 허난 성 당서기, 성장

· 2003~2004년 허난 성 당서기, 성 인민대표대회 상무위원회 주임

· 2004~2005년 랴오닝(遼寧) 성 당서기

· 2005~2007년 랴오닝 성 당서기, 성 인민대표대회 상무위원회 주임

· 2007~중앙정치국 상무위원회 상무위원

· 제15~17기 중앙위원

· 제17기 중앙정치국 상무위원회 상무위원

· 제88기 전국인민대표대회 상무위원회 상무위원

장더장 전인대 상무위원장(내정)—당 서열 3위

장더장(張德江 · 66) 충칭 시 위원회 서기는 2012년 11월 열린 18차 당 대표대회에서 정치국 상무위원에 진입했고 한국말을 구사하는 유일한 인물이다. 그는 옌볜(延邊) 대학에서 조선어를 공부하고 평양의 김일성 종합대학에서 경제학을 전공했다. 2011년 12월 사망한 김정일 국방위원장의 대학 후배이기도 하다. 이 때문에 장더장이 정치 거물로 부상하면서 북한 측은 상당한 기대를 하고 있다.

보시라이 전 충칭 시 서기가 한국 정재계와 인맥이 넓은데 반해 친북파인 장더장이 들어갔기 때문이다. 2006년과 2010년, 2011년 김정일 위원장 방중 때는 장더장이 직접 수행하면서 안내할 정도로 친분이 깊다.

장더장의 친북 성향은 후원자인 장쩌민과 쩡칭훙에게서 받은 적지 않은 영향 때문인 것으로 보인다. 1989년 6월 톈안먼 사태 직후 자오쯔양(趙紫陽) 대신에 당 총서기에 오른 장쩌민은 취임 이후 첫 해외 방문지로 북한을 선택했다. 1990년 3월 방북해 김일성 주석과 회담을 가졌고, 그해 9월에는 김일성이 베이징을 방문해 장쩌민을 만나는 등 장 주석의 북한에 대한 배려 정책은 유명하다. 이러던 차에 장더장이 발탁되었다. 장쩌민은 국무원 민정부 부부장 장더장을 1990년 10월 옌볜 자치구의 당서기로 임명했다.

이후 장더장은 장쩌민에게 각별한 예의를 차리며 관계를 이어나갔다. 저장 성 서기 시절엔 에피소드도 전해진다. 2002년 장쩌민이 항저

장더장과 김정일

우(杭州)에 시찰 나왔을 때다. 장더장은 예술 방면에 관심이 깊은 장 전 주석을 경극에 초대했다. 경극이 끝난 후 장 전 주석은 장더장에게 노래를 요청했다. 기다렸다는 듯이 장더장은 무대에 올라 이탈리아 가곡인 '오솔레미오'의 중국어 번안곡인 '내 마음속의 태양(我心中的太陽)'을 불렀다. 오솔레미오는 장 전 주석이 평소 즐겨 부르는 노래다.

장더장이 관객들에게 장 주석을 소개하면서 "피아노를 치면서 원어로 부르신다."며 박수를 유도했다. 이에 흥이 난 장쩌민은 피아노를 치며 오솔레미오를 불렀고, 이어 장쩌민과 장더장이 중국 고전음악을 합창했다.

장쩌민은 미리 짜놓은 각본인 줄 알았지만 장더장의 정성에 감복했음은 물론이다. 장더장이 상전을 모시는 행동이 각별했다는 일면을 보여준 장면이다. 2008년 장더장이 국무원 부총리 재임 당시에는 시대적인 운도 따라주었다.

평소 그는 국영기업 육성을 강조했다. 그가 산업, 에너지, 교통, 통신 분야를 담당했던 이력도 국영기업 육성을 강조한 배경이 된다. 2008년 글로벌 금융위기가 닥치면서 민영기업이 줄줄이 쓰러지자 그의 주장은 주목받기 시작한다. '국진민퇴' 정책이 그것이다. 그의 영향력이 미치는 대표적인 국유기업으로는 페트로차이나, 시노펙, 공상은행, 중국철도 등이다.

장더장(당서열 7위) 중앙정치국 위원, 국무원 부총리 약력

1946년 11월	랴오닝 성 타이안 출생
1971년 1월	공산당 입당
1968~1970	지린 성 왕칭 현 뤄쯔거우(羅子溝) 공사로 하방
1972~1975	옌볜 대 조선어과에서 조선어 전공
1978~1980	북한 김일성종합대 경제학부 수료, 유학생 당 지부 서기
1986~1990	민정부 부부장, 당조(黨組) 부서기
1990~1995	지린 성 부서기 겸 옌볜 주 서기
1995~1998	지린 성 서기, 성 인대(人大) 상무위원회 주임
1998~2002	저장(浙江) 성 서기
2002~2007	중앙정치국 위원, 광둥 성 서기
2008~	중앙정치국 위원, 국무원 부총리, 당조 성원
	제14기 중앙후보위원
	제15기~17기 중앙위원
	제16, 17기 중앙정치국 위원

향후 소득 분배 정책을 시행하게 될 것이다. 그렇게 되면 공공성이 짙은 이들 기업들이 물가안정과 고용확대에 보다 적극적 역할을 하도록 한다는 것이 장더장의 복안이다. 그러나 시진핑과 리커창 등 신지도부는 시장경제를 지향하고 있어 향후 정책 조율 과정이 주목된다.

먼저 언급했듯이 장더장과 김정일 위원장은 돈독한 사이였다. 김 위원장은 1964년 김일성대학을 졸업했으며, 장더장은 1978년부터 1980년까지 유학했다. 김 위원장과 16년 차이다. 2006년 김 위원장이 방중 때는 통역이 잘못 전달되면 직접 나서 조선어로 다시 설명해주기도 했다고 한다.

그는 연변 조선족자치주 당서기, 지린 성 당서기 등 18년간 동북지역에 근무하면서 북한 고위층과 친분을 쌓았다.

2011년 11월, 최영림 북한 내각 총리가 중국 동북지역을 방문했을 때도 장더장이 나서 경협 사업을 논의했다. 북·중 경협의 핵심은 '창지투(長吉圖, 창춘~지린~두만강) 개방 선도구' 건설 사업으로 2020년까지 2020억 위안(458조 원)이 투입된다. 중국은 나진항을 100년간 사용할 권리를 확보한 데 이어, 두만강 유역을 동북아 물류 거점으로 육성한다는 전략이다.

장더장은 1946년 11월, 랴오닝(遼寧) 성 타이안(台安) 출생이다. 장더장의 부친은 공산당 1세대 장교인 장쯔이(張志毅)다. 지난(濟南) 군구 포병 부사령관을 지냈다. 장더장은 문화혁명 기간에는 옌볜 조선족자치주 왕칭(汪淸) 현으로 하방(下放)되었다. 장더장은 그곳에서 인생 역전의 인사를 만나게 된다. 당시 왕칭 현 당 위원회 상무위원이던 조선족 이덕수(李德洙)였다. 이덕수의 천거로 장더장은 왕칭 현 선전조 간사가 되었고, 옌볜 대에서 조선어를 공부할 수 있었다. 이덕수는 1983년 옌볜 자치주 서기로 재임 당시 장더장을 옌지(延吉) 시 부서기로 발탁했다. 주석에 있던 장쩌민의 천거로 1989년 10월에는 옌볜 주 당서기로 임명된 데 이어 2002년부터 연속으로 중앙정치국 위원에 선출되었다.

장더장은 1998년 저장 성 서기 재임 시 능력을 발휘한다. 4년 동안 연간 농가소득을 물가 상승률분을 제외하고 12.5%씩 성장시켰다.

그는 2002년, 시진핑에게 저장 성 서기직을 넘기고 광둥 성 서기로 옮겨간다. 전임 광둥 성 서기는 랴오닝(遼寧) 성 출신인 리창춘(李長春)이었다. 리창춘과 장더장은 상하이방의 핵심인사다.

장더장이 광둥 성 서기로 있는 동안 광둥 성의 경제성장은 괄목할 만한 발전을 이루어냈다. 광둥 성의 경제 규모는 1998년에 싱가포르를, 2003년에는 홍콩을, 2007년에는 대만을 추월한 것으로 전해지고 있다.

장더장의 부인인 신수썬(辛樹森)은 1949년 산둥(山東) 성 하이양(海陽)

출신이다. 1976년 공산당에 입당했으며 동북재경대학 투자경제학과를 졸업, 은행 전문가로 활동했다. 그녀는 건설은행 부행장까지 승진했다. 애초 낙마한 보시라이 후임으로 저우창(周强) 후난 성 당서기가 거론되었었다. 공산주의청년단(공청단) 중앙서기처 제1서기를 지낸 저우창은 대표적인 친(親)후진타오계 인물이다. 후진타오는 2006년 지방권력을 장악하면서 저우창을 후난 성으로 보냈다. 당시 그러나 장쩌민 세력에게 밀린 듯, 충칭 시 서기 자리를 장더장 부총리가 직접 관할하는 것으로 정리되었다.

장더장이 정치국 상무위원으로 승진함에 따라 어떤 식으로든 남북한 관계와 한반도 주변 정세에 관여할 가능성이 크다. 그의 전공 분야가 경제 분야이긴 하지만 상무위원 정도이면, 외교문제에도 직간접적으로 개입할 수 있는 것이 중국 정치시스템이다.

위정성 정협 주석(내정)―당 서열 4위

치열한 경쟁 속에서 중앙정치국 상무위원의 남은 한 자리는 위정성(俞正聲·67)상하이 시 당서기에게 돌아갔다. 그간 상무위원 6명은 당대회가 열리기 보름 전 무렵 일치감치 정해진 가운데, 위서기는 리위안차오 중앙조직부장, 왕양 광둥 성 서기와 함께 치열하게 경쟁을 벌였다.

위는 2013년 3월 '중국인민정치협상회의 전국위원회(전국정협) 주석'을 맡을 가능성이 높다. 위 서기의 승리는 장쩌민 전 주석계가 막판 뒷심을 발휘한 결과로 볼 수 있다. 위정성을 밀었던 장쩌민이 리위안차오 당 중앙조직부장을 밀어올린 후진타오 전 주석에 승리한 셈이다. 그렇다고 후진타오 전 주석 세력이 완전히 밀렸다고 볼 수는 없다.

위정성은 4년 후엔 72세의 고령이 돼 물러나야 한다. 중국 정치에서 상무위원 관행상 68세 이상은 물러나야 하는 것이 불문율이다. 이에 따라 4년 후 후진타오는 막판 탈락한 리위안차오를 상무위원에 입성시킬 가능성이 높다. 후는 차기 주석 지명 즉 격대지정에 유리한 포석을 놓을 것이라는 분석이다. 전술한 대로 후는 이미 2022년 탄생할 차기 주석으로 후춘화 광둥 성 서기, 쑨정차이 충칭 서기, 저우창 최고인민법원장 등을 점찍어둔 상태다. 이는 시진핑-장쩌민 연합파가 후진타오 등 공청단계열을 어쩌지 못하도록 하는 제어장치가 될 것이다.

위정성은 상하이방 계열이다. 장쩌민이 1985년 상하이 서기로 임명돼 정치적 기반을 키워온 것처럼 위도 2007년부터 상하이 시 서기로 입성했다. 통상 상하이 시 서기는 중앙정치무대에서 황태자로 성장하는 지름길로 인정받는다. 시진핑 총서기 역시 상하이 서기에서 국가부주석으로 임명된 바 있다.

위정성이 막판에 상무위원에 진입한 것은 순전히 장쩌민의 힘으로 볼 수 있다. 위 서기는 능력도 있지만, 위정성 부친 황징(黃敬·본명 위치웨이·俞啓威)과 장쩌민의 절친한 친분 때문이라는 분석이 지배적이다.

네 번째로 큰 규모의 직할시인 톈진 시장을 지낸 부친 황징은 제1기 계공업부 장관 시절, 수하에 있던 장쩌민 전 주석을 키웠다. 장쩌민의 소련 유학 기회도 마련해주었다. 장쩌민은 황징의 힘으로 중앙정치에 올라서는 발판을 마련한다. 이런 인연은 장쩌민과 위정성과의 끈끈한 인연의 배경이 된다. 황징은 마오쩌둥 저우언라이와 함께 혁명 원로로 대우받았던 인물이다.

위정성의 인생에는 우여곡절이 많다. 공산당 고급 간부 자녀들이 다니는 베이징 '81소학교'와 '제4중학교'(중·고교 과정)를 졸업한 뒤 명문 하얼빈 군사공정학원에 진학했다. 그러나 문화대혁명 때 위의 집안은 풍비박산 지경에 이르렀다. 친척과 가족 9명이 사망했을 정도로 큰 불행을 겪었다. 여동생은 박해로 인한 정신병으로 자살했다. 위전성의 형 위창성은 국가안전부 간부로 일하다 국가기밀 누설죄목으로 조사받다 도피 겸 미국으로 망명길을 택했다.

위가 지방위원회 서기에서 2002년 16차 당대회에서 중앙정치국 위원으로 올라갈 수 있었던 것도 순전히 부친의 음덕을 입었던 장쩌민 덕분이었다. 그가 상하이 당서기로 오게 된 데도 장 전 주석의 지지가 결정적으로 작용했다.

한국과의 인연도 적지 않다. 위정성은 1992년 한·중 수교 이전부터 한국인들이 많이 진출했던 산둥 성 칭다오 시에서 1987년부터 10

년간 시장과 서기로 일했다. 지방 시장에 불과하던 그가 중앙정부의 부부장, 부장으로 발탁된 데는 한국기업의 칭다오 진출이 큰 역할을 했다고 한다.

칭다오에는 시 재정의 30% 이상이 한국기업에서 나올 정도로 한국기업이 많이 진출해 있다. 이는 위정성이 한국기업인들과 각별한 인연을 갖게 된 배경이다. 위정성은 건설부장 시절에도 중국의 각종 사회간접자본(SOC) 건설 사업에 한국기업의 참여를 적극 후원했다고 한다.

위정성은 원만한 성품과 만만찮은 이력으로 인해 베이징 원로들 사이에 거부감이 별로 없는 인물로 통한다. 경력이나 능력 면에서 전혀 꿀릴 게 없는 리위안차오를 제치고 올라선 것도 이런 데 기인한다. 아무래도 리위안차오는 후진타오 전 주석의 색채가 강하고, 개혁 성향이다.

위정성은 2017년 19차 당대회 때는 나이 제한에 걸려 물러나야 한다. 그럼에도 애초 위정성이 상무위원에 오른 것은 정파 간에 무난한 인맥을 갖고 있으며, 정치적 파장이 크지 않다는 점에 있다. 화려한 가문과 그로 인한 방대한 네트워크도 강점이지만, 장쩌민파나 후주석의 공청단 세력 등에 두루 거부감이 없다는 것이 가장 큰 이유다.

위정성의 가계는 상무위원들 가운데 손꼽히는 명문가로 꼽힌다.

위정성은 태자당 출신 인물들 중에서도 '황친국척(皇親國戚)'으로 불린다. 이는 '황제의 가솔과 친척'을 일컫는 말로 과거부터 거물급 세도가를 일컬었다. 황징의 숙부 위다웨이(俞大維)는 대만의 국방부장을 지낸 거물이다. 위다웨이는 장징궈(蔣經國) 전 대만 총통과도 사돈 관계였다. 한 집안에서 공산당과 국민당의 거물 정치인이 배출되는 이색적인 집안 내력을 갖고 있다.

부친 황징과 장칭과의 연인 관계는 한 편의 소설이다. 황징은 20세에 산둥 대를 다닐 때 그 대학 도서관에서 일하던 18세의 여성 리윈허(李雲鶴)와 동거했다. 리윈허는 나중에 이름을 장칭(江靑)으로 바꾼 뒤 마오쩌둥

위정성

과 결혼했다. 마오의 네 번째 부인이자 문화대혁명의 4인방 중 한 명인 그녀였다.

황징이 똑똑하고 인물도 수려하며 화려한 정치 이력을 지녔다는 것을 간접적으로 전해주는 얘기도 된다.

1913년생으로 저장(浙江) 성 출신인 황징 즉, 위치웨이는 공산 혁명 활동에 나서면서 이름을 황징(黃敬)으로 바꾸었다. 장제스 치하의 민국 시절 산둥 성 칭따오 공산당 선전부장으로 지하 혁명 활동을 하던 중 장칭을 만난 것이다.

두 사람은 곧바로 동거에 들어가지만 황징이 공산당 지하공작을 하다 당국에 체포되자 리윈허는 상하이로 가 신극(연극)배우 또는 영화배우로 전전한다. 리윈허는 몇 년 뒤 영화배우 탕나(唐納)와 결혼했다. 리를 잊지 못하던 황징은 결혼한 후에도 상하이로 달려가 리윈허를 데리고 달아났다. 사랑의 도피인 셈이었다. 하지만 리윈허는 '리윈허 도주, 탕나 자살 기도'라는 신문 제목을 보고 실망해 상하이로 갔고, 리윈허와 황징의 관계는 그것으로 일단락되었다. 아마도 탕나의 자살에 충격을 받은 것으로 풀이된다.

리윈허 즉 장칭은 산둥 성 출신이다. 장칭은 이혼한 어머니와 함께

고향을 떠나 톈진에서 담배공장 노동자로, 신극 배우로서 베이징, 칭따오를 전전하던 중 황징을 만나 1933년 공산당에 가입했다. 황징과 헤어지고 영화배우로 활동하다 탕나와 관계도 끊어지면서 일본군이 상하이를 점령하자 옌안 장정에 참여한다. 그곳에서 마오쩌둥과 만났다. 장칭이라는 이름은 마오가 지어 준 것이다.

장칭은 황징이 군장 성의 딸 판진(範瑾)과 결혼한 후에도 교류를 이어가고 싶어 했다고 한다. 황징은 거절했다고 한다. 황징은 1958년 48세의 나이에 사망했다. 말하자면 마오쩌둥과 황징은 장칭을 두고 삼각관계였던 셈이다.

두 사람 이야기는 황징과 석 달간 한 집에서 살았다는 전 부총리 야오이린(姚依林)이 전한 것으로 알려졌다. 야오이린은 리윈허의 남편 탕나가 사망했다는 신문보도를 보고 울면서 상하이로 떠날 때 여비 20위안을 쥐여 준 사람이다.

훗날 장칭은 일종의 연적이었던 위정성의 친모 판진(范瑾·당시 베이징시 부시장)을 감옥에 가두고 모진 고문을 가했다.

문화대혁명을 주도했던 장칭은 1966년 문혁이 시작되자 황징의 부인을 비롯한 위정성의 가족을 참혹하게 몰아붙였다. 자신을 버렸다는 황징에 대한 복수였다는 분석이다. 장칭은 당시 베이징 시 부시장에 있던 판진을 주자파로 몰아 숙청한다. 판진은 감옥의 독방에 수감돼 모진 고문을 당했고, 실어증에 걸리기도 했다.

이후에도 장칭의 핍박은 그치지 않았다고 한다. 위정성의 여동생인 위후이성(俞惠聲)은 정신착란으로 자살하는 등 위정성 일가는 문혁 당시 직계와 방계 가족 9명이 사망했다고 한다.

위정성 역시 1968년 하얼빈 군사공정학원을 졸업한 뒤, 하방되어 허베이(河北)성 장자커우(張家口) 시에서 기술자로 근무하다 7년 만에 베이징으로 돌아올 수 있었다. 위가 베이징으로 돌아올 수 있었던 이유는 혁명 유자녀 집단인 태자당의 일원이었기 때문이다.

당시 위정성은 덩샤오핑의 장남 덩푸팡(鄧樸方)과 연이 닿았다. 덩푸팡은 자신이 설립한 장애인복지기금을 운영하는 캉화(康華) 공사 사장으로 위정성을 이끌었다. 이를 계기로 위정성은 1984년 실세로 떠오르는 중이었던 장쩌민의 후원도 받게 된다.

관운이 트일 즈음 악연이 겹쳤다. 호사다마인가. 위정성의 큰형 위창성(俞强聲)이 1985년 국가안전부 간부의 신분으로 미국에 망명하는 사건이 발생하자 그는 캉화 공사 사장에서 물러났다. 이어 지방 관리의 길을 걷게 된다. 위창성은 중국공산당이 미국 CIA에 심어놓은 고정간첩에 대한 정보를 넘겨준 것으로 알려졌다. 이로 인해 덩샤오핑은 위정성을 다시 내보내도록 조치한다.

덩푸팡은 위창성과 중고교 동기로, 위정성과도 어린 시절을 함께했다. 덩푸팡이 문화대혁명 시절 고문을 당해 척추에 손상을 입었을 때 그를 병원으로 데려간 사람도 위정성이었다. 그리고 형의 망명으로 지방 관리로 좌천된 위정성을 끌어주고 격려해 준 이가 덩푸팡이었다.

위정성은 장쩌민의 후원으로 1993년에는 칭따오 시장으로 발탁돼 출세 길에 들어선다. 칭다오에서 대외개방을 적극 추진하면서도 주변 관리를 깔끔히 처리하는 모습을 보여 당지도부의 눈에 들었다.

갖은 고난과 우여곡절을 겪은 가족사가 그를 단련시킨 것으로 보인다. 장쩌민이 1980년대 초 전자공업부 부장(장관급)으로 재직할 때 위정성을 부사장(국장급)으로 임명해 직속부하로 키웠다. 장쩌민은 위정성의 능력을 눈여겨보았고, 지원을 아끼지 않았다.

위정성의 집안 내력은 화려하다. 위정성의 종조부인 위밍전(1860~1918)은 청나라 말기의 정치인이자 문학가다. 1898년 중국 혁명에 불길을 지핀 문호 루쉰(魯迅)은 18세 때 위밍전의 제자였다. 루쉰은 그의 저작인 《루쉰 일기》에서 위밍전을 언급하며 존경심을 나타내기도 했다.

위정성은 2007년 상하이 서기로 영전되면서, '시진핑을 배우자'고 제창해 정치 판도 변화에 기민함을 보였다. 자신을 낮추면서 때를 기다리는 감각이 고난 속에 체득된 것이다.

상무위원 겸 상하이 시 서기로 있는 위정성은 2020년까지 상하이를 국제금융센터로 만들겠다는 계획을 추진 중이다.

위정성의 아내 장즈카이(張志凱)는 전 국방 과학기술공업위원회 부주임 장전환의 딸이다. 장전환은 1961년에 소장으로 진급한 후 원자탄, 수소폭탄, 탄도미사일 등을 시험하는 조직의 책임자였다. 그는 중국 최초의 핵실험을 일선에서 지휘했다. 위정성은 아들 하나를 두고 있는데, 로스앤젤레스의 서던캘리포니아 대학에서 유학 중이다. 위는 계파별로 볼 때 장쩌민계이지만 쩡칭훙에 이어 태자당의 좌장 역할도 할 만큼 두루 원만한 관계에 있다.

시진핑이 볼 때, 위정성은 반드시 자신이 이끄는 지도부에서 한 자리를 차지해야 할 인물이다.

위정성은 '태자당' 중에서도 쩡칭훙 다음으로 두터운 인맥을 자랑한다. 덩샤오핑 등 중국공산당 원로들의 가문과도 인연이 깊다. 정치국 위원만 이번이 세 번째이기에 2012년 제18기 공산당 중앙위원회에서 마땅히 상무위원이 되었다. 예상대로 위정성은 자칭린을 대신해 정치협상회의 주석 자리를 맡을 것이다. 그렇게 되면 집안 배경의 장점을 십분 활용하여 대 대만 통일전선 에 큰 역할을 할 것이다.

위정성이 "예전부터 대만에 가고 싶었다."는 말을 꺼내자마자 홍콩과 대만 그리고 본토의 많은 언론이 관심을 보였다. 위정성이 정협 주석이 되어 가족의 배경을 이용해 대만을 방문하게 된다면 그는 대만을 방문하는, 본토의 최고 관리가 될 것이다.

류윈산―당 서열 5위

류윈산(劉雲山 · 64)은 어떠한 집안 배경이나 정치적 후광도 없이 자력으로 일어선 입지전적인 인물로 알려져 있다. 혹자는 정치 성향으로 공청단에 가까운 류윈산이지만 장쩌민에 충성 맹세를 한 덕에 상무위원에 올랐다는 풀이도 한다. 이 때문에 성향이 모호하다는 평도 듣는다.

농촌 관공서의 타자수와 초등학교 교사에 이어 신화통신 기자로 입문한 그가 언론, 출판 및 이념 담당 상무위원에 오른 것은 오로지 겸손하고 근면한 품성 때문이다. 그야말로 언론인 출신으로는 중국 내 최고 위직에 오른 인물이 류윈산이다.

중앙선전부는 언론, 출판, 문화를 책임지는 요직이다. 우리로 치면 문화관광체육부 장관쯤 될 것 같다. 그러나 직급은 소황제급인 정치국 상무위원이다. 자신이 맡은 분야는 오로지 자신이 책임지고 운영하는 막중한 자리다.

공산당의 선전 기법은 서구 민주 국가에 비해 훨씬 발달해 있고, 기법도 다양하다. 1917년, 러시아 혁명 끝에 소비에트연방을 탄생시킨 것은 사실 공산당이 선전선동에 능했기에 가능했다. 류윈산의 책임과 권한이 어느 정도인지 알 수 있다.

중국의 신문이나 방송 등 언론은 특히 공안당국의 검열 후 일반 국민에게 서비스하고 있는데 그 책임자가 류윈산이다. 공산당 정부를 지탱하는 두 축이 총과 붓이라면 류윈산은 한 기둥을 맡고 있는 셈이다.

2011년, 전 세계를 석권한 아바타가 중국에서는 검열에 걸려 상영

도중 중단된 사태가 발생했다. 표면적인 이유는 인기를 얻지 못해 서둘러 종영시켰다는 것이다. 개봉한 지 18일 만인 1월 22일, 3D상영관을 제외한 전 상영관에서 종영했다. 영화와 드라마 등을 총괄하는 국가광전총국이 퇴출한 것이다. 네티즌들의 거센 항의를 촉발시켰고, 사회적으로 파장이 컸다.

일본 교도 통신은 아바타의 조기 종영에 대해 "중국공산당 중앙선전부가 아바타를 선전하는 기사와 평론을 금지하라는 통지를 관영매체에 내렸다."고 전했다. 교도는 국가광전총국이 아바타의 대히트로 자국 영화가 흥행에 참패하는 것을 우려해 중앙선전부에 규제를 요청했으며, 중앙선전부가 이를 받아들였다는 것이다. 그러나 이 또한 진실과는 거리가 있었다는 것으로 전해진다.

그리하여 갖가지 해석이 불거져 나왔다. 우선 보복조치로 강제 중단시켰다는 설이다. 당시 공교롭게도 구글이 사이버 공격과 검열을 받았다며 중국에서 철수를 검토 중이라고 발표했던 상황이었다. 또한 아바타의 내용이 불만 세력이나 민중을 부추길 수 있다는 우려 때문에 중단시켰다는 설이다. 다시 말해 아바타 영화 내용 중에 강제철거에 대항하자는 메시지가 포함돼 있으며 이는 중국의 급속한 산업화 내지 빈부 격차 확대로 인해 터져 나온 현실 문제를 부추길 우려가 있다는 것이다. 따라서 공산당 중앙선전부가 나서서 상영을 금지했을 것이라는 분석이다.

어쨌든 중앙선전부가 개입돼 상영 중단 지시가 내려졌으며 미국 영화 아바타가 강제 중단되었을 것이라는 소문은 사실인 것 같다.

이처럼 중앙선전부는 사상과 언론, 출판 및 문화 산업 전반을 통제하는 책임과 권한을 갖고 있다. 그런 만큼 대중적인 인기도나 인지도는

류원산

다른 중앙부서 간부들에 못 미친다. 중국 외부에서 들어오는 각종 악재에 대한 검열 등 악역을 도맡아 해야 하기 때문이다. 지금까지 중국공산당 창건 이래 중앙선전부장을 지낸 11명 중 상무위원에 올라선 사람은 후야오방(胡耀邦)이 유일하다.

금서(禁書)의 출판과 판매를 막고 인터넷을 통제하며, 주요 반체제 인사의 감시 작업도 선전부 몫이다. 애당초 인민에게서 좋은 평가를 얻기는 어려운 자리다. 실제로 건국 이래 역대 11명의 중선부장 중 이후에 잘된 사람을 찾아보기 어렵다. 총서기 자리에 올랐던 후야오방(胡耀邦)은 결국 중도에 쫓겨나 현재까지도 공식 복권이 되지 않고 있다. 나머지 중에서도 부총리나 당 중앙서기처 서기까지 오른 사람은 있으나 정치국 상무위원에 오른 사람은 없었다.

게다가 현재 일반 인민을 상대로 공청단 인사 중 가장 평판이 나쁜 사람을 꼽으라면 십중팔구 류 부장을 꼽는다. 같은 공청단 인사지만 후 주석과의 친밀도 역시 리커창 총리내정자나 리위안차오 전 중앙조직부장, 류옌둥 국무위원과 달리 크게 약하다.

류원산의 업무 능력과 상황적 요청이 그를 상무위원으로 밀어올린 것으로 풀이된다.

중앙선전부는 서방 세계에서 들어오는 골치 아픈 문제, 예컨대 티베트 문제, 북한 출신 탈북자, 인권 문제, 정치 개혁 문제 등 민감한 사안들에 대해 적절히 대응해야 한다. 이런 일은 적절한 균형감각과 고도의 정치적 감각 없이는 해내기 힘든 업무들이다.

류원산 중앙정치국 위원, 중앙성기처 서기, 중앙선전부 부장 약력

1947년 7월	산시 성 신저우 출생
1971년 4월	공산당 입당
1964~1968	네이멍구 자치구 지닝 사범학교 졸업
1969~1975	네이멍구 투모터유기 선전부 간사
1981	공산당 중앙당교 연수
1982~1984	공청당 네이멍구 부서기
1984~1986	네이멍구 당위원회 선전부 부부장
1986~1987	네이멍구 당위원회 상무위원, 선전부 부장
1991~1992	네이멍구 상무위원, 츠펑 시 서기
1993~1997	공산당 중앙선전부 부부장
1997~2002	중앙선전부 부부장(1997년 10월 정부장(正部長)급 승진)
2002~	중앙선전부 위원, 중앙서기처 서기, 중앙선전부 부장
	제12, 14기 중국 공산당 중앙위원회 후보위원
	제15~17기 중국 공산당 중앙위원회 중앙위원
	제16, 17기 중앙정지국 위원, 중앙서기처 서기

류원산이 어느 정도 역량을 갖추었는지 짐작이 가는 대목이다. 그는 부장 승진 이전에 이미 9년을 부부장으로서 경험을 쌓았다. 2012년까지 10년간 중앙선전부장직을 수행하고 있어 업무 숙련도에서는 류원산을 능가할 인물은 없다고 봐도 무방하다.

2012년 11월, 18차 당대회에서 그가 정치국 상무위원에 발탁된 것은 그만큼 언론 선전 분야가 중요하다는 평가다. 시진핑을 비롯한 5세대 지도부 및 당 원로들이 정권 초반 안정을 기하기 위해 탁월한 업무 능력을 인정받은 류원산을 발탁했다는 해석이 가능할 것이다. 만일 선전 분야보다 사회분야 개혁에 비중을 두었다면 언론, 문화 통제 전문가가 상무위원에 오를 이유가 별로 없어진다.

앞으로 소득 분배의 균형, 빈부 격차 해소, 둔화 조짐을 보이는 수출 성장, 터져 나오는 정치 개혁 등에서 선전선동 분야가 아주 중요해졌다.

류원산은 2002년에 정치국 중앙위원에 오른 후 10년간 중앙위원을 지냈다. 이는 17기 상무위원이면서 선전선동을 담당했던 서열 5위 리창춘(李長春) 상무위원을 대체할 인물로 손색이 없다는 평이다.

갈수록 강도가 세지는 민주화 요구와 서구에서 불어오는 정치 개혁은 모두 신임 지도부에 부담을 줄 것이다. 2012년 초부터 지구촌을 달군 북아프리카 정치 변혁이 이를 실증하고 있다. 이른바 재스민 혁명 바람인데, 중국공산당 지도부가 가장 민감해하는 분야다. 이 때문에 문제없이 자연스럽게 언론 통제를 진행해 나가야 한다. 류윈산 같은 언론 통제, 문화 전문가의 필요성이 더욱 높아진 상황이다.

2011년 하순, 중국의 반체제 인사 류샤오보(劉曉波)가 노벨평화상 수상자로 결정된 이후 중국의 언론 통제는 심화되어 왔다.

베이징의 정치 분석가들은 "최근까지의 중국의 사회양상을 보면 류윈산 선전부장의 역량이 더욱 필요한 모습을 보이고 있다. 류윈산은 어떤 식으로든 중용될 여지가 많아졌다."고 해석한 바 있다.

류윈산은 '중화민족주의' 이념의 전파와 선전 작업에도 최일선에 위치해 있다. 중국은 사회주의 이념의 퇴색 속에 소수민족 갈등 문제, 지역과 계층 간 소득격차 등 사회적 분열요소가 확산되는 시점에 맞추어 새로운 통합개념으로 '중화 민족주의'를 제창하고 있다. 중화민족은 한족(漢族)뿐 아니라 55개 소수 민족을 포괄하는 개념이다.

한국과 마찰을 빚고 있는 이른바 동북공정 문제도 류윈산의 몫이다. 2006년 9월, 류윈산이 서울을 방문했을 때 "동북공정을 연구하는 학자들 개인의 문제이지 중국정부의 입장이 아니다."고 대답했다. 류윈산의 노련한 대처가 돋보이는 대목이다.

중화 민족은 류윈산의 발언에서 자주 등장하는 단골메뉴다. 특히 소수민족 자치구에 방문할 때면 항상 중화민족을 이야기한다고 한다.

류원산의 원적은 산시(山西) 성 신저우이지만, 출생지는 네이멍구(內蒙古)다. 류원산은 네이멍구 지닝(集寧) 시의 사범학교를 졸업하고 교사로 사회 첫발을 내딛는다.

평범하던 그의 인생이 바뀌기 시작한 것은 1974년, 그보다 4살 위인 톈충밍(田聰明) 당시 신화통신 네이멍구 분사 기자를 만나면서부터다. 류원산은 톈충밍의 추천을 받아 그해 말 신화사 기자로 채용되었다. 이듬해부터는 톈충밍과 함께 신화사 네이멍구 분사에서 일을 한다. 류원산이 노력하고 머리가 비상했다는 사실을 입증한다.

4년 후인 1978년, 톈충밍과 가까운 저우후이(周惠)가 네이멍구 공산당위원회 서기로 임명되었다. 톈충밍도 1980년 네이멍구 당위원회 정책연구실 부주임에 오른데 이어, 톈충밍의 지원을 받은 류원산 역시 저우후이의 신임을 얻어, 1982년에는 공청단 네이멍구 부서기에 오른다.

류원산이 당시 공청단 제1서기였던 왕자오궈(王兆國) 전인대 위원장이나 서기처 서기였던 후진타오, 류옌둥(劉延東) 등 공청단 주요 인맥과 인연을 맺은 것도 이때부터였다.

1983년, 톈충밍은 네이멍구 당위원회 핵심 간부에 올랐으며, 톈충밍은 류원산을 천거해 1984년, 네이멍구 선전부 부부장으로 올라서도록 했다.

1985년은 류원산이 인생 역전의 기회를 잡는 해였다. 당시 공산당 중앙위원회는 네이멍구의 공산당 간부 중 30대 인재 한 명을 천거하라고 했다. 당시 톈충밍은 당시 40세를 갓 넘긴 바람에 발탁되지 못하고 톈충밍의 천거를 받은 류원산이 중앙으로 나가게 된다.

이로써 류원산이 1985년 9월, 중국공산당 제12기 중앙위원회 후보위원에 오르게 된다. 당시 류원산은 38세로 최연소 후보위원이 되었

다. 후진타오도 1982년에야 후보위원이 되었고 우방궈는 류윈산과 같
은 해 후보위원으로 선출되었다.

1986년, 류윈산은 후보위원의 신분으로 네이멍구 선전부장으로 승
진했다. 네이멍구 지역의 당 간부들은 류윈산은 자치구 선전부장을 하
던 기간에 무척 겸손했고 업무를 중요시했다고 평가하고 있다.

1993년, 그는 46세의 비교적 젊은 나이에 중앙선전부 부부장으로 베
이징에 입성한다. 당시 중앙선전부장이었던 딩관건(丁關根)은 류윈산을
자신의 후계자로 염두에 두었다고 한다. 당시 중앙선전부 관료들은 류
윈산에 대해 겸손하며 아이디어가 뛰어났던 인물로 평했다고 한다.

이때부터 류윈산은 그동안 자신을 지원해준 톈충밍보다 앞서 나가
기 시작한다. 톈충밍은 2000년에서 2008년까지 신화사 사장을 지낸 이
후 관계에선 이름이 나오지 않았다. 류윈산은 지금도 톈충밍을 선배로
깍듯이 대한다고 한다. 류윈산이 차기 관리에 얼마나 충실한지 보여주
는 일화다.

류윈산은 2002년, 딩관건의 후임으로 당 선전부장에 임명되었다. 선
전부장 자리를 놓고 류윈산은 바이커밍(白克明) 허베이 성 서기, 천쯔리
(陳至立) 국무위원 등과 경합했지만, 선전부 부부장으로 9년을 근무해온
경력 때문에 선택된다.

이로써 네이멍구의 한 농촌에서 교사와 타자원으로 사회생활을 시
작한 지 33년 만에 공산당의 이데올로기와 언론을 총괄하는 위치에 올
라선 것이다. 당시 류윈산은 55세로 역대 선전부장 중 최연소를 기록
했다.

중앙선전부는 중앙조직부와 함께 공산당 중앙판공실의 양대 핵심부
서로, 최고위층의 심복이 책임자를 맡는 요직이다. 중앙조직부가 간부

의 승진, 이동, 공산당과 국무원의 인사와 조직을 통제한다면, 중앙선
전부는 정부 및 공산당 고위 간부의 선전과 언론·문화 통제를 맡는다.
　과거 그의 상급자는 리창춘(李長春) 정치국 상무위원이었다. 1998년
부터 광둥 성 서기로 활동해 온 상하이방의 거두 리창춘은 선전이나 이
데올로기 계통에서 일해본 적이 없었기 때문에 전적으로 류윈산의 의
견을 물어보았다고 한다. 그렇다고 해서 류윈산은 결코 자기 목소리를
내지 않았다고 한다.
　류윈산의 아들인 류러페이(劉樂飛)는 1973년생으로 유력한 국가기금
인 중신산업기금(中信産業基金)의 회장 겸 CEO로 활동하고 있다. 기금
은 중국의 대형 금융그룹인 중신집단(中信集團, CITIC)의 주력계열사이
며, 대주주는 중신증권이다.

왕치산 당-서열 6위

왕치산(王岐山·64)의 중앙정치국 상무위원 진입은 신선한 충격이었다. 실력으로 보나 능력으로 보나 누구에게도 뒤지지 않는 면모를 지녔지만, 중국 정치 속성상 금융·경제 전문가가 권력의 정점에 올라선다는 선례가 거의 없기 때문이다. 굳이 든다면 주룽지(朱鎔基) 전 총리 정도였다.

주룽지는 경제전문가로 개혁 개방에 실무적으로 방향을 잡은 실력자였다. 덩샤오핑의 개혁 개방을 실무적으로 이끈 인물이 주룽지였다. 왕치산은 행정력과 실력적 면에서 상무위원들 가운데 으뜸이라는 평이다.

2012년 11월 중순, 18차 당대회 때 왕치산은 상무위원에 진입하면서 중앙기율검사위원회 서기를 맡았다. 중국공산당 및 정부 기관들의 사정을 총괄하는 기구다. 그의 주특기는 금융 및 농촌 경제 전문가다. 그런 그가 전혀 어울리지 않을 듯한 기율검사위 즉 사정 담당 총책임자에 오른 것은 업무에서 대단한 업무 능력을 보인다는 증거이다.

10여 년 사이 중국 내외에서 벌어진 대형사건의 해결 과정에는 반드시 왕치산이 등장하고는 했다.

1997년 금융위기로 혼란에 빠진 광둥 성에 파견돼 불을 끈 사람이 왕치산이었다. 금융 전문가로 실력을 인정받아 그를 당 중앙에서 파견했던 것이다. 2003년, 사스(SARS·중증급성호흡기증후군) 파동 때는 베이징에 파견돼 혼란을 수습하는 능력을 보였으며, 2008년 세계 금융위기 당시에는 문을 걸어 잠가 중국이 위기에 휩쓸리는 것을 막았다. 무엇보다도 그의 능력은 위안화의 국제화였다. 미국과 갈등을 최소화하면서 동아시아와 유럽에 위안화의 국제화에 초석을 놓은 사람이 바로 왕치산이었다.

상무위원 진입과 아울러 기율검사위를 맡은 것은 부패 척결에 나서라는 당의 지시를 부여받은 셈이다. 행정력과 동원력, 금융 경제에 해박한 지식은 중앙정치국 상무위원에 밀어올린 원천이 되고 있다.

왕 서기는 18차 당대회가 끝난 직후 11월 19일, 중앙기율위 회의를 열고 고위층의 부정부패 퇴치를 당과 국가의 운명이 걸린 엄중한 정치 투쟁이라고 밝혔다. 왕치산이 특히 주목한 분야는 정부투자기관, 금융 기관 등을 비롯한 고위 관료들의 부패였다.

그가 금융기관 간부 회의에서 한 말이다.

"금융기관의 모든 간부들, 적어도 90% 이상은 이미 천만장자다. 1억 위안을 빌려주고 2,000만 위안을 사적으로 수수료를 떼지 않느냐? 정말 속이 새까맣다."

신화통신 보도에 따르면 11월 중순 재정부·감찰부·심계서(감사원)가 공동으로 12개항을 발표했는데, 고위 간부가 업무비의 개인용도 사용을 엄격히 규제한다는 내용이 골자였다. 적용 대상은 금융기업의 법정 대표와 당서기, 부서기, 당 위원회 위원, 기율위원회 서기, 동사장(이사장), 총경리(총재, 행장), 부총경리(부총재, 부행장), 감사장 등 고위직군이다.

일례로 '삼공경비(三公經費)'를 엄격히 제한했다. 삼공경비란 관용차 구입·관리비, 공무 접대·향응비, 해외 출장비를 일컫는데, 예산 유용 내지 예산 낭비의 제1원인으로 지목돼왔다.

현재 금융기관 간부들은 대부분 고급 외제차를 관용차로 구매해 사적으로 쓰고 있다. 공금을 이용한 개인주택 구매 · 리모델링 행위, 공금으로 친인척 자녀들의 각종 비용을 충당하는 행위, 업무 이유로 비싼 사치품을 사들이거나 초호화 사무실을 꾸미는 행위도 금지했다.

앞으로 왕치산은 공직 부패에 대한 사정 작업을 본격화할 것이다. 시진핑 총서기가 시시때때로 공직 부패 척결을 외치고 나선 것도 왕 서기에 힘을 더해주고 있다.

왕치산은 한족 출신이며, 산시(山西) 성 톈전(天鎮) 출신으로, 시베이(西北) 대학 역사학과를 나왔다. 후진타오를 배출한 공청단의 핵심 인물 중 한 명이다.

제16~17기 중앙위원이며, 17기 때 정치국 위원에 선출되었으며, 원자바오 국무원 총리 휘하 4명의 부총리 가운데 한 명이었다.

문혁 후반기인 1969년, 그는 산시(陝西) 성 옌안(延安) 펑좡(憑莊)으로 하방되면서 인생의 전환점을 맞는다. 여기서 문화대혁명으로 밀려났다가 나중에 부총리를 지낸 야오이린(姚依林) 일가를 알게 되었다. 이후 야오이린의 딸 야오밍산(姚明珊)과 결혼했다. 장인 덕택에 태자당의 일원이 된 셈이다.

장인의 후광으로 1982년, 공산당 싱크탱크 중 하나인 중앙서기처 농촌정책연구실로 들어가 농업 전문가가 되었다. 그리고 이듬해인 1983년, 35세로 공산당에 정식 가입했다. 다른 상무위원보다 한참 늦은 나이였다.

그는 1980년대 경제학자 3명과 함께 정부에 증권시장 설립을 주장하는 글을 올려 채택되었고, 이는 현재 중국 증권시장의 출발점이 농업 분야에서 금융인으로 방향을 잡는 순간이었다.

왕치산은 1988년, 중국농촌신탁투자공사 총경리(총재)로 발탁되면서 금융계에 투신했다. 중국인민건설은행장, 중국건설은행장 등을 지내면서 1997년까지 금융계를 주름잡았고, 베이징 시장 등을 거치는 등 금융계와 지방 행정까지 전혀 다른 업무 영역을 넘나들었다. 왕치산이 기율검사위를 맡았지만, 그는 중국 경제를 이끌 가장 중요한 인물로 알려져 있다.

그러나 미국과 치열한 신경전을 벌이는 위안화 환율과 금리 인상 등은 그가 풀어야 할 중국 최대 현안이다.

주룽지는 정치판 인물들과 달리 잔꾀에 능하지 않다. 선이 굵은 정치인으로 정평이 난 인물인데, 왕치산도 이와 비슷하다는 평이다. 왕치산은 과단성 있는 금융전문가로 알려져 있다. 왕의 출세에는 주룽지가 배후에 있었다.

1990년, 왕치산은 건설은행 부행장 시절 당시 상하이 시 서기였던 주룽지 앞에서 금융 산업분야 발전 방안을 브리핑하면서 주룽지와 인연을 맺었다.

주룽지는 1993년 국무원 부총리와 인민은행 행장을 겸직하면서 왕치산을 인민은행 부행장으로 영입, 전격적으로 금리를 인상해 21%까지 치솟았던 인플레를 잡았다. 왕치산이 능력의 일단을 보인 것이다. 그의 과단성 있는 업무 능력은 이후 더욱 빛을 발했다.

1997년, 아시아 외환위기로 광둥 성의 대형 금융기관들이 연쇄도산 위기에 빠지자 후견인 격인 주룽지 당시 부총리는 건설은행장이던 왕치산을 광둥 성 부성장으로 파견했다.

이에 왕치산은 10억 달러 이상의 부실채권을 떠안고 있던 광둥국제신탁투자공사(GITIC)를 파산시켜 단숨에 부실 문제를 해결했다. 물론

왕치산

해외 투자자들은 거세게 반발하고 중국의 국제 신용도를 하락시키는 위험도 감수했다. 이를 통해 금융 위기가 중국 전역으로 번지는 사태를 저지한 것이다.

2003년, 사스(SARS · 중증급성호흡기증후군)가 베이징에 창궐했을 때도 왕치산이 해결사로 등장한다. 하룻밤에 수만 명이 도시를 탈출하고 당국은 은폐에 급급한 대혼란이 벌어진 시기였다. 이때 하이난 성 서기로 부임한 지 5개월밖에 안 된 왕치산이 베이징 시장으로 투입되었다. 그리고 그가 시민들에게 정보를 사실대로 공개하고 세계보건기구(WHO) 등 외부 지원을 적극 수용한 지 한 달 만에 사스는 소멸했다. 2008년에는 금융 · 대외무역 담당 부총리로 임명돼 글로벌 금융위기 대응을 총지휘했다.

미국의 투자은행 리먼브러더스를 시작으로 세계적인 규모의 5~6개 투자은행이 연쇄 도산하는 와중이었다. 왕치산은 금융위기가 중국으로 번지지 않도록 신속히 무한대의 자금을 국책은행에 투입하는 극약처방을 썼다. 말하자면 금융 후진국인 중국이 먼저 미국, 일본이 지금 시행 중인 양적완화 정책을 취해 은행들이 신용 경색에 노출되지 않도록 손을 쓴 셈이다.

그는 애초 골드만삭스 CEO를 지낸 헨리 폴슨(Paulson) 전 미국 재무장관과 인연을 맺으며 세계 금융계에 이름을 알리기 시작했다. 폴슨은 그에 대해 자본 시장을 제대로 아는 몇 안 되는 인물로 평한 바 있다.

2009년, 미국의 정치 컨설팅 '유라시아(Eurasia)'는 그를 주시해야 할 세계 지도자에 오바마 대통령에 이어 2위에 올렸다. 세계 경제가 위기

왕치산(당서열 6위) 중앙기율검사위원회 서기 약력

1948년 7월	산둥 성 칭다오 출생. 원적은 산시 성 톈전 현.
1973~1976년	시베이 대 역사학과 수학
1996~1997년	중국건설은행 행장, 당조서기
1997~2000년	광둥 성 당 위원회 상무위원
2002~2003년	하이난 성 당 서기, 성 인민대표대회 상무위원회 주임
2003~2007년	베이징 시 부서기, 시장, 베이징 올림픽조직위원회 집행주석, 당조부서기
2007~2008년	중앙정치국 위원
2008~2012년	중앙정치국 위원, 국무원 부총리, 당조성원
현직	중앙정치국 상무위원, 중앙기율검사위원회 서기

를 맞은 상황에서 중국 경제를 실무적으로 맡고 있는 그를 주목한다는 의미다. 2009년, 미 시사주간 타임도 그를 이 시대 가장 영향력 있는 100인 중 한 명으로 선정했다.

미국 언론에서 그는 미국 재무장관인 티모시 가이트너의 카운터파트로 자주 등장했다.

그는 향후 미국의 위안화 환율 절상 압력을 막아내야 하며 위안화를 국제 통화로 데뷔시켜야 하는 과제를 안고 있다.

지난 3월 하순, 왕치산은 베이징에서 가이트너와 만나 미국의 위안화 환율 절상 압력을 막아냈다. 적당한 명분을 미국에 던지면서 GW(가이트너-왕치산) 합의를 이끌어냈다.

그는 보수적으로 금융 정책을 운영하는 인물로 알려져 있다. 특히 '저우추취(走出去)'라 불리는 중국기업들의 해외기업의 인수합병에 대해서도 신중한 입장이다.

그는 중국의 대기업들이 아직 걸음마 단계이며 준비가 안 되었다고 본다. 우선 해외기업에 대한 심도 있는 연구가 이루어져야 하고, 내수 부양 정책 등과 조화 등을 두루 검토해야 한다는 견해다.

18기 중앙정치국 상무위원회에서는 독립적 성향으로 분류된다. 칭화(淸華) 대 교수도 겸직할 정도로 학구파다.

그는 시진핑 총서기와 같은 태자당 계열로 분류되지만, 분배와 중산층을 중시하는 공청단 개혁파와 정치적인 입장을 같이한다. 언젠가 왕치산이 리커창을 제치고 총리에 오를 것이라는 예측도 나왔다. 하지만 지금은 그럴 가능성이 낮다. 60대 중반이라는 연령도 있지만, 파벌로 움직이는 공산당 정치판의 속성상 한계를 갖고 있다. 순전히 개인의 능력과 노력으로 권력의 정점에 오른 인물은 아마 왕치산 서기일 것이다.

다음은 왕치산의 주요 약력이다.

· 1969~1971년 산시(陝西) 성 옌안(延安) 현 핑좡(馮莊) 공사 근무
· 1976년 시베이(西北) 대학 역사학과 졸업
· 1976~1979년 산시 성 박물관 근무
· 1988~1989년 중국 농촌신탁투자공사 총경리
· 1989~1993년 중국건설은행 부행장
· 1994~1997년 중국건설은행 행장
· 1997~1998년 광둥(廣東) 성 당 위원회 상무위원
· 1998~2000년 광둥 성 부성장
· 2000~2002년 국무원 경제체제개혁 판공실 주임
· 2004~2005년 랴오닝(遼寧) 성 당서기
· 2002~2003년 하이난(海南) 성 서기
· 2003~2004년 베이징(北京) 시 당 부서기, 베이징올림픽조직위원회 집행주석
· 2007년 중앙정치국 위원, 국무원 부총리
· 2012년 중앙정치국 상무위원, 중앙기율검사위원회 서기

장가오리—당 서열 7위

장가오리(張高麗·66) 중앙정치국 상무위원 겸 톈진 시 서기는 빈농의 아들로서, 정치 거물로 성장해 중국 핵심지도부에 입성한 보기 드문 입지전적 인물이다.

그는 고향에서 시멘트공으로 사회생활을 시작했다. 그렇게 막노동으로 생계를 이어갔을 정도로 뼈저리게 가난을 맛본 이력을 갖고 있다. 이런 이력은 자신의 분수를 안다는 점이다. 때문에 청렴결백할 뿐 아니라 품행과 태도가 곧으며 직선적이라는 평을 듣는다.

대중 앞에서 하는 그의 연설은 정말 재미없다고 한다. 흔히 그렇듯 이는 곧 다른 장점으로 이어진다. 허언을 좋아하지 않으며 실적 위주로 아랫사람을 발탁한다는 평이다.

장가오리는 1946년 11월, 푸젠(福建) 성 진장(晉江) 시 판징춘(潘徑村)에서 태어났다. 찢어지게 가난한 오지마을이었다. 주로 먹은 것이라고는 말린 고구마였지만 공부를 잘했고 진장 시 차오성(僑聲) 중학교에서 학생회 주석을 맡기도 했다.

그는 석유방 출신 가운데서는 최고위직 인물이다. 장쩌민 전 주석과 쩡칭훙이 있기는 하지만 장가오리처럼 정치 일선의 현역이 아니다. 석유방은 말 그대로 석유·가스 관련 기관과 국영 기업을 거친 인맥들로 이루어졌다. 문자 그대로 석유 파벌이다. 장가오리가 석유 관련 인맥이 풍부한 이유는 문혁 때문이었다.

그가 샤먼(廈門) 대 경제학과를 졸업한 것은 중국 대륙을 뒤흔든 문화대혁명의 소용돌이 와중이었다. 시멘트공 노동자에서 대학을 졸업한 이후 문혁의 와중에 석유 노동자로 입문한다. 석유부 산하 광둥 성 마오밍(茂名) 시의 마오밍 석유공사 노동자로 사회에 들어가 16년을 일했다. 1985년 마오밍 석유공업공사 총경리직(CEO)까지 승진하는 등 탁월한 능력을 발휘했다.

이어 2001년, 산둥 성 부서기, 2002년에는 산둥 성 서기 겸 성장을 거쳐 2011년 3월, 톈진 시 당서기에 올랐다. 원만한 대인 관계와 행정 능력은 젊은 시절의 고생을 밑천 삼아 체득한 것이다. 선전 시 서기로 일하던 1988년~2001년에는 선전 시를 일본, 유럽과 같은 선진 도시로 만들었다. 지금의 선전 시를 만든 것은 사실상 장가오리의 능력에 의한 것이었다. 산둥 성 성장과 서기로 일한 2001년~2007년에도 산둥 성을 첨단 지역으로 이끌었다. 중국에서는 광둥 성에 이어 두 번째 무역 및 하이테크 산업 지역으로 이끌었다.

2006년 산둥 성 GDP는 2조 위안(약 257조 원)을 돌파했다. 광둥, 장쑤(江蘇) 성에 이어 전국 3위의 부자 성으로 만든 것이다.

중국에는 '80년대에는 광둥을 보고, 90년대에는 푸둥(浦東)을 보고 21세기에는 산둥을 보라.'는 말이 있다. 산둥 성은 장가오리 서기를 만나면서 경제성장에 가속페달을 밟게 된다. 2002년 산둥의 경제는 11.6%, 2003년에는 13.7%, 2004년에는 15.3%, 2005년에는 15.2%로 성장했다. 2006년, 산둥 성의 GDP는 14.5% 성장했고, GDP 총량은 처음으로 2조 위안을 넘어섰다.

장가오리는 전체 판도에서 문제 핵심을 파악하고 해결하는 행정가적인 능력이 중국 최고라는 평을 듣는다.

현재 장가오리가 맡고 있는 톈진 시는 중국정부가 가장 중요시하는 지역이다. 주장(珠江) 삼각주 경제권인 선전, 창장(長江) 삼각주 경제권의 상하이에, 이어 환보하이(渤海) 만 경제권의 중심지이기 때문이다. 2020년까지 톈진을 북방 경제의 중심도시로 만든다는 구상으로 특히 대만계 기업이 많다.

대륙에 있는 7만여 개 대만 기업 중 10%가 환보하이만 지역에 집중돼 있다. 특히 톈진에만 1,800여 개 기업이 몰려 있다.

장가오리가 톈진 서기로 부임해 맡은 두 가지 임무는 경제의 지속적인 발전과 지역 내의 부패청산이었다. 그가 취임하기 전부터 톈진은 부패의 온상으로 지적돼 왔다. 2006년, 천즈펑(陳質楓) 톈진 시 부시장을 포함한 톈진 시 관리들이 당 중앙의 조사를 받았으며, 톈진 시 검찰원장인 리바오진(李寶金)을 구속시켰다.

2007년 6월에는 쑹핑순(宋平順) 톈진 시 인민정치협상회의 주석이 신화(新華)로의 정협 건물에서 몸을 던져 자살하는 사건이 발생했다.

장 서기는 2007년, 17기 중앙위원회 전체회의에서 정치국 위원으로 선출되었다. 특정 정파에 속해야 출세하는 중국 정계에서 장 위원은 특별하다. 장쩌민 전 주석을 영수로 한 상하이방도 아니요, 후진타오 전 주석을 필두로 한 퇀파이(團派 · 중국공산주의청년단 · 공청단 계열 출신)도 아니다. 당 · 정 · 군 고관대작 자녀들의 파벌인 태자당은 더더욱 아니다. 그래서 애초 장 서기가 18차 당대회에서 상무위원으로 승진하기는 어려울 것으로 내다보았다. 그러나 선전 시 산둥 성 등에서 보여준 그의 업무 능력은 타의 추종을 불허한다. '톈진 굴기'라는 당의 명령을 부여받은 그는 톈진을 일약 북방 경제의 중심 도시로 탈바꿈하는 중이다.

장가오리는 느슨한 상하이방으로 분류된다. 쩡칭훙과의 관계는 돈독하지만, 전체적으로 상하이방의 지원을 받지 못했던 터였다. 하지만

1946년 11월	푸젠 성 진장 시 출신
1965~1970년	샤먼 대 경제학과 계획통계 전공
1970~1984년	석유부 광둥 마오밍 석유공사 노동자, 공사 공청단 부서기, 공사 당 위원회 상무위원
1984~1985년	광둥 성 마오밍 시 당 부서기. 중국석유화학총공사 마오밍 석유공업공사 사장
1988~1992년	광둥 성 부성장
1998~2000년	광둥 성 부서기, 선전 시 서기
2001~2002년	산둥 성 부서기, 대리성장, 성장
2002~2003년	산둥 성 서기, 성장
2003~2007년	산둥 성 서기, 성 인민대표회 상무위원회 주임
2007~2012년	중앙정치국 위원, 톈진 시 서기
2012년 11월~	중앙정치국 상무위원

이번에는 장쩌민이 힘을 실어주었다.

그가 선전 시에서 산둥 성 서기로 승진한 과정은 쩡칭훙의 역할이 컸다. 쩡칭훙이 장쩌민에게 건의해 산둥 성 서기로 천거했고 장쩌민 당시 주석이 낙점했다는 것이다. 산둥 성에 아무런 연고도 네트워크도 없던 장가오리는 쩡칭훙의 지원으로 역량을 펼치게 된다.

장가오리는 장쩌민과 인연이 적지 않다. 퇴임 직전에도 장쩌민은 2000년, 두 차례나 선전을 방문했다. 장가오리는 출세 방법을 파악한 인물이다.

장쩌민과 함께 상둥 성 태산에 함께 오른 일화는 잘 알려져 있다. 장쩌민은 1989년, 톈안먼 사태가 나기 전날 산둥 성 태산에 올랐으며, 곧바로 덩샤오핑이 주석으로 발탁했다. 이후 장쩌민은 중요한 일이 있을 때마다 태산을 찾았다고 한다.

장쩌민이 퇴임한 직후 2003년, 태산을 다시 찾았을 때 당시 산둥 성 서기였던 장가오리가 직접 영접하고 안내했다. 당시는 5월 1일 노동절로 태산을 찾으려는 관광객들이 무척 많았다. 장가오리는 태산의 출입을 막고 장 전 주석의 환영행사를 열었다. 그 자리에서 장가오리는 장쩌민을 위대한 영수라고 치켜세웠다. 다들 정치적인 쇼라고 알고 있었지만 장쩌민에게는 기분 좋은 일이었다.

장쩌민이 그를 상무위원에 올린 이유는 두 가지다.

우선 그는 경제성장을 일군 대표적인 지도자로 각인되었기 때문이다. 그가 가는 곳마다 발군의 능력으로 선진 도시 내지 선진 지역으로 만들었다. 중국이 목표로 하는 '화평굴기'에 맞는 이미지를 갖춘 장 서기는 상무위원에 진입시켜도 전혀 문제가 되지 않으며 오히려 장 전 주석의 이미지에 플러스되는 인물 발탁이라고 할 수 있다. 또 하나는 장 서기가 석유 산업을 잘 아는 인물이며, 장 전 주석이 영향력을 유지하기에 적합한 경력을 갖추고 있다는 것이다. 석유 기업을 잘 이끌면 돈 줄 역할을 할 수 있다. 돈 줄이 정치판에서 가장 큰 무기이며 수단인 것은, 동서고금을 막론하고 자명한 사실이다.

그는 올해 3월 새로운 당 고위직에 올라설 것으로 예측된다.

장 서기는 선전 시 서기로 임명되었던 1997년 제15기 중앙위 후보위원으로 발탁되어 중앙정치무대에 데뷔했다. 산둥 성 서기로 재임했던 제16~17기 연속 중앙위원회 중앙위원으로 선출된 데 이어 17기에서는 정치국 위원으로 발탁되었다. 18기에는 드디어 상무위원 진입이라는 소망을 이루었다.

장가오리는 딸 하나를 두고 있는데, 사돈이 홍콩지구 전국정치협상위원이며 신이(信義)유리의 주석인 리셴이(李賢義)로 알려져 있다.

리위안차오 – 후진타오의 복심

리위안차오(李源潮·62)는 막판에 정치국 상무위원 진입에 실패한 인물이다. 그리고 국가부주석 겸 전인대 제1부위원장으로 수평 이동되었다. 우리로 치면 부총리겸 집권당 국회부의장격인데, 공산당 일당체제 하에서 큰 역할이 없는 자리다. 그러나 최근 외교안보 분야 중책을 맡아 활약이 기대된다.

그는 줄곧 서열 1위 시진핑 총서기와 2위 리커창 부총리 다음으로 상무위원에 무난히 오를 것으로 예측되었던 사람이다. 그런데도 후 전 주석과 시진핑-장쩌민 연합세력의 견제에 걸려 상무위원에 오르지 못한 것으로 풀이된다. 시 총서기와 리 부총리 이외에 상무위원 7자리를 놓고 두 세력은 치열한 막판 암투를 벌였다. 두 세력은 상무위원 자리 수를 7명으로 줄일 것에 합의하면서 유력했던 인물들이 탈락했다.

그는 공산 혁명가 집안의 아들로 태자당 소속이며, 공청단에도 몸담았고 상하이방과도 친하다. 처세에 능하며 두루 원만한 인물이라는 의미다. 그런 만큼 그는 18차 당대회에서 무난하게 정치국 상무위원에 진입할 것으로 생각했다. 그러나 정치판은 누구도 예측하기 어렵다는 말처럼 이 사람처럼 실감나는 경우는 드물다.

리위안차오는 몇 달 전만 해도 공산당 정치판에서 후 주석 다음으로 막강 권력을 쥔 인물이었다. 중앙조직부장이었던 그는 보시라이 전 충칭 서기의 스캔들이 표면화하자 장더장(張德江) 부총리를 대동하고 충칭 당·정 간부 회의에 나타나 '군기 잡기'를 했다. 이는 바로 시진핑 정권에서 요직에 기용될 것을 의미했다. 지금은 뒤따라간 장더장이 당 서열 3위에 올라 있다.

애초 후진타오 주석은 리 부장을 상무위원 겸 시진핑이 맡았던 국가 부주석으로 올려, 자신이 2선으로 물러날 것에 대비할 것이라는 전망이 대부분이었다.

말하자면 국가주석직에서 퇴임한 후 주석의 대변자가 될 것이 확실했다. 중국의 모든 권력의 핵심인 정치국 상무위원회에서 후 주석을 비롯한 좌파 그룹(진보 성향)의 정책적 이익을 대변할 것으로 생각되었다.

그러나 아직 기회는 있다. 5년 후 상무위원직에서 물러날 사람은 장더장, 위정성, 왕치산, 장가오리 등 고령자들이다. 이들은 68세가 넘은 나이만큼 물러나야 한다. 리위안차오는 비교적 젊은 나이인 만큼 19기에서도 상무위원직에 있을 수 있다.

리 부장은 아버지 리간청(李幹成)이 상하이 시장을 지낸 유력 집안 출신이다. 이른바 폼 잡는 집안 출신이지만 티를 내지 않았다고 한다. 부정적인 평가도 있다. 소위 배경이 막강해 고속 승진을 했다는 것이다. 주민 불만을 효과적으로 다스리지 못했다는 것도 대표적인 흠집이다.

그가 장쑤(江蘇) 성 서기로 있던 2007년, 태호(太湖)가 오염되면서 호숫가 주민들이 수돗물 악취로 고통을 겪었다. 그는 광천수를 공급하고 공장을 옮기는 등 비상조치를 취했지만 흉흉한 민심을 잠재우지는 못했다는 평이다.

리위안차오의 이름 위안차오(源潮)는 원조(援朝)와 발음이 같다. 6·25 전쟁의 중국식 표현인 '항미원조(抗美援朝)'라는 말을 연상시킨다. 출생 시기가 6·25전쟁이 한창이던 1950년 11월이어서 아버지가 원조(援朝)라는 이름을 붙였다는 이야기가 전해진다.

리위안차오가 맡았던 중앙조직부는 공산당의 인사를 총괄한다. 조직부는 7,800만여 명인 중국공산당원 중 간부 640만 명의 인사를 좌지우지하는 핵심 요직이다. 각 성의 당서기와 성장 등 4,100여 개 요직은 모두 리위안차오 중앙조직부장을 거쳐 간다. 이처럼 중앙조직부장 자리는 요직이었지만, 후진타오는 집권 초기에 자기 사람을 심지 못했었다.

2007년 17차 당대회 이전에는 장쩌민-쩡칭훙의 측근인 허궈창 현 중앙정치국 상무위원이 맡고 있었다. 2002년, 국가주석에 오른 후진타오는 2007년에야 자기 사람인 리위안차오를 중앙조직부장에 앉혔다. 그간 장쩌민 세력에 밀려 있었던 것이다.

리는 후진타오 주석의 복심으로 통하는 인물이다. 후 주석의 이부상서 격이다. 후 주석은 2002년 국가주석에 오르면서 '조화사회론'과 '과학발전관' 등 두 가지 이념적 정책목표를 내놓았으나 호응을 받지 못했다. 극심한 빈부 격차를 타파하고 평등 사회 즉 조화로운 사회로 만들어가는 것이 조화사회론이었고, 중복투자, 환경파괴, 저부가가치산업 일색인 산업구조를 타파하자는 것이 '과학발전관'이었다. 당시 현실을 직시한 미래지향적인 방향 제시였으나 실행되지는 않았다. 구체적으로 실행할 로드맵이나 방법 제시가 부족했기 때문이다.

리위안차오는 이런 보스의 약점을 보완해 각종 개혁 방안을 쏟아냈다.

후 주석은 리위안차오를 2002년 장쑤(江蘇) 성 서기로 발령을 내 개혁 방안을 실행할 기회를 주었다. 자신의 이념을 실험하도록 한 것이다. 그는 장쑤 성에서 양적인 성장은 물론 질적인 성장을 일궈내며 후 주석의 이론을 실제로 뒷받침했다. 후 주석 역시 그에게 여러 차례 힘을 실어주면서 실력자로 발돋움하도록 이끌었다.

리위안차오는 그의 정치역정이나 배경에 있어서 시진핑, 리커창에

못지않다.

2006년, 상하이 시 서기인 천량위(陳良宇)가 낙마하자 당시 저장(浙江) 성 서기였던 시진핑, 장쑤 성 서기였던 리위안차오, 산둥 성 서기 장가오리(張高麗) 등 유력 인사 3명이 물망에 올랐다. 장쩌민이 후원한 시진핑에게 상하이 서기

리위안차오

직이 돌아갔으나, 리는 마지막까지 시진핑과 경합하며 정치적 잠재력을 증명해보였다.

리위안차오의 덕목은 잘 알려져 있다. 역사, 인민, 인생에 대한 경외감을 꼽는다.

1978년 봄, 리위안차오는 푸단 대학 수학과에 입학했다. 그의 나이 28세였다. 그는 밤 11시 기숙사가 소등된 이후 학교건물 앞에 있는 가로등 밑에서 수학서적과 외국어교재를 읽었다고 한다. 영어를 잘하는 리위안차오는 "내 영어는 해외에서 배운 것이 아니라 가로등 밑에서 배운 것"이라고 말하고는 한다.

1982년, 대학을 졸업한 리위안차오는 푸단 대학 교수가 되었다. 동시에 공청단 푸단 대학 위원회 부서기를 맡았다. 1년 만에 공청단 중앙 서기처 서기에 발탁되었는데 당시 서기처 후보서기로 있던 리커창보다 서열이 앞섰다.

1989년, 톈안먼(天安門) 사태 때는 곤욕을 치르기도 했다. 공청단 서기였던 리위안차오는 중앙언론사인 '중국청년보'를 찾아가 기자들을 위로하는 등 민주화에 호의를 보이다 문책을 받게 된다. 1990년 12월, 그는 공청단 서기를 마친 뒤, 아래 계급인 중앙 대외선전소조 1국 국장

으로 좌천된다. 이로 인해 공청단은 리커창이 접수했고, 이때부터 리커창이 앞서가게 된다.

그러나 2000년, 장쑤 성 서기가 되면서 관운이 열렸다. 후진타오의 구호를 충실히 이행한 덕택이다. 당시 중국의 중복투자와 과열경쟁을 우려하던 중앙정부는 장쑤 성의 민영기업 '톄번(鐵本)'을 숙청 대상으로 꼽았다. '톄번'은 106억 위안의 초대형 제철공장을 건설 중이었다. 그러나 연간 840만 톤을 생산하는 이 공장은 업계 중국 1위인 상하이의 바오강(寶鋼)과는 지역 내 중복 투자였고 공급과잉을 초래할 수 있었다.

리위안차오는 사업허가과정에서 규정 위반 사례를 적발, 관련책임자 8명을 처벌했다. 역시 후 주석이 내려와 리위안차오를 지지했음은 물론이다. 리위안차오는 이후에도 1,000여 개의 과잉투자 항목을 취소하거나 연기한 덕분에 장쑤 성의 과잉투자는 확실하게 바로잡혔다. 원자바오 총리가 이를 거시조정의 대표적인 성공사례로 꼽기도 했다.

그가 장쑤 성 서기로 재임하던 2004년~2006년의 3년간 장쑤 성의 발전 속도는 전국 최고 수준이었다.

리 부장은 18차 당대회에서 상무위원에 오르지는 못했지만, 올해 3월 12기 전인대 1차회의에서 중요 자리를 꿰찰 것으로 보인다. 국가부주석 자리가 그것인데, 국가주석과 함께 중국을 대표해 외교와 내정을 총괄한다. 시진핑 총서기의 이전 자리가 국가부주석이었다. 이 자리는 2002년~2007년 상하이방의 핵심인물인 쩡칭훙(曾慶紅)이 맡았었다. 쩡칭훙은 부주석에 오르기 전 리위안차오와 같은 중앙조직부장을 지냈다.

리위안차오가 후진타오의 복심이긴 하지만 시진핑과도 정치적 이념이 가장 비슷하다고 말한다.

이는 제17차 당대회 이후 두 사람의 비슷한 연설에서 찾을 수 있다.

예를 들면 "현상에 만족하지 말고 구습을 답습하지 마라.", "형식적인 일보다는 실효성 있는 일에 더 많은 에너지를 쏟아라.", "겉치레에 치중하지 않도록 형식주의를 경계하고 비용과 효율을 중시하라." 등이다.

관영 언론은 당원 및 간부의 사상 교육에 두 사람의 담화를 '10가지 충고'로 간추려 발표하기까지 했다.

시진핑은 후계자가 된 후 '정치인의 덕'을 매우 강조했고 '기풍의 정립'을 우선순위에 두었다. 리위안차오도 중앙조직부장이 된 후 '당원으로서의 소양 강화와 기풍 바로 세우기'를 최우선으로 했다. 인재 등용에 대해 두 사람은 한 목소리로 '정치 재목'을 강조했다.

시진핑은 2010년 8월에 베이징을 시찰할 때 "일을 생각하고 일을 추진하고 일을 성사키기는 데 온 마음을 집중하라."고 간부들에게 요구했다.

리위안차오도 전국 시위원회 조직부장 훈련반에서 다음과 같이 강조했다.

"재덕을 겸비하고 당을 우선시해야 한다는 것을 염두에 두십시오. 좋은 사람을 선발, 기용, 양성하십시오. 많은 표를 받을 뿐 아니라 책임이 있고 미움을 살 것을 두려워하지 않으며 중요한 임무를 맡을 수 있는 간부를 요직에 기용하십시오. 일을 생각하고 실행하며 성사시키는, 말썽을 일으키지 않는 간부를 등용합시다."

최근 시진핑 총서기는 취임 직후 미국 등 서구식 정치체제를 따르지 않을 것이라고 분명히 밝혔다. 리위안차오도 같은 목소리를 내고는 했다.

"중국의 정치체제는 미국과는 역사적 출발부터 다른 길을 걸어왔다.

그러므로 중국이 정치 개혁으로 실현해야 할 정치체제는 미국식 모델과 당연히 다르다. 지금 미국의 정치체제가 영국과 다른 것처럼 말이다. 따라서 미국식 정치체제를 '강요'하거나 미국식 정치체제로 중국의 정치체제를 평가하려고 하는 것은 현실적이지도 과학적이지도 않다. 중국(인)에게는 자신만의 정치적 이념이 있고 스스로 정치체제를 선택할 권리도 있다. 그러므로 중국(인)은 정치체제 모델과 정치개혁의 목표를 스스로 설정할 것이고, 이 목표를 향해 나아갈 방향도 스스로 탐색할 것이다."

리위안차오가 상무위원에 진입하지는 못했지만, 요직을 맡은 것은 분명하다. 그리고 2017년 19차 당대회에서는 상무위원 및 총리에 기용될 수도 있을 것이다. 공산당 간부들 가운데서 출중한 인물임에 틀림없다. 부인 가오젠진(高建進)은 중국 음악교육계의 저명인사다. 중앙음악학원에서 교편을 잡았고 음악교육과를 만들었다. 아들 하나가 있는데, 성적이 아니라 배경으로 푸단(復旦) 대학에 합격했다는 소문도 있다.

왕양—차기 정권 다크호스

지난 10월, 인민일보 산하 주간 다디(大地) 등 정치 잡지들은 광둥 성 서기 왕양(汪洋 · 57)을 이렇게 평했다.

"풍부한 지방 경험을 갖고 중앙무대에서 단련 과정을 거쳤으며, 공청단파의 색채가 선명한 훌륭한 경제 전문가이다."

18차 당대회에서 상무위원에 발탁될 것으로 점쳐졌던 인물 소개였다.

왕양 역시 후 전 주석의 신임을 바탕으로 정치국 상무위원회 진입이 유력했다. 국가부주석이나 전국정치협상회의 주석직이 유력해 보였다. 그러나 보시라이 전 충칭서기와의 치열한 권력 다툼이 탈락 요인이 아니었냐는 관측이 지배적이다. 상무위원 문턱에서 줄줄이 탈락한 후 주석계의 개혁 성향의 관료들 가운데 최고 유능한 인물이 왕양이었다.

중국 경제에서 이른바 충칭 모델과 광둥 모델이 맞서왔다. 충칭 모델은 얼마 전 해임돼 뇌물죄 국가기밀 누설죄 등으로 당의 조사를 받고 있는 보시라이 전 충칭 시 서기의 모토였다. 성장과 균등 분배를 동시에 달성한다는 것이 핵심이다. 광둥 모델은 왕양 서기의 모토인데 성장의 질, 민간 중심의 개혁과 효율을 강조한다. 전자는 파이를 나누자는 것이고 후자는 파이를 좀 더 키우자는 것이다.

그러나 경쟁자 보시라이는 심복이었던 왕리쥔의 미국총영사관 망명 사건으로 3월 전인대 직후 해임되고 말았다. 반면 왕양은 농민시위, 즉 주민이 촌장을 직접 뽑는 등 우칸 촌 주민 시위 사태를 해결해 입지를 더 높였다. 따라서 충칭 모델은 좌절된 셈이며, 향후 광둥 모델이 힘을 더 얻을 것이다. 좀 더 성장을 이루자는 것이다. 이는 리커창을 필두로 한 개혁파 관료들의 주장을 대변한다.

왕 서기의 능력은 수차례 입증되었다. 그는 지방 관료의 불법토지매각과 비리에 항의하던 우칸 촌민의 주장을 수용해 부패관료들을 경질했다. 우칸에서는 촌민들이 스스로 선거를 통해 새 촌장을 뽑았다. 중국에서 보기 드문 민주정치실험이다.

왕양은 앞서 2003년 국무원 부비서장 시절에도 쓰촨(四川) 성 한위안(漢源) 주민 폭동을 평화적으로 해결한 바 있다. 당시 댐 건설로 인한 수몰 보상비를 지역 공산당 간부들이 착복해 주민 폭동이 발생하자 공산당 지도부는 왕양을 보냈다. 그는 주민 요구를 상당 부분 수용해 대규모 유혈사태로 번질 위기를 막았다.

무엇보다도 왕양은 중국의 새 지도부에서 산업구조조정의 중책을 맡을 것이다. 등롱환조(騰籠換鳥)가 그것이다. 2007년 12월 부임해 온 후 줄곧 등롱환조 즉 '새장을 들어 새를 바꾼다.'는 것이 그것이다. 낙후 기업은 퇴출시키고 첨단기술기업, 자본집약적기업, 고부가가치기업으로 채운다는 의미다.

2008년, 광둥 성은 최저인건비를 올리고 사실상 노조의 파업을 인정했다. 노동자들의 임금이 인상되었고, 지역 기업들의 인건비 부담 증가로 이어지면서 기업들이 마구 쓰러졌다. 그러던 던 차에 글로벌 금융위기가 덮쳤다. 왕양은 그러나 등롱환조 정책을 고수했다. 수차례 원자바오 총리가 광둥을 방문, 우려를 표명했으나 소신을 굽히지 않았다.

왕양이 제창한 등롱환조 정책은 정치 갈등으로 비춰졌다. 광둥 성은 중국 구조조정 정책의 아이콘으로 떠올랐다.

등롱환조 논쟁이 일단락된 것은 2009년 3월이었다. 후진타오 주석은 2009년 3월, 전국인민대표대회에서 광둥 대표단을 만나 글로벌 금융위기가 발전 방식을 전환하고 구조조정을 진행할 절호의 기회임을 강조했다. 후 주석과 왕양의 면담은 왕양의 등롱환조정책을 재차 승인한 것으로 비추어졌다. 중국 최초의 산업구조조정이 시험대에 오른 것이다.

왕양의 등롱환조 정책은 광둥 성의 발전뿐만 아니라 중국 전체의 발전과도 연관되어 있다.

현재 중국은 전국적으로 산업구조조정을 꾀하고 있다. 더 이상 저임금의 노동집약적 산업에 얽매이지 않겠다는 것이다. 그러면서 고부가가치산업을 적극 육성하겠다는 거시정책이다. 왕양의 등롱환조는 이에 정확히 부합한다. 이후 2010년 들어 기업 환경이 차츰 안정을 찾으면서 원자바오도 손을 들고 말았다. 왕양의 판단이 옳았음을 인정한 것이다.

또한 광둥 성을 떠난 노동집약적 가공무역 기업들은 중국 내륙으로 진출해 공장을 세우고 있다. 이는 후진타오 주석이 심혈을 기울였던 서부 대개발과 내륙지방 내수육성책과 같은 맥락이다. 등롱환조의 대표적인 실천방안인 광둥 지역 노동자의 임금인상은 후진타오가 주창한 '조화사회'나 원자바오가 강조했던 '인민의 행복감'에 부응한다.

왕양은 1955년 3월, 안후이 성 쑤저우(宿州)에서 노동자의 아들로 태어났다. 어머니는 소학교 교사였다. 어려서부터 아버지의 몸이 좋지 않아 어머니가 홀로 생계를 꾸려나갔다. 이 때문에 왕양은 8살 때부터 짐수레를 미는 일을 하며 돈을 벌어야 했다. 하지만 그는 총명했다. 1972년, 17세로 중학교를 졸업하던 해 아버지가 병으로 사망했다. 당시 문화대혁명이 한

창이었던 탓에 왕양은 고교 진학을 포기하고 식품공장에 노동자로 취직했
다. 입사한 지 3년이 지난 1975년, 직장주임에 발탁되었고 공산당에 입당
했다.

1976년 쑤현의 57간부학교 교원으로 임용되었다. 이 학교는 마오쩌
둥이 문혁기에 간부들을 재교육한다는 명분으로 세운 학교였다.

학교 동료 교사의 소개로 연상의 여인을 만났는데, 훗날 이 여인과
결혼한다. 문혁이 끝난 후 왕양은 장인의 책들을 빌려 읽으며 공부를
게을리 하지 않았다.

결혼 후 두 사람은 딸을 낳았다. 딸은 베이징 대학을 나와 지금은 미
국 컬럼비아 대학에서 박사과정을 밟고 있다.

1979년, 장인의 추천을 받은 왕양은 중앙당교에서 일 년여 양성교육
을 받는다.

고향으로 돌아온 그는 쑤현 공청단 부서기로 발탁되었다. 그는 10년
만에 식품공장의 노동자에서 쑤현 지구의 공청단부서기로 고속 승진
한 것이다. 1982년에는 공청단 안후이 성 선전부부장으로 옮겼으며
1983년, 28세의 나이에 안후이 성 공청단 부주석에 오른다.

왕양이 안후이 성 공청단 부서기에 취임했을 때 후진타오 주석은 공
청단 중앙서기처 상무서기를 맡고 있을 때였다.

34살인 1988년, 왕양은 퉁링(銅陵) 시 시장을 맡는다. 안후이 성은 보
수적인 동네로 소문나 있다. 덩샤오핑이 추진하던 개혁개방도 그리 달
갑잖게 여겼던 지역으로 유명하다. 왕양은 먼저 여론몰이를 시작한다.
왕양의 아이디어와 정책추진 능력이 힘을 발휘하는 순간이다.

그는 1991년 11월, 지역신문인 퉁링 일보에 퉁링의 낙후함을 파헤치
는 글을 기고한다. 조용하던 안후이 성이 와글와글했다. 새로 온 시장

이 이상한 주장을 편다는 것이다. 성정부에서조차 조용히 무마하라는 압력도 전해졌다. 여느 관료 같으면 바로 접었을 법도 하지만 왕양은 굽히지 않았다. 그리고 곧 왕양의 잘살아보자는 개혁 방침이 실력자 덩샤오핑에게 보고되었다.

1992년, 덩샤오핑은 남순강화에서 돌아가는 도중 왕양을 만났다. 베이징에 돌아온 덩샤오핑은 주룽지 당시 총리에게 "안후이의 젊은 왕양은 사상이 있다. 양성하면 좋겠다."라고 말했다. 퉁링 시장 당시의 개혁 선풍 덕에 왕양은 이듬해 안휘 성 부성장으로 승진한다. 38세였다. 중국 전역에서 가장 젊은 나이로 부성장이 되었다. 또한 1999년 3월에서 그해 5월까지 중앙당교 간부 연수반에 들어가 후진타오 교장을 만난다. 2002년, 원자바오는 정권 교체와 함께 총리에 임명되자 왕양을 장관급인 국무원 부비서장에 발탁했다. 그리고 원자바오는 2005년 12월, 왕양을 충칭 시 서기에 임명한다.

그는 충칭에 도착하자마자 "사람의 생명은 가장 귀한 것이며, GDP가 사람의 생명에 우선할 수 없다."고 했다. 원자바오의 지론인 인민의 행복을 얘기한 것이지만, 만만찮은 개혁을 시사한 것이다. 그리고 충칭의 혹독한 근무환경과 산업재해를 지적했다.

왕양은 충칭 개혁에 착수, 먼저 청사진을 제시했다. 인구 3,100만 명 가운데 2,000여 만 명이 농민인 충칭 시의 현실은 가장 못사는 대도시였다. 그리하여 먼저 민자 유치사업을 벌였다. 예컨대 산악 지역에 고속도로를 건설하는 개발업자에는 도로에 인접한 토지를 살 수 있도록 유도했다. 한국이 1980년~1990년대 벌였던 제3섹터사업과 같은 개념이다.

충칭은 아직 개혁 도상에 있었지만, 중앙정부는 2012년 예정된 권력 교체를 염두에 둔 듯이 왕양을 이동시켰다.

왕양은 2007년, 광둥 성 서기로 옮겨갔다. 충칭에서는 왕양을 아쉬워했다. 지역에서는 그를 덩샤오핑 개혁의 계승자로 치켜세웠다. 이제 식품점 점원으로 짐수레를 끌던 왕양이 새 정권의 중요 직책을 맡을 차례다. 개천에서 용 났다는 말은 왕양에게 가장 적절한 말일 것이다.

그는 아직 젊다. 19차 당대회에서 상무위원에 진입해도 10년간은 상무위원직에 있을 수 있다. 그는 16차 당대회 때 중앙위원회 후보위원에 발탁돼 중앙무대에 진입했고, 17기 중앙위원 겸 25명의 정치국 위원에 올랐다.

다음은 왕양의 주요약력이다.

· 1972~1976년 안후이 성 쑤(宿) 현 지구 식품공장 노동자. 공장 작업장 책임자

· 1976~1979년 안후이 성 쑤현 지구 '57 간부학교 교원. 교원연구실 부주임. 교당위원

· 1979~1980년 중앙당교 이론선전간부반 정치경제학 이수

· 1980~1981년 안후이 성 쑤현 지구 당위원회 당교 교원

· 1981~1982년 공청단 안후이 성 쑤현 지구 당위원회 부서기

· 1982~1983년 공청단 안후이 성 선전부 부장

· 1983~1984년 공청단 안후이 성 부서기

· 1984~1987년 안후이 성 체육위원회 부주임, 당조(黨組) 부서기

· 1987~1988년 안후이 성 체육위원회 주임, 당조 서기

· 1988~1992년 안후이 성 퉁링(銅陵) 시 부서기, 대리시장, 시장

· 1989~1992년 중앙당교 통신(函授)학원 본과반 당정관리 전공

· 1992~1993년 안후이 성 계획위원회 주임, 당조 서기, 성장 조리

· 1993~1993년 안후이 성 부성장

· 1993~1998년 안후이 성 상무위원회 상무위원, 부성장

· 1993~1995년 중국과학기술대학 관리과학 전공 연구생 과정 이수. 공학석사 취득

· 1997~1997년 중앙당교 성부급 간부 연수반 이수

· 1998~1999년 안후이 성 부서기, 부성장

· 1999~2003년 국가발전계획위원회 부주임, 당조 성원

· 2001~2001년 중앙당교 성부급 간부 연수반 연수

· 2003~2005년 국무원 부비서장, 기관 당조 부서기

· 2005~2006년 충칭 시 당서기

· 2006~2007년 충칭 시 당서기, 시 인대(人大) 상무위원회 주임

· 2007~2007년 중앙정치국 위원, 충칭 시 서기, 시 인대 상무위 주임

· 2007~현재 중앙정치국 위원, 광둥(廣東) 성 서기

류옌둥—여성 정치인 중 최고위직

　　류옌둥(劉延東·67) 부총리는 중국 여성 정치인 중 최고위 인사다. 총리가 수장인 국무원에 4명의 부총리와 5명의 국무위원, 그 밑으로 부장(장관)들이 배치돼 있다. 중국에서 여성 인권 신장에 힘입어 이번 18차 당대회에서 정치국 상무위원에 여성 1호로 진입할 것으로 예상되었으나 이루어지지 않았다.

　　중국 권부의 핵심인 중앙정치국 상무위원회는 아직 여성에게는 문을 열지 않고 있다. 마오쩌둥의 네 번째 부인 장칭(江靑)도 마지막 직함은 정치국 위원이었다. 능력을 인정받았던 우이(吳議) 전 부총리도 2007년 정치국 위원을 마지막으로 중앙정치무대에서 사라졌다.

　　67세로 고령인 류에게는 앞으로도 상무위원 진입이 어려워졌다. 하지만 여성 정치인으로서 상당한 정치적 기반을 갖고 장쩌민 전 주석의 천거로 이번 대회에서 부총리로 승진했다. 오는 3월 제12기 전인대 1차 회의에서 정부의 주요 보직도 예상된다.

　　그녀는 그동안 후진타오 전 주석의 지원도 받았다. 후 전 주석과는 칭화 대 동창이다. 공청단에서 후진타오가 제1서기가 되었을 때 류옌둥은 부서기로 사실상 공청단 2인자였다. 류 위원이 칭화 대 공정화학부에 입학했던 1964년부터 후 주석과 정치활동을 함께 했다.

　　그녀는 어린 시절 상하이 시 부비서장을 지낸 부친을 따라 상하이에서 생활해 태자당, 공청단파, 상하이방에 모두 속한다. 대만통일, 홍콩, 마카오 등을 담당하는 공산당 통일전선부에서만 17년간 근무했다.

1991년 통전부 부비서장을 시작으로 부장 자리까지 올랐다.

통전부는 중국 내 민족 종교 등 다양한 이해집단들을 통일시키고, 대만과의 통일이나 홍콩, 마카오와의 통합 등에 대한 정책과 이념을 입안한다. 그는 홍콩반환작업에 참가했고, 전국인민대표 홍콩특구 준비위원회에도 참여하면서 홍콩 친구들이 많고, 홍콩 사무에 밝은 편이다.

류옌둥이 홍콩에 밝은 면모를 보여준 일화가 있다.

2003년 7월 1일, 50만 명의 홍콩 시민들이 대규모 가두시위에 나서 둥젠화(董建華) 행정장관의 해임을 요구할 때였다. 2004년, 경제 불황 중에 홍콩 시민들은 행정장관 직선제를 요구하기에 이른다. 중국공산당은 이를 무마하기 위해 통전부장인 류옌둥을 5월에 홍콩으로 파견했다. 4일간 30여 차례의 회의에 참석하는 동안 류옌둥은 홍콩 각계의 목소리를 들으면서 한 사람 한 사람과의 대화에 최선을 다하는 모습을 보였다. 그의 일거수일투족은 홍콩언론들의 지대한 관심을 불러일으켰다. 친중국계 문회보는 "류옌둥의 매력이 홍콩을 경탄시켰다."라는 평론을 실었다.

그는 행사 때마다 옷을 갈아입어 정성을 다하는 모습을 보였다. 달라진 옷마다 행사 내용에 맞게 어울린다는 홍콩 언론의 호평을 받았다.

류옌둥은 공청단에서 미성년자보호법 제정을 주도하는 등 행정적 수완도 보였다. 그는 전문가, 유명 인사들과의 토론과 협의를 통해 5년여 법안을 준비했고 법안을 완성해 1991년, 공포 시행시켰다. 이로써 중국에는 소년법정이 생겼고, 소년범은 소년형무소에서 구금되었으며, 아동착취, 아동인신매매 등의 문제도 이 법으로 다루어지게 되었다.

18차 대회 이전까지 교육, 과학기술, 위생 담당 국무위원이지만, 성위원회 당서기같은 지방 경력은 없다. 이런 경력은 상무위원 진입에 걸

류옌둥

림돌로 작용한 것 같다.

류옌둥은 철낭자로 불린 우이 전 부총리와 자주 비교된다. 우이는 카리스마와 강한 결단력, 수려한 언변 등 스스로의 능력으로 정치 거물이 되었다. 반면 우이의 뒤를 이어 상무위원 선거에 나선 류옌둥은 여성적이며, 온화한 리더십 등 여성으로서의 상징성이 강점이다. 통일전선부 관할인 홍콩이나 마카오 전문가인 것도 강점이다.

행정 능력 면에서는 미지수라는 평이 있다. 자신이 관장하는 문화와 교육 사회보장 분야에서 취임 3년이 지나도록 별 업적이 없다는 이유 때문이다. 류옌둥은 2008년, 국무위원으로 선출될 당시에도 반대표와 기권표가 각각 35표와 16표나 나와 꼴찌 수준이었다. 미모에 여성이라는 덕분에 국무위원으로 발탁되었다는 평가가 지배적이었다.

류옌둥의 아버지 류루이룽(劉瑞龍)은 혁명 전사였다. 대장정에 참여했고 인민해방군 제3야전사령군 후근사령원(사령관) 겸 정치위원을 지내는 등 고위직을 맡았다. 건국 뒤엔 농업부 부부장을 지냈다. 류루이룽은 장쩌민 전 주석의 양부 장상칭(江上靑)이 존경하고 따랐다고 한다. 장쩌민의 친아버지는 장스쥔(江世俊)이다. 류루이룽은 장상칭의 절친한 친구이자 정치적 멘토였다. 류루이룽은 자녀들에게 엄격했다고 한다. 밥그릇에 있는 밥알은 남기지 말도록 했고, 관용차는 가족들을 태우지 않았다고 한다.

그는 문혁 당시 극좌파로부터 혹독한 박해를 받고 구금되는 등 수난을 겪었다. 문혁 당시 대학생이었던 류옌둥은 자신을 향하는 비판의 화살을 피하기 위해 스스로 아버지를 비판했다. 대자보를 쓰거나 군중대회에서 아버지를 비난했다고 한다. 대학생 당시 그 정도였으면 윤리적 수준을 떠나 상당한 정치적 감각을 지녔다는 평도 가능하다.

어쨌든 류옌둥에게는 장쩌민, 쩡칭훙과의 인연이 정치적 자산이다. 장쩌민은 나중에 딸만 둘인 작은아버지 장상칭에게 양자로 보내졌다. 장상칭은 류루이룽의 천거로 1927년, 중국공산당 청년단에 가입했다. 류루이룽은 1929년 뒤 상하이에서 공산당에 정식 가입하면서 혁명시인으로 이름을 날렸다. 이런 인연으로 류옌둥은 장쩌민과 어린 시절부터 깊은 관계였다고 한다. 류옌둥은 혁명원로들의 자녀들이 다니던 화동 보육원(華東)을 다녔다. 보육원의 원장은 쩡칭훙 전 부주석의 어머니인 덩류진(鄧六金)이었다. 류옌둥은 어린 시절 보육원에서 쩡칭훙을 '오빠'라고 불렀다고 한다.

장쩌민과 쩡칭훙은 류옌둥이 톈안먼 사태로 인해 위기에 몰렸을 때도 도와주었다. 류옌둥은 문혁에 이어 1989년 톈안먼 사태 당시 또다시 어려움을 겪는다. 당시 공산당 원로들은 상무서기였던 류옌둥에게 공청단으로 하여금 학생운동을 강력하게 진압할 것을 요구했으나, 류옌둥은 최대한 대화로 해결하기를 원했다. 하지만 사태는 확산일로를 걸었고 결국 인민해방군이 투입되는 상황이 벌어졌다.

톈안먼 사태가 발생한 1989년, 류옌둥은 공청단 중앙서기처 서기였다. 온화했던 류옌둥은 대학생들에게 강경한 대응을 하지 않았다는 이유로 리위안차오 전인대 제1부위원장과 함께 공청단 간부에서 물러났다. 하지만 장쩌민과 쩡칭훙은 얼마 지나지 않아 류옌둥을 통전부 부부장으로 재발탁했다. 한때 2006년, 천량위(陳良宇) 당시 상하이 시 서기 자리를 이어받을 것이라는 소문도 있었으나 시진핑에게 돌아갔다.

과거 장칭, 예췬(葉群), 덩잉차오(鄧穎超) 등 3명의 여성이 중앙정치국 위원에 선출된 적이 있다. 각각 마오쩌둥, 린뱌오(林彪), 저우언라이(周恩來)의 아내들이다. 남편의 후광을 업고 정치국에 진입했다고 볼 수 있다. 저우언라이와 함께 혁명 전사였던 덩잉차오의 경우 존경받는 여성으로 대우받았다고 한다. 지금까지 정치국 위원에 오른 여성은 장칭(1915년~1991년), 예췬(1917년~1971년), 덩잉차오(1904년~1992년), 우이(1938년~), 류옌둥(1945년~) 등 5명뿐이다.

여담으로 여성들의 이야기를 기술한다.

장칭은 순간이나마 정치권력을 쥐락펴락한 여성이다. 마오쩌둥의 후광을 엎고 1966년, 실권을 쥔 장칭은 1969년, 제9기 중국대표대회에서 중앙정치국 위원으로 선임되었다. 1976년, 마오쩌둥 사망 이후, 문혁 주도 4인방과 함께 체포되면서 1991년에 옥중 자살했다.

예췬은 장칭과 마찬가지로 1969년에 중앙정치국 위원에 올랐다. 남편인 린뱌오(林彪)와 쿠데타를 계획했으나 사전에 누설되면서 실패했고, 1971년 함께 몽고로 도주하다 의문의 비행기 추락으로 사망했다.

저우언라이(周恩來)의 부인인 덩잉차오는 부군이 사망한 1976년에 정치국 위원에 올랐으며, 전국인민대표대회 부위원장으로 선출되었다. 1983년에서 1988년까지 전국정치협상회의 주석을 지냈다. 그는 아직도 '중국 인민의 어머니'로 추앙받는 등 말년을 비교적 평화롭게 보냈다.

2002년에는 우이 부총리가 정치국 위원에 올랐다. 1994년, 미국 무역대표였던 칼라 힐스가 "중국이 미국의 지적재산권을 침해하고 있다."고 공격했다. 그러자 당시 중국 측 파트너였던 우이 대외무역합작부 부장은 "미국의 박물관에 있는 전시품 대부분은 과거 미국이 강탈해나간 것들"이라고 받아쳐 유명해졌다. 재정 무역담당 부총리를 끝으로 2008년, 공직에서 물러난 우이는 중국인민들에게 큰누나라는 별명으로 사랑받았다. 우이는 2006년 포브스가 선정한 세계에서 가장 영향력 있는 여성 100인 중 3위에 오른 적도 있다.

류옌둥과 그의 남편인 양위안싱(楊元惺)은 어린 시절 친구였다. 양위안싱의 아버지는 미국 코넬 대학의 농학박사 출신이다. 양위안싱은 1980년대에 중국과학기술협회 부동산건설 판공실 주임을 맡으면서 부동산개발과 인연을 맺는다. 그리고 그는 관직을 벗어나 루이부동산개발유한공사(魯藝房地産開發有限公司) 이사장을 맡고 있다.

류옌둥은 딸 하나를 두고 있다. 딸은 일본에서 패션디자인 공부를 했고 류옌둥의 이미지메이킹 컨설턴트 역할을 하는 것으로 전해진다.

류옌둥은 18차 당대회에서 정치국 위원에 선출된 25명 가운데 최고령에 속한다. 정치국 위원 후보에 오른 여성들도 쟁쟁하다. 사법부장 우아이잉(吳愛英), 마원 감찰부장, 칭하이(靑海) 성 성장을 지낸 쑹슈옌(宋秀巖) 중국부녀협회 부주석, 쑨춘란(孫春蘭) 톈진 시 서기, 중앙조직부 부부장인 션웨웨(沈躍躍) 등이다.

쑨춘란은 2009년, 푸젠 성 서기로 승진했는데 여성으로서는 20년 만에 지방 책임자에 임명된 꼴이다. 이 가운데 류옌둥과 쑨춘란이 정치위원으로 선출되었다.

류옌둥은 원적이 장쑤(江蘇) 성 난퉁(南通)이며 1945년 11월, 화이안(淮安)에서 태어났다. 류옌둥의 딸 양판(楊帆)은 2009년, 홍콩에서 딸을 낳았다. 한국 여성들이 미국 원정 출산을 하듯 양판은 홍콩 원정 출산을 했다. 당시 미국 방문 중이었던 류옌둥은 싱가포르 방문 일정을 단

축하고 갓 태어난 외손녀를 보기 위해 홍콩으로 갔다. 홍콩 언론들이
이 사실을 보도하면서 정치적으로 흠집을 내기도 했다.

후춘화―2022년 6세대 지도부 선두주자

2012년 8월, 베이다이허(北戴河) 회의에서 후진타오 주석과 장쩌민 전 주석이 충돌했다. 후 주석은 후춘화(胡春華·49) 당시 네이멍구(內蒙古) 자치구 당서기의 정치국 상무위원 진입을 강력히 요구했고, 장쩌민은 이를 거부했다는 것이다. 물론 후 주석계의 공청단과 장쩌민-시진핑계의 상하이 태자당 연합파의 힘겨루기였다. 고함소리가 회의장 바깥으로 새어나왔다는 전언도 있었다. 이로 인해 당초 10월 중순으로 예정되었던 18차 당대회가 11월 중순으로 한 달 정도 연기되었다. 결과적으로 후 주석계가 밀려 7명의 상무위원 가운데 리커창과 류윈산 2명만 진입시키는 패배를 초래하기도 했다는 분석이 나왔다.

당시 중국 내 소식통들은 "후춘화 서기 문제로 후 주석과 장 전 주석 간에 고성까지 오가며 논쟁을 벌였는데 이는 베이다이허 회의 사상 처음 있는 일"이라고 전했다. 홍콩 신문들은 "태자당 계열은 향후 후보자 간 리더십 경쟁을 통해 자연스럽게 차차기 영도자가 부상하도록 하자는 입장을 굽히지 않아 상무위원 숫자도 확정하지 못한 상태"라며 "후 서기 문제가 아직 결론이 나지 않아 18차 당대회는 상당기간 미뤄질 가능성이 크다."고 전하기도 했다. 후춘화 문제가 뜨거운 쟁점이었다는 의미다. 비록 실패했지만 후춘화의 상무위원 진입은 정치적으로 큰 의미를 갖는다.

후진타오 측은 향후 10년간 태자당 출신인 시진핑이 집권하는 만큼 차기는 공청단 출신 국가주석이 나와야 하며, 이를 위해 후 서기의 상무위 진입이 필요하다고 본 것이다. 후 주석도 20년 전인 1992년, 상무위원에 올랐으며 이후 10년간 통치 경험을 쌓고 2003년, 당 총서기와 국가주석직에 올랐다.

대신 후춘화는 오지인 네이멍구에서 광둥 성 서기로 발령받았다. 현재 시 총서기가 1992년의 덩샤오핑처럼 광둥 성 일대를 시찰하며 '개혁·개방'을 강조하고 있다. 이는 광둥이 앞으로도 개혁·개방의 거점 지위를 이어갈 것이라는 분석이다. 이런 곳에 후춘화가 간 것은 행운이며, 광둥은 후춘화에게는 권력 정상으로 향하는 마지막 관문이라고 볼 수 있다.

후춘화의 라이벌로 꼽히는 쑨정차이(孫政才·49) 지린(吉林) 성 서기는 중국 4대 직할시 중 하나인 충칭(重慶) 시 서기에 발탁되었다. 광둥과 충칭은 왕양과 보시라이(薄熙來) 전 충칭 서기가 치열한 노선 투쟁을 벌였던 곳이다.

후춘화는 '리틀 후진타오'로 불릴 정도로 후진타오와 가깝다. 같은 성씨인 후씨인 데다 후 주석과 경력이 너무 흡사해서다. 업무처리가 치밀하고 정확하며, 차분한 성격까지 후 주석과 닮았다. 이 때문에 공청단에서는 일찌감치 그를 차차기 국가영도자로 점찍어 놓았다.

그는 1983년, 베이징 대 중문과 졸업을 앞두고 자원해서 전기도 들어오지 않던 티베트 자치구로 갔다. 당시 광명일보 등 언론들은 일제히 "베이징 대 후춘화가 티베트 근무를 자원했다."는 기사를 톱으로 실어 후춘화를 일약 유명 인사로 만들었다.

후진타오는 후춘화의 선택을 전국에 적극 선전했다. 공산당 기관지 격인 광명일보를 비롯해 인민일보, 중국청년보, 베이징일보, 신화사, CCTV 등은 연이어 후춘화의 선택을 보도했다. 그해 7월 베이징 인민대회당에서 열린 베이징 소재 대학 졸업생 대회에서 후춘화는 학생들을 대표해 연설했다. 그는 "중국은 다민족 국가로 소수민족 자치구역이 국토 총면적의 60%를 차지하고 있다. 소수민족 지구는 할 일이 많은 땅이며 기회의 땅이다. 한족(漢族)만의 현대화가 아닌 중화민족의 현대화를 위해 일하겠다."고 말했다. 대회에 참석했던 차오스(喬石), 왕전(王震) 등 공산당 고위 간부들은 박수를 아끼지 않았다.

후춘화가 어떤 인물인가는 이때부터 각인시켰고, 세상을 이름을 드러내는 방법을 잘 아는 인물이었다. 후춘화는 독립 시위가 잇따르는 티베트에서 19년간 근무하며 능력을 키웠다. 1988년 티베트 서기로 부임한 후진타오는 그런 후춘화를 눈여겨보았고, 1997년 공청단 중앙서기처 서기로 발탁했다.

후진타오가 서기일 때 후춘화는 부서기였다.

1989년, 라싸의 티베트인들이 소요사태를 일으키자 리펑(李鵬) 총리는 계엄포고를 한다. 후진타오 티베트 서기는 후춘화를 반소요지휘부 제2판공실로 보내 시위 진압을 제1선에서 지휘하도록 했다. 이는 후춘화의 성실함과 총명함, 우직함을 각인시키는 계기가 된다.

이후 2002년, 후진타오가 공산당 총서기에 오르면서 후춘화는 승진을 거듭했다. 후춘화는 2006년, 시짱 자치구 상무부서기를 거쳐 공청단 제1서기로 베이징에 입성했다.

2009년 1월에는 후베이 성 성장에 올랐다. 46세였던 후춘화는 중국에서 가장 젊은 성장이 되었다. 2009년 11월에는 네이멍구자치구 서기로 발령을 낸다. 성장에 오른 지 10개월 만에 성 서기로 발탁된 것이다.

네이멍구에서 민족 간 유혈사태가 발생한 것은 후춘화의 능력을 다시 한 번 빛나게 했다.

　몽골족 유목민이 광산업체의 석탄채굴과 초원훼손에 항의하다 업체 직원이 모는 트럭에 깔려죽는 사고가 발생했다. 몽고족은 이에 격분했고 20여 일 동안 대규모 시위를 벌였다. 사태가 악화되자 중국정부는 준계엄령을 선포했으며 시위자들을 무력으로 진압하기에 이르렀다. 네이멍구 사건 초기에만 하더라도 후춘화의 앞날에 먹구름이 끼었다는 식의 보도가 나오기도 했지만 현재 상황으로는 이미 이를 극복해낸 것으로 전해지고 있다.

　후춘화는 1963년 4월, 후베이(湖北) 성 우펑(五峰) 현에서 태어났다. 우펑 현은 평균 해발고도 1,500m의 산악지역으로, 투자(土家) 족의 소수민족 자치구역이다. 운동화도 고무신도 없어 짚신을 신고 학교에 다닐 정도로 오지였다고 한다.

　후춘화는 원래 후(胡)씨가 아니었다. 후춘화의 원래 이름은 왕춘화(王春華)였다. 그가 소학교를 들어갔을 때 큰누나가 갑자기 병에 걸려 죽었다. 왕밍쥔은 아내를 위로하기 위해 왕춘화로 하여금 어머니의 성을 따라 후춘화로 개명하게 했다고 한다.

　후춘화는 2017년, 제19차 당대회에서 무난히 상무위원에 진입해 차기 주석과 총리를 놓고 경쟁할 것이다.

　2022년에 시작하는 혁명 6세대 지도부는 1960년대에 출생한 정치인들 몫이다. 현재 두각을 나타내는 차기 후보들로는 후춘화를 비롯하여 쑨정차이, 저우창(周强, 51) 후난(湖南) 서기, 장칭웨이(張慶偉, 50) 국방과학공업위원회 주임, 루하오(陸昊, 43) 공청단 제1서기, 쑤수린(蘇樹林) 푸젠(福建) 성 성장 등 6명이다.

　이 가운데 선두적인 인물은 후춘화로 평가된다. 덩샤오핑이 후진타오를 최고지도자로 낙점했고 장쩌민이 시진핑을 낙점했듯이, 후진타오가 차기 총서기를 낙점할 것이며, 그 주인공은 후춘화가 될 것이라고 예상하는 사람이 많다.

쑨정차이—2022년 6세대 지도부 총리 후보

　쑨정차이는 6세대 지도부 후보들 가운데 기술 관료로는 선두이다.

　시진핑 시대 이후를 이끌 6세대의 주요 후보들은 '류링허우'(60년대 이후 출생자)다. 40대 후반~50대 초반이 대부분으로, 이들은 문화대혁명의 혼란 속에서 어린 시절을 보낸 뒤 개혁·개방의 물결 속에서 고등교육을 받았다. 성분별로 보면 공청단 계열이 후춘화, 저우창(52) 최고인민법원장, 루하오(45) 공청단 제1서기, 누얼 바이커리(51) 신장위구르 자치구 주석 등이다. 기술관료 로는 쑨정차이, 장칭웨이(52) 허베이 성장, 쑤수린(50) 푸젠 성장 등이다. 상하이방 계열은 아직 모습이 보이지 않는다.

　쑨정차이는 4대 직할시인 충칭 시 서기에 발탁돼 차기 지도자 수업을 받게 된다. 그는 산동 성 룽청의 농가에서 태어났으며, 칭다오 라이양농학원(칭다오 농업대학)을 졸업한 농업전문가다. 2006년, 43살에 역대 최연소 농업부장(장관)으로 발탁되었다.

　쑨정차이는 특히 한반도에서 눈여겨볼 인물로 보인다. 2009년부터 연변조선족자치구를 관할하는 지린 성의 당서기로서 북·중 경협과 관련해 중요한 역할을 했다. 지린 성의 낙후한 산업을 북중경협을 통해 재건하려는 사업에 매진했다. 그는 재임 시 북중경협을 성사시켜 지린 성의 농산물이나 원자재가 나진항을 통해 수출될 수 있도록 했다.

　2011년 7월에는 지린 성과 라선 시가 '라선 경제무역구 공동개발 계획 기본합의서'를 체결했다.

쑨정차이는 2009년, 지린성 서기로 승진하는데 성공했고, 차차기 후보군 중 다크호스로 이름을 높이는 데에 성공했다. 그는 농업전문가로서의 전문성을 갖추고 있다. 둘째가라면 서러워할 정도로 일벌레라고 한다.

쑨정차이는 1963년 9월, 산둥(山東) 성 룽청(榮成)시 후산(虎山) 진 태생으로, 빈농의 아들로 태어나 가난한 유년시절을 보냈다.

1984년, 쑨정차이는 산둥 라이양(萊陽) 농학원을 졸업했다. 그는 곧바로 베이징 시 농림과학원에 석사 연구생으로 들어갔고, 천궈핑(陳國平) 교수의 문하에 들어간다. 천 교수는 1980년부터 1996년까지 베이징 시 옥수수 고문단 단장으로 일하면서 수확량을 두 배로 끌어올린 전문가다. 쑨정차이는 이곳에서 옥수수 밀생(密生, 빽빽하게 심어서 재배하는 방식)을 집중 연구하여 박사학위까지 받았다.

그는 "1984년 천궈핑 교수의 연구생으로 들어가기 위해 춘제(春節) 때도 고향에 가지 않고 도서관에서 책과 씨름했다. 도서관에 나 혼자밖에 없어서 무척 추웠다."고 회고했다.

쑨정차이는 베이징 시 농림과학원 작물연구소 부주임으로 재직했다. 학계에서 유명세를 떨치던 그는 1997년, 정치권에 입문한다.

2002년 2월, 그는 베이징 시 순이구 서기에 임명되었다. 관료에 입문하지 5년만이었는데 입신 출세의 기회가 된 것이다.

2002년 11월 중국공산당 베이징 시 제9차 당 대표대회가 열렸다. 중앙조직부의 지시에 따라 베이징 시 위원회 상무위원 선거는 경쟁선거로 치러야 했다. 16명의 후보자를 내서 15명을 뽑는 선거였다. 1명의 탈락자를 내야 한다.

당시 베이징 시 서기인 자칭린(賈慶林)과 시장 류치(劉淇) 등은 순이구 위원회 서기이던 쑨정차이를 시위원회 상무위원 후보자 명단에 넣어 탈락자로 삼으려 했다.

하지만 선거에서 이변이 일어났다. 자칭린이 총애하던 베이징 시 선전부장 장샤오위(蔣效愚)가 탈락하고 쑨정차이가 당선된 것이다.

베이징 시 공산당원들의 장샤오위에 대한 반감이 컸던 탓이다. 쑨정차이로서는 크나큰 행운이었고, 농업에 관심을 갖고 있던 원자바오 총리의 눈에 들면서 2006년 12월, 농업부장을 맡아 가장 젊은 장관급 간부가 되었다. 젊은 나이에 중국 농업의 최고 책임자인 농업부장에 기용된 것에 우려의 목소리가 일었지만, 쑨정차이의 전문성이 높게 평가되었다. 식량증산을 독려하고 중국 농업의 경쟁력을 한 단계 끌어올리기 위한 발탁인사였다.

2007년, 연초부터 농산물 가격이 급등하기 시작했다. 민심이 불안해지자 농업부는 양곡 비축분을 시장에 풀어야만 했다. 이어 2007년 2분기에는 돼지고기 가격이 상승했다. 사료가격 인상에 돼지전염병이 겹친 탓이다. 그는 온갖 어려움에서도 농업기술에 대한 지원을 확대했다. 또한 농민 소득개선에도 힘썼다. 하지만 이는 장기간의 시간이 필요한 정책목표들이라서 큰 업적은 내지 못했다. 그는 농업부장으로 3년여를 재직한 후 2009년 11월, 지린 성 서기로 이동했다.

이후 농업 정책에 대한 중국정부의 의지에 따라 지린 성 서기에서 3년 만에 4대 직할시인 충칭 서기로 영전하는 행운을 누린다.

리잔수–시진핑 총서기의 문고리

새로 정치국 위원에 오른 중앙판공청 주임 리잔수(栗戰書)는 유명하지는 않지만 성실하고 계파가 없는 것이 장점이다. 그는 앞으로 최소 5년간 당중앙위원회 살림을 도맡는다. 리잔수가 책임을 맡은 중국공산당 중앙위원회판공청(중앙판공청)은 비서기관으로, 시진핑 총서기를 위한 서비스 기구다. 우리로 치면 청와대 비서실장과 경호실을 합친 개념으로, 시진핑 총서기 경호 책임을 맡은 8341부대를 지휘한다.

역대 중앙판공청주임은 통상 큰 과오가 없으면 영전하는 자리다. 당 1인자가 신임하는 인물이기 때문이다. 이른바 절대 왕조 시절 환관들의 자리가 판공청 주임 자리다. 문고리 권력이라는 것이 이런 직책을 두고 하는 말이다. 이 때문에 내로라하는 인물들이 이 자리를 거쳐 갔다.

린비스(任弼時), 양상쿤(楊尙昆), 왕둥싱(汪東興), 야오이린(姚依林), 후치리(胡啓立), 차오스(喬石), 왕자오궈(王兆國), 원자바오(溫家寶), 쩡칭훙(曾慶紅), 왕강(王剛), 링지화(令計劃) 등 11명이 역임했다. 원자바오는 자오쯔양 총서기 시절에, '태자당의 좌장' 쩡칭훙은 장쩌민 총서기 시절 각각 문고리를 잡았다.

리잔수는 12대 중앙판공청 주임이다. 통상 1년 반에서 길게는 8년간 부주임으로 근무한 뒤에야 주임으로 승진하지만, 리잔수는 부주임 부임 1개월 반 만에 주임으로 승진했다. 적임자를 찾지 못하고 시간이 없었던지 아니면 후원자 쩡칭훙의 입김 등 배경이 있었을 것이다.

리잔수는 1950년생으로 62세다. 통상 50대 중후반이 맡지만 능력을 인정받아 나이는 구애받지 않게 되었다. 리잔수의 조부와 부친은 모두 팔로군 소속 공산당원으로 태자당 출신이다. 시진핑과 연결되는 부분이다.

1983년, 늦깎이로 허베이 사범대를 졸업한 리잔수는 스좌좡에서 당 간부로 출발했다. 리잔수와 시진핑은 세 차례 직접 대면의 인연이 있다.

허베이(河北) 성 핑산(平山) 현 출신인 그는 1983년, 허베이 사범대 야간반을 늦깎이로 졸업한 뒤 우지(無極) 현 서기가 되었다. 당시 시진핑은 바로 옆 정딩(正定) 현 서기였다.

1998년, 리잔수는 산시(陝西) 성으로 근무지를 옮겼고, 2002년 시안(西安) 시 서기를 역임했다. 산시 성은 시진핑의 고향이자 그의 부친 시중쉰의 혁명 무대다. 시진핑이 문혁 당시 하방당했던 곳이기도 하다. 리잔수의 근무 성과는 시진핑에게 속속 전해졌을 것이다.

세 번째 만난 것은 2011년 5월 8일부터 3박 4일간 시진핑이 구이저우를 시찰했을 당시였다. 구이저우 당서기인 리잔수는 시진핑의 모든 일정을 동행했다.

벼락출세에는 또 하나 배경이 있다. 리잔수는 시진핑을 정상으로 밀어올린 쩡칭훙이 후원자다. 이런 사실은 리잔수가 시진핑의 비서실장으로 발탁된 가장 큰 배경이 될 것이다. 태자당 겸 공청단파이기에 계파 색채도 비교적 엷다. 허베이 토박이인 리잔수가 2002년, 시안 시 서기에 취임한 것도 쩡칭훙의 힘인 것으로 알려졌다. 시진핑이 리잔수를 선택한 것도 공청단·상하이방·태자당 등을 모두 아울러 권력 이양기를 안정적으로 관리할 적임자라는 점 때문이다.

그는 2003년 말 동북쪽 오지 헤이룽장 부서기로 옮겨갔다가, 2010년에는 서남부 구이저우(貴州) 성 서기도 거쳤다. 2011년 5월, 시진핑이 구이저우 성 시찰을 나왔을 때 깊은 인상을 심어주었다.

그는 허베이, 서북의 산시, 동북의 헤이룽장까지 3대 북부 요지에서 업무 경력을 쌓았다.

그는 구이저우 성 서기로 있다가 2012년 7월 중순, 판공청 부주임으로 발탁되었다.

리잔수는 시인이다. '강변에서 고향을 생각하네(江畔思鄕)'라는 제목의 시는 런민르바오 등을 통해 발표되고는 했다. 다음은 시의 일부다.

리잔수

"대장부 말고삐를 잡고 집 떠나 만 리요, 지사가 시를 읊으니 눈물이 천 길이네. 하룻밤 가을바람이 소나무와 강물 위 달을 스치고, 두세 개 등불에 고향을 생각하네(兒男縱馬家萬里, 志士吟詩淚千行, 一夜秋風松江月, 兩三燈火是故鄕)."

리잔수는 무협드라마와 경극을 좋아하며 딸 리잔신(栗潛心)을 두고 있다.

펑리위안─중국의 카를라 브루니

시진핑 중국 총서기의 부인 펑리위안은 프랑스의 영부인이었던 브루니처럼 유명세를 탈까. 그렇게 요란하지않을 것이란 평도 많다. 유명 가수이면서 현역 인민해방군 소장(준장)이지만, 사회 전면에는 나서지 않을 것이란 전망이 그것이다.

펑은 문화·예술계 대표로 20년간 국정자문기구인 정치협상회의(정협)위원으로 활동했다. 그러나 지난 2월 2일 발표된 정협 위원 2,237명의 명단에서 빠졌다. 시진핑 총서기 취임 이후 그림자 내조를 위해 물러난 듯하다. 정협위원에는 그야말로 유명 인물들이 죄다 포함됐다.

중국 내 최초로 노벨문학상을 받은 모옌(莫言), 영화배우 청룽(成龍), 영화감독 천카이거(陳凱歌), 농구스타 야오밍(姚明), 아시아 최고 부자 리카싱(李嘉誠) 청쿵그룹 회장, 중국 최대 포털 바이두의 리옌훙(李彦宏) 회장 등이 이름을 올렸다. 홍콩 대공보는 "후진타오 최측근인 천스쥐(陳世炬) 주석판공실 주임, 시진핑 최측근인 스즈훙(施芝鴻) 중앙정책연구실 부주임, 리커창 최측근인 닝지저(寧吉喆) 국무원연구실 주임이 모두 위원이 됐다."고 보도했다.

펑리위안의 경우엔 대중적 인기를 감안할 때 이전의 '퍼스트레이디'와 다른 길을 갈 것이란 관측도 있었지만 정협 위원에서 사퇴했다. 덩샤오핑의 부인 쥐린(卓琳), 장쩌민의 부인 왕예핑(王冶坪), 후진타오의 부인 류융칭(劉永淸) 등도 대외 활동은 거의 하지 않았다.

펑리위안은 장제스(蔣介石) 전 대만총통의 부인 쑹메이링(宋美齡)과 자주 비교됐다. 쑹은 정치활동을 하지않았지만 대만 정계에 만만찮은 영향력으로 시기 어린 여론의 비판이 많았다. 펑리위안은 남편 시진핑과 2009년 방일 당시 아키히토 천황의 즉위 20주년 기념 공연 무대에 올라, 일본 노래 '사계절의 노래'를 부르기도 했다.

시진핑이 대권을 잡으면 왕성한 대외 활동을 점치기도 했다. 그러나 중국에선 여성 특히 권력자의 여자가 대외활동하는 것에 극히 부정적이다. 당 현종의 양귀비가 그랬고. 측천무후, 청말의 서태후가 그랬다. 게다가 마오쩌둥의 네 번째 부인 장칭(江靑)의 주제넘은 권력 투쟁과 상무위원 경쟁에서 낙마한 보시라이의 부인 구카이라이(谷開來) 등으로 인해 권력자의 안사람이 대외 활동을 하는 것은 매우 부정적 평가를 수반한다. 그런데다 펑리위안은 현명한 처신을 하고 있다는 주변의 평이 적지않다. 따라서 똑똑하고 현명하게 처신할 것이란 기대가 아주 많다. 서방 언론들의 호의적인 반응도 단순히 미모가 뛰어나기 때문만은 아닌 것 같다.

시진핑의 첫번 째 아내는 커화 전 주영 대사의 딸 커링링이다. 둘은 1980년대 초 결혼했다가 3년 만에 헤어졌다고 한다. 펑리위안은 1962년에 태어났다. 올해 만 51세로 산둥 성 출신이다.

그녀가 시진핑을 처음 만난 것은 24세 때인 1986년으로, 일종의 소개팅이었다. 당시 시진핑은 33세로 푸젠 성 샤먼 부시장이었다. 이미 그녀는 유명 가수 반열에 올라 있어 시골의 관리를 탐탁찮게 생각했다고 한다. 그러나 "안 만나면 평생 후회할 것"이라는 지인의 말에 만났다는 후문이다.

처음 만났을 때 시진핑 주석의 첫마디가 아주 마음에 들었다고 했다. 시진핑의 다소 서민적인 풍모에 실망했던 그녀가 펑리위안을 전혀 몰

시진핑 부인 펑리위안

랐다는 말에 다소 놀랐다고 한다. 시진핑은 펑리위안의 미인이면서도 소탈한 이미지에, 그녀는 시진핑의 정열적인 업무 능력을 마음에 들어 했다고 한다.

1987년 9월 1일, 펑리위안과 시진핑은 샤먼에서 조용한 결혼식을 올렸다. 시진핑은 34세, 펑은 25세 때였다. 시진핑이 결혼을 어찌나 조용히 치렀던지 재미있는 일화가 전해진다. 시진핑이 시장에게 결혼했다고 보고하자 시장은 즉시 간부들에게 "오늘 저녁 7시, 시진핑 부시장 집에서 회식이나 하자."고 통보했다고 한다.

저녁 7시 하객들이 밀어닥치면서 어안이 벙벙했다고 한다. 유명한 가수이자 뛰어난 여성이 옆에 있는 것을 보고는 깜짝 놀랐다고 한다.

그녀의 성격을 볼 수 있는 일화가 언론에 전해진다. 그녀는 줄곧 공익사업에 열중했으며 군 내부에서 대단한 인기를 갖고 있다고 한다. 2008년 원촨(汶川) 대지진 발생 때는 6병의 사병을 위해 공연했다는 얘기가 전설처럼 전해진다. 펑리위안은 30여 명의 예술단원들을 이끌고 재해지역을 방문해 위문공연을 펼쳤는데, 지진 지역의 복구 활동으로 인해 공연을 보지 못하는 6명의 사병이 있다는 말을 듣고 그들을 위해 특별공연을 했다고 한다. 펑리위안은 위의 이야기에서 알 수 있듯이 근면하고 성실한 생활 자세를 갖고 있는 것 같다.

그녀의 군부대에서의 인기는 최고 권력 집단인 군부와 국민들에게 친

근감을 준다. 그녀가 정치적 활동이나 사회적 활동을 하지 않더라도 시
진핑의 정치적 행보에 적지 않게 좋은 이미지를 선사할 것이란 풀이다.

결론

공산당이 지배하는 거대 국가 중국이 평화적으로 정권 교체를 이루어냈다. 사회주의 체제의 국가들 가운데 역사적으로나 경험적으로나 이 같은 사례는 거의 찾아볼 수 없을 것이다. 구소련을 비롯해 과거 공산 체제를 수용했던 나라들은 거의 예외 없이 피의 숙청 과정을 통해 정권 교체를 이루어냈다. 그런데도 중국은 예외였다. 중국 지도부는 다소 잡음이 일었지만 제18차 중국공산당 전국대표대회를 차분한 분위기 속에 진행했다.

후진타오 체제에서 시진핑 체제로 권력 이행이 순조롭게 이루어진 것이다. 서구식 정치학이 대세인 현대 정치학계에서 중국공산당은 연구대상으로 떠오른 지 오래다. 상식적으로 일당 독재 국가가 정치 파동이나 숙청 없이 권력 이행이 이루어진 예가 거의 없었기 때문이다.

구소련처럼 일당 독재국가인 중국이 곧 무너질 것이라고 예측했던 보수적인 서구 정치학계는 무색할 수밖에 없다. 한국 정치학계에서도 서구식 잣대로 중국을 재단해서는 안 된다는 자각이 어느 때보다 거세게 일고 있는 시점이다.

평화적인 정권 교체 과정에서 가장 깊숙이 개입하여 영향력을 유지한 인물이 바로 장쩌민 전 주석이었다. 과거 '노인 정치'가 부활했다는 세간의 비판적인 시각에도 불구하고 장 전 주석은 건재했다. 권력 핵심부인 정치국 상무위원회에 자파 계열의 인물을 다섯이나 진입시킨 것이 이를 입증한다.

시진핑 총서기를 비롯하여, 서열 3위 장더장, 4위 위정성, 6위 왕치산, 7위 장가오리 등이 그들이다. 경쟁자였던 후진타오 주석 직계는 2위 리커창과 5위 류윈산 정도일 정도로 줄었다. 전임 17기 상무위원 멤버는 양측이 팽팽했지만 원바오자오 총리가 우군으로 도와주었고 후진타오 주석의 입김도 만만찮았다. 그러나 이번 시진핑을 중심으로 한 18기 멤버들은 겉으로 계파 색채를 분명히 가릴 수는 없어도, 친 장쩌민계가 3분의 2인 것은 분명한 것 같다. 물론 후진타오 주석은 반대급부로 상당한 권력 내지 19기 상무위원 지명권 등을 건네받았을 것으로 관측된다.

과연 시진핑 총서기는 어떤 인물이기에 장 전 주석의 지원을 받았을까. 사실상 장 전 주석이 시진핑을 주목한 시기가 2007년 17차 당대회를 앞둔 6개월 전부터였다.

시진핑 총서기가 중앙 무대에 데뷔한 것은 1997년 15차 대회였다. 중앙위원 후보위원에 발탁되어 가까스로 한 자리를 얻은 것이다. 1999년에서 2002년까지 시진핑은 차례로 성장 대리, 성장, 성위원회 서기가 되었지만 그의 승진 속도는 점진적이라고밖에 할 수 없었다.

2007년, 장 전 주석은 '골문이 눈앞에 보이는' 마지막 6개월 동안만 시진핑을 도왔다는 이야기가 많다. 골문이란 시진핑이 황태자의 자리

로 불리는 중앙군사위원회 부주석과 국가부주석을 꿰찬 것을 가리킨
다. 중앙정치무대에 데뷔한 지 딱 10년 만이다. 관운도 보통 관운이 있
는 인물이 아니라는 이야기다.

　시진핑의 스타일은 장쩌민과 판이하다. 물론 시진핑과 장쩌민이 공
산당 내에서 몇 안 되는 독서광이라는 평이 있기는 하다. 시진핑은 달변
가도 아니고 팔방미인도 아니어서 학식이 깊다는 인상도 주지 않는다.

　그렇다면 장쩌민은 왜 시진칭에게 대권을 건네주면서 큰 기대를 거
는 것일까?

　장쩌민이 후계자로 점 찍어둔 인물은 과거에 여러 명이 있었다.
1980년대 중반 장쩌민이 상하이 서기로 재직할 무렵 형성된 상하이방
에는 자칭린, 황리만, 천량위 등 내로라하는 스타들이 즐비했다. 그러
나 이들은 장쩌민이 기대한 만큼 성장하지를 못했다. 스캔들 내지 정책
적 실수로 눈 밖에 났거나 천량위처럼 반대파의 참소로 몰락했다. 시진
핑이 장 전 주석의 지원을 받는 데는 정치 역학적 관계도 있었지만 쩡
칭홍의 역할이 가장 컸다. 쩡칭홍과 시진핑의 관계는 호형호제하는 사
이로 이미 본문에서 자세히 밝혔다.

　장쩌민과 쩡칭홍은 시진핑이 중국이라는 거대한 배를 신중하게 운
항하면서, 구소련에서 고르바초프가 시작한 페레스트로이카(개혁)와 같
은 위험한 일을 벌여 배를 좌초시키고 모두를 끝장내지는 않을 것으로
믿는 것이다. 장쩌민의 ‘안목’과 역사적인 평가, 그리고 그 후손의 기득
권 등을 모두 고려한 선택이었다.

　후진타오가 총서기 후보로 밀었던 리커창은 장쩌민과 쩡칭홍 모두
에게 생각보다 점수를 얻지 못했다. 그러나 시진핑은 다르다. 부친 시
중쉰을 잘 알고 있는 후진타오가 태클을 걸지 못하는 것이다. 부친 시

중쉰의 음덕이 상당했다는 것이다.

장 전 주석이 시진핑을 밀면서 혁명 원로들에게 명분으로 내세운 것은 특히 '혁명의 바통'을 대대로 물려주는 '정통성'이었다.

장쩌민은 이 '정통성'만 유지된다면 중국공산당 '3세대 지도부의 핵심'이라는 자신의 명성도 흔들릴 위험이 없다고 판단했을 것이다. 정치 분석가 허핀은 '중국공산당 18차 전국대표대회 대예측'이라는 저서에서 장쩌민이 시진핑의 집권을 지지한 것은 뻔한 일이었다고 강조한다.

시중쉰과 당 원로들은 후야오방 축출이나, 톈안먼 사건의 강경 진압을 반대했다. 덩샤오핑이 장쩌민을 갈아치우려는 생각에도 반대했다. 당 원로들에게 시진핑이라는 패는 진보 성향의 공청단 세력을 약화시키고 혁명가 집안의 혈연을 연장하는 수단이었다. 그뿐 아니라 그들의 자녀에게 현실적으로 정치적인 완충지대와 미래의 정치 세력으로 성장할 여지를 제공할 것이다.

향후 중국의 미래는 어떻게 될까. 모두가 여기에 의문을 갖는다. 미국 일본처럼 선진형 사회로 갈 것인가. 아니면 사회 전반이 중진국 수준으로 오른 다음 성장이 정체될 것인가. 또는 분출하는 민중들의 정치 사회적 욕구를 조정하지 못하고 주저앉는 그저그런 국가로 대충 살아갈 것인가.

우스개 이야기 한 가지가 있다. 톈안먼 사건 이후 중국의 모든 정치판에서는 최고위층에서 말단에 이르기까지 '장님 술래잡기 놀이'가 벌어졌다. 이는 중국의 민속놀이인데 일종의 수건돌리기와 비슷하다. 북이 울리는 동안 옆 사람에게 꽃을 넘기다가 북이 멈췄을 때 꽃을 가지고 있던 사람이 술래가 된다. 이 게임의 규칙대로 보자면 권력을 쥔 사람은 대체로 두 가지 행위 양식을 보인다.

하나는 권력을 이용한 사리 추구이다. 이는 '권력을 가졌을 때 쓰지 않으면 임기가 끝난 후에는 아무것도 남지 않는다.'는 생각이 팽배하기 때문에 그런 양태를 보일 것이다.

다른 하나는 어려운 과제를 후임자에게 떠넘기는 것이다. 물론 이런 두 가지 경향은 중국만의 문제가 아니다. 독재 국가는 물론이고, 국민의 직접 선거로 집권자를 뽑는 민주주의 제도를 시행하는 나라도 마찬가지다. 선거를 통해 집권한 권력자는 임기가 정해져 있기 때문에 비슷한 경향을 보인다.

하지만 중국의 장님 술래잡기는 고유한 특징이 있다. 권력자가 감독이나 견제를 거의 받지 않는다. 이 때문에 부정부패가 만연하고 비리의 규모도 엄청날 수 있다.

다른 하나는 기층이나 지방정부일수록 최고 권력(책임)자가 자주 바뀐다는 사실이다. 이런 점은 현급 기관에서 가장 뚜렷하게 나타난다. 중앙조직부가 실시한 조사 결과 현위원회 서기의 임기는 평균 2년 7개월인 것으로 나타났다.

장쩌민에서 후진타오에 이르는 20여 년 동안, 이런 장님 술래잡기(문제 떠넘기기)가 성행했던 기층과 지방에서는 공산당의 통치 기반을 뿌리째 흔들어놓을 수 있다. 이런 사정은 말단에서 단계적으로 올라온 시진핑이 후진타오 주석보다 더 분명히 인식할 것이다. 하지만 시진핑 총서기는 정치적 기반이 취약하다. 시진핑 총서기가 현재 중국이 처한 가장 심각한 문제인 지방의 통제력 상실 문제에 정면 대응하리라고는 장담할 수는 없다.

시진핑 총서기가 푸젠과 저장, 상하이에서 재직했던 경력도 이 점을 증명한다. 갈수록 썩은 냄새가 진동하는 지방 정치계에서 시진핑이 살아남을 수 있었던 비결은 최대한 '문제를 일으키지 않는 것'이었다.

중국 내 유명 작가인 량징은 보시라이처럼 시진핑에게도 범죄를 단속할 기회가 있었을 텐데도 움직이지 않았다고 풀이했다. 시진핑이 단한 번도 관료층 이익집단의 공격에 시달린 적이 없다는 사실로 인해 그의 처세술을 짐작할 수 있다. 이런 시진핑의 '능력 감추기' 전략이 초고속 승진에 유리하게 작용했음은 부인할 수 없다.

문제를 덮는 것이나 문제를 해결하는 능력에서 시진핑 총서기를 따라갈 인물이 없다고 한다면 과장인가. 전 충칭 시 서기 보시라이 사건의 처리과정은 중국 지도부의 정치 양태를 그대로 보여주었다.

2002년 집권한 후진타오 주석을 가장 골치 아프게 만든 것은 당 내부 갈등의 표면화였다. 톈안먼 사건에서 후진타오가 얻은 교훈은 중요한 문제는 반드시 공산당의 혁명원로와 의견을 같이 해야 한다는 것이다. 민중의 아픔을 살피고 여론 동향에 귀기울이는 것보다 먼저 이들과 조율하는 것이 첫 번째 할 일이다. 덩샤오핑은 민주화를 요구하는 청년층과 대학생들의 요구를 듣지않았다. 덩은 우선 사회주의 체체를 수호하고 경제성장을 일사분란하게 추진하는 것이 우선이라고 보았다. 이를 위해선 지도체제가 분열해서는 안되는 것이다. 공산 혁명 원로와 당고위층 사이에 분열이 생기면 중국의 정치 위기가 터지는 것은 시간문제라고 본 것이다.

그래서 후진타오는 2002년 주석 취임 후 줄곧 공산당 내부의 의견일치에 주력했다.

최근 몇 년간 원자바오 총리가 여러 차례 보편적 가치와 정치 개혁에 대해 도를 넘는 발언을 했고, 후 주석의 고민이 깊어졌다. 다행히 나머지 일곱 명의 정치국 상무위원이 각기 다른 방식으로 원자바오와 경계선을 확실히 그었기 망정이지 상무위원들 간에 서로 견해를 달리 했다면 지도부 내에서 어떤 사태가 촉발되었을지 아무도 모르는 일이다.

향후 지방 정부의 통제 이완 현상과 관료 부패, 민중의 불만을 안고 있는 중국은 중대한 사회혼란에 직면할 것인가에 대해 많은 전문가가 그렇지 않다고 대답한다.

시진핑 호의 중국은 난제를 안고 있음에도 차분히 문제를 해결하는 길을 모색할 것이라는 점이다.

하나 특기할 점은 6세대 지도부가 출범하는 2022년 중국은 지금과는 다른 국내 정치 환경에 놓일 것이다. 현재 부상 중인 6세대 리더 그룹 내지 젊은 세대는 시진핑 등 5세대 지도부와는 전혀 다른 성장 배경을 갖고 있다는 점이다.

6세대 지도자 그룹은 1960년대에 태어나 개혁개방이 본격화된 80년대에 대학을 다닌 사람들이다. 문화대혁명 시기를 거친 시진핑 세대의 트라우마를 갖고 있지 않다. 대신 톈안먼 사태를 거치면서 체제에 대한 비판적인 인식을 갖고 있다. 아울러 과거 어느 세대보다 개방적이고 국제 감각을 갖추고 있다.

국가경영 과정에서 최대한 많은 중국 인민의 목소리를 수용할 조치와 제도를 갖추려 할 것이다. 이는 중국 정치개혁과 체제 변화에 대한 열망으로 이어질 개연성이 있다. 그렇다고 공산당 통치 체제에 근본적인 변화가 오지는 않을 것이다.

공산당 통치제제 아래 점진적이고 부분적으로 인민 대중의 목소리를 직접적으로 듣고 국가운영에 반영하는 공산당식 여론 수렴의 방식을 새롭게 고안할 것이다.

참고 문헌

1. 단행본

佐藤 賢 〈習近平時代の中国〉 2011. 日本経済新聞出版社. 東京

茅沢 勤 〈習近平の正本〉 2010. 小学館. 東京

五味 洋治 〈父・金正日と私 金正男独占告白〉 2012. 文藝春秋. 東京

關東大地震災 80 周年 記念行事實行委員會 (編),「世界史 로서의 關東大震災」, 도쿄: 日本經濟評論社, 2004.

安齊六郎,「平和を 拓く」, 도쿄: 安齊六郎 教授退職記念論集編輯委員會, 2006.

茶本繁正,「戰爭 とジャ-ナリズム」, 도쿄: 三一書房, 1984.

朝日新聞 編,「戰爭」下卷 , 도쿄 아사히신문사, 1983.

고게츠 아쯔시,「日本陸軍の 總力戰政策」, 도쿄: (주)大學敎育出版, 1999.

竹村民郎,「獨占 と 兵器生産」, 도쿄: 勁草書房, 1971.

마틴 자크, 중국이 세계를 지배하면, 2010. 도서출판 부키, 서울

취엔위엔지.량치통, 패권 전쟁, 2010. 21세기북스. 경기도

정덕구 〈한국을 보는 중국의 본심〉 2011. 중앙북스. 서울

최광해 〈금융제국, 홍콩〉 2011. 21세기북스. 경기도

헨델 존스 〈차이나메리카〉 2010. 지식프레임. 서울

조나단 와츠 〈중국 없는 세계〉 2011. 렌덤하우스코리아. 서울

문정인 〈중국의 내일을 묻다〉 2010. 삼성경제연구소. 서울

류쥔뤼 〈월스트리트의 반격〉 2010. 글항아리. 경기도

천즈우 〈중국식 모델은 없다〉 2011. 메디치미디어. 서울

카롤린 퓌엘 〈중국을 읽다〉 2012.푸른숲. 경기도

랑셴핑 〈새로운 중국을 말하다〉 2011. 한빛비즈. 서울

전성흥 〈체제전환의 중국정치〉 2010. 에버리치홀딩스. 서울

에이먼 핑글턴 〈중국과 미국의 헤게모니 전쟁〉 2010. 에코리브르. 서울

담비사 모요 〈승자독식〉 2012. 중앙북스. 서울

이에추화 〈중국을 미국을 어떻게 이기는가?〉 2011. 밸류앤북스. 서울

최헌규 〈차이나키워드〉 2011. 더난콘텐츠그룹. 서울

스테판 할퍼 〈베이징 컨센서스〉 2011. 21세기북스. 경기도

자오치정.존 나이스비트. 도리스 나이스비트 〈생중계, 중국을 논하다〉 2011. 자음과모음. 서울

쑨자오둥 〈위안화 파워〉 2010. 씽크뱅크. 서울

류샤오보 〈류샤오보 중국을 말하다〉 2011. 한국물가정보. 서울

김영환 〈포스트 김정일〉 2011. 시대정신. 서울

신봉수 〈중국은 제국을 꿈꾸는가〉 2011. 웅진씽크빅 프로네시스. 경기도

왕사오광 〈민주사강〉 2010. 에버리치홀딩스. 서울

가오셴민. 장카이화 〈중국은 무엇으로 세계를 움직이는가〉 2011. 하니커뮤니케이션즈 글로연. 서울

에드워드 스타인펠드 〈왜 중국은 서구를위협할 수 없나〉 2011. 글항아리. 경기도

한인희. 강준영. 박한진. 임대근. 전병곤. 강진석. 양평섭. 장리리 〈G2시대:중국발전의 빛과 그림자〉 2010. 도서출판 대선. 서울

〈중국주간〉편집부 〈중국 재계 이너서클〉 2011. 미래의창. 서울

김동하 〈미래경제학시리즈5 위안화 경제학〉 2010. 한스미디어. 서울

러우위리에 〈중국의 품격〉2011. 에버리치홀딩스. 서울

이준구 〈중국 정치의 새로운 탄생〉 2012. 청아출판사. 경기도

숀 레인 〈값싼 중국의 종말〉 2012. 미래엔. 서울

천위루. 양둥 〈금전통치〉 2012. 동아일보사. 서울

셰춘타오 〈중국공산당은 어떻게 성곡했는가?〉 2012. 한얼미디어.한즈미디어. 서울

쑨지엔. 송메이리 〈레드 머니〉 2012. 더난콘텐츠그룹. 서울

프랜시스 후쿠야마 〈정치 질서의 기원〉 2012. 웅진씽크빅 웅진지식하우스. 서울

미조구치 유조. 이케다 도모히사. 고지마 쓰요시 〈중국 제국을 움직인 네 가지 힘〉 2012. 글항아리. 경기도

이중 〈저우언라이, 오늘의 중국을 이끄는 힘〉 2012. 위즈덤하우스. 경기도

브렛 M 데커. 윌리엄 C. 트리플렛2세 〈중국 패권의 위협〉 2012. 갈라북스. 서울

허동욱 〈중국의 한반도 군사개입전략〉 2011. 북코리아. 경기도

전리군(쳰리췬) 〈모택동 시대와 포스트 모택동 시대 1949~2009 다르게 쓴 역사 上〉 2012. 한울. 경기도

박훈탁 〈위험한 정치경제학〉 2012. 더난콘텐츠그룹. 서울

장원셴. 일란 알론 〈현대 중국 경제인물 사전〉 2012. 도서출판 길. 서울

김영수 〈앎과삶시리즈3 중국 소프트파워 전략으로 부활하는 큰 나라〉 2011. 한국출판마케팅연구소. 서울

박근형 〈중국 읽어주는 남자〉 2010. 명진출판. 서울

인민출판사 〈주룽지 기자에 답하다〉 2010. 종합출판 범우. 경기도

후지모토 겐지 〈북한의 후계자 왜 김정은인가?〉 2010. 맥스미디어. 서울

잉그리트 슈타이너 가쉬. 다르단 가쉬 〈독재자를 고발한다!〉 2010. 위즈덤피플. 서울

권양주 〈북한 군사의 이해〉 2010. 한국국방연구원. 서울

주성하 〈서울에서 쓰는 평양이야기〉 2010. 도서출판 기파랑. 서울

함형필 〈NUCLEAR DILEMMA〉 2009. 한국국방연구원. 서울

주섭일 〈북의 3대 세습과 평양의 봄〉 2011. 사회와연대 세명서관. 서울

박영택. 권양주. 함형필 〈남북한 군사력의 현재와 미래〉 2010. 한국국방연구원. 서울

박기석 〈JS-156 평양에서 보낸 봄 여름 가을 겨울〉 2011. 글누림출판사. 서울

임동우 〈평양 그리고 평양 이후〉 2011. 호형출판. 경기도

〈북한인권백서2009〉 2009. 통일연구원. 서울

강만길. 손석춘 〈이슈북02 20세기형 인간에서 벗어나 새로운 시대 열어라〉 2012. 알마. 경기도

김윤식 〈내가 읽고 만난 일본〉 2012. 그린비출판사. 서울

김상웅 〈'독부' 이승만 평전〉 2012. 책으로보는세상. 서울

김영호 〈경제민주화시대 대통령〉 2012. 나무발전소. 서울

볼프강 B 스펄리치 〈한 권으로 읽는 촘스키〉 2012. 시대의창. 서울

이종석, 현대 북한의이해 (서울: 역사비평사, 2004)

윤기관 외, 현대북한의 이해 (서울: 법문사, 2004)

박광기 외, 신패러다임 통일교육 구현방안 통일연구원, 2005

우평균, 논문-통일교육의 구상과 실천과제

김기정, 「동아시아 개입의 역사적 원형과 20세기 초 한미관계 연구'」, 서울: 2000

신동준, 「근대일본론」, 서울: 지식산업사, 2004.

배성홍, 「일본경제부활의 충격」, 서울: 매일경제신문사, 2006.

한상일, 「제국의 시선」, 서울: 새물결, 2004.

이수경, 「한국과 일본의 교류의 기억」, 도쿄: 白帝社, 2006.

진덕규, 「민주주의 황혼」, 서울: 학문과 사상사, 2003.

한승수, 「한국정치동태론」, 서울: 오름사, 2000.

셀리그 헤리슨, 「코리안 엔드게임」, 서울: (주)도서출판 삼인, 2003.

후나바시 요이치(船橋洋一), 「朝鮮半島弟2次核危機」, 도쿄: 아사히신문사, 2006.

고게츠 아쯔시, 「周邊事態法」, 도쿄: 社會評論社, 2000.

고게츠 아쯔시, 「文民統制」, 도쿄: (株)岩波書店, 2005.

고게츠 아쯔시, 「有事體制論」, 도쿄: インパクト出版回, 2004.

오에 시노부, 「야스쿠니 신사」, 서울: 도서출판 소화, 2001.

배성인, 「북한 식량난 남북관계와 남북한 농업협력」, 서울: 북한연구, 1999.

이시카와 마쓰미, 「일본 전후 정치사」, 서울: 도서출판 후마니타스, 2002.

이토 나리히코, 「일본 헌법 제9조 또하나의 일본」, 서울: 행복한 책읽기, 2001.

오카다 구니히코, 「괴짜총리 고이즈미 흔들리는 일본」, 서울: 예지, 2001.

김명섭 역, 「제국의 선택」, 서울: 황금가지, 2004.

이상두 역, 「군주론」, 서울, 범우사, 1986

2. 논문 및 간행물

통일평론신사, 「통일평론」, , 도쿄: 1995.

육군교육사령부자료지원처, 「군사연구발전」 1996.

극동문제연구소, 「공산권연구」 1991.

통일부, 「통계연감」 1995년판

세종연구소, '김정일 정권의 생존전략'

한국방송 출판, 김정일과 현대 북한 정치사

새로운 중국 시진핑 거버넌스

초판 1쇄 인쇄 | 2013년 2월 15일
초판 1쇄 발행 | 2013년 2월 20일

지은이 | 정승욱
펴낸곳 | 함께북스
펴낸이 | 조완욱

등록번호 | 제2012-000138호
주소 | 412-230 경기도 고양시 덕양구 행주내동 735-9
전화 | 031-979-6566~7
팩스 | 031-979-6568
이메일 | harmkke@hanmail. net

ISBN 978-89-7504-584-4   03340